Contents

The Stories

To Access the Audio Recordings:

1. Check that you have an internet connection.
2. Type the URL below into your web browser:
   https://www.tuttlepublishing.com/burmese-stories-for-language-learners

For support you can email us at info@tuttlepublishing.com.

BURMESE
STORIES
for Language Learners

မြန်မာ့ရိုးရာပုံပြင်များ

A Zun Mo
Angus Johnstone

TUTTLE Publishing

Tokyo | Rutland, Vermont | Singapore

Published by Tuttle Publishing, an imprint of Periplus Editions (HK) Ltd.

www.tuttlepublishing.com

Copyright © 2023 Periplus Editions (HK) Ltd.

Library of Congress Control Number: 2023935328

ISBN: 978-0-8048-5449-8

Distributed by

North America, Latin America & Europe
Tuttle Publishing
364 Innovation Drive
North Clarendon
VT 05759-9436, USA
Tel: 1 (802) 773 8930
Fax: 1 (802) 773 6993
info@tuttlepublishing.com
www.tuttlepublishing.com

Asia Pacific
Berkeley Books Pte. Ltd.
3 Kallang Sector #04-01
Singapore 349278
Tel: (65) 67412178
Fax: (65) 67412179
inquiries@periplus.com.sg
www.tuttlepublishing.com

Printed in Malaysia   2306VP

First edition
26 25 24 23   5 4 3 2 1

TUTTLE PUBLISHING® is a registered trademark of Tuttle Publishing, a division of Periplus Editions (HK) Ltd.

How to Use This Book

Burmese Stories for Language Learners is designed to bring your study of the Burmese language to life. Featuring a variety of texts ranging from original stories and modern-day insights into life in Myanmar to Burmese folk tales, there's something for all tastes and language levels. The first stories in the book feature first-person vignettes of daily life in contemporary Myanmar, introducing useful vocabulary around food, shopping, festivals, weather, family and travel. Further into the book, kings and princesses do battle with ogres and crocodiles, star-crossed lovers flee, prodigal sons and daughters return home. Buddhism holds an important place throughout these Burmese folk tales and those who stray outside of moral codes often meet with a violent end. These are stories which have been told many times and in many ways over the centuries.

The book is structured so that you can read the stories in either Burmese or English, or both, depending on your language level. The two languages are presented side by side, with parallel translation so that you can compare sentences directly to expand your vocabulary and understanding of grammatical structures. Extensive vocabulary lists follow each story, along with culture notes and comprehension questions to further help you grow and reinforce your skills in reading, writing and comprehending the Burmese language. Each chapter is organized as follows:

Story
Given in parallel English and Burmese text on facing pages.

Vocabulary
A comprehensive list gives key words from the story in Burmese script, romanized Burmese and English.

Pre-reading Discussion
These discussion points and questions will help you start thinking about some of the themes that will be introduced in the story. You can discuss these in English or Burmese if you are studying in class, or you can write down your ideas in English or Burmese if you are studying alone.

Comprehension Questions
Comprehension questions will give you a deeper understanding of the story and reinforce Burmese vocabulary and grammatical structures.

After Reading
You can use the suggested tasks in this section to further practice the Burmese you have learned in this story, either through discussion or by writing.

Culture Notes
These notes provide insight into aspects of Myanmar culture that are touched on in the story.

Each story is available as an online audio recording made by native Burmese-language speakers, via the link on page 4.

An English–Burmese glossary is provided at the end of the book.

The Burmese Language: An Overview

The Burmese writing system is composed of consonants and vowels, which are combined into syllables to spell out words. There are 33 letters in the basic Burmese alphabet (see chart on page 11) and 32 of them are consonants. In addition, there are 25 additional symbols that represent vowels and medial consonants. Medial consonants are special characters that pair with consonants to modify how those consonants are read. For example, the medial consonant **ya** can be added to the letter **ma** to make the sound **mya**.

To be able to read Burmese script, you must learn both the consonants and the additions that represent vowels and medial consonants. Most Burmese vowels have three tones: high and short, low and level, and high and long. There is also a "stopped" tone which is high and very short It is possible to form a word with consonants only, but vowels alone cannot form a word.

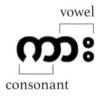
vowel

consonant

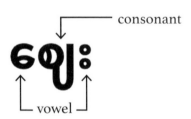
consonant

vowel

A Brief History of the Burmese Language

Burmese belongs to the Sino-Tibetan language family, as do some of the languages of neighboring China, India, Thailand and Nepal. It is the national language of Myanmar, spoken by the majority of the population either as a first or second language (there are also many other languages spoken in different regions of the country). The earliest recorded text in Burmese appears in the Myazedi (emerald stupa) stone inscription, which was written in four languages—Burmese, Pali, Mon and Pyu—in early twelfth century Bagan. Having been in close contact with Pali, the language of Theravāda Buddhism, several Pali words appear in Burmese. Burmese has also incorporated words from foreign languages including English and Hindi, so the learner may come across words that sound familiar, such as ကား **karr** (car) or အာလူး **ar loo** (potato).

Romanization, Pronunciation and Tones

This book uses the most common romanized system of Burmese, widely known as Myanglish or Burglish, which is Burmese written in its nearest equivalent using the Latin alphabet.

 Consonants

Most of the romanized Burmese consonants are pronounced in the same way as their English equivalent. The consonants listed below can sometimes be tricky for non-native speakers.

Also note that final consonants in Burmese words are always silent. They are "swallowed" by briefly closing the back of the throat (this is known as a "glottal stop").

Myanglish	Pronunciation	Example
ng	like **ng** in singer	ငါး **ngarr** "fish" or "five"
ny	like **nio** in onion	ည **nya** "night"
t	like **t** in star (close to /d/ sound)	တစ် **tit** "one"
ht	like **t** in tart	ထီး **htee** "umbrella"
p	like **pp** in slipper	ပဲ **peh** "beans"
ph	like **p** in part	ဖား **pharr** "frog"
th	like **th** in there	သား **tharr** "son"

Vowels and Tones

A tone is a variation in pitch when a word is pronounced. In Burmese, most vowels have three different tones; high and short; low and level; and high and long. There is also a "stopped" tone which is high and very short. A variation in the pitch or tone of a vowel changes the meaning of a word.

Word	Tone	Meaning
စ sa	high and short	start
စာ sar	low and level	letter
စား sarr	high and long	eat
စက် set	stopped	machine

Vowel tones in this book are represented by spellings that approximate English vowel length and pronunciation. An alphabetical list of those spellings is written below, with pronunciation guidelines. *An asterisk next to the English pronunciation example denotes that the final consonant of the English word should be swallowed in a glottal stop (see page 7), and not be audible.

Myanglish	Pronunciation	Example
a	like "art" in tart*	က ka dance
ae	like "e" in cherry	ဝယ် wae buy
aet	like "elp" in help*	နဲ့ naet and
ainq	like "int" in pint*	ချိုင့် chainq tiffin box
ai	like "ai" in Thailand	ဆိုင် sai shop
aii	like "ai" in Thai	ရိုင်း yaii rude
ain	like "ain" in rainy	စိန် sain diamond
aint	like "aint" in faint*	အမိန့် amaint order
an	like "an" in van*	ကန် kan lake
ann	like "and" in land*	လမ်း lann street
ant	like "ant" in ant*	လန့် lant shocked
ar	like "ar" in narcotics	ညာ nyar right
arr	like "arr" in car*	စား sarr eat
at	like "at" in mat*	ရပ် yat stop

ate	like "ate" in date*	ပိတ် pate	close
aung	like "ound" in pound*	ကြောင် kyaung	cat
aungg	like "ow" in now	ကျောင်း kyaungg	school
aungt	like "ount" in count*	စောင့် saungt	wait
aw	like "or" in or*	ကော် kaw	glue
awt	like "ork" in pork*	သော့ thawt	key
aww	like "aw" in saw	မော maww	tired
ay	like "A" in ABC	ရေ yay	water
ayt	like "ave" in cave*	မေ့ mayt	forget
ayy	like "ay" in bay	ဆေး sayy	medicine
ee	like "ee" in see	မီး mee	fire
eet	like "eet" in beetroot	ထိ hteet	touch
ein	like "ain" in gain*	သိမ်း thein	keep
eh	like "air" in air*	ရဲ yeh	police
et	like "et" in pet*	ခက် khet	difficult
i	like "e" in reuse	နီ ni	red
in	like "in" in basin*	ဆင် sin	elephant
inn	like "in" in win*	ဟင်း hinn	curry
int	like "ink" in sink*	သင့် thint	should
it	like "it" in sit*	တစ် tit	one
ite	like "ite" in bite*	ကြိုက် kyite	like
o	like "o" in photo	ဟို ho	that
ote	like "oat" in coat*	အလုပ် alote	work
oh	like "ol" in sold*	မိုး moe	rain
oht	like "o" in both*	နို့ noht	milk
on	like "on" in online	မွန် mon	Mon State
onn	like "on" in spoon	ဇွန်း zonn	spoon
ont	like "ont" in continent	တွန့် tont	shrink
oo	like "oo" in school	အရူး ayoo	idiot

oot	like "**oot**" in sh**oot***	အခု akhoot now
out	like "**out**" in sn**out***	သောက် thout drink
'own	like "**ow**" in **ow**ner	ဖွန် phown dust
'ownn	like "**ow**" in **own***	ဖုန်း phone phone
ownt	like "**on't**" in w**on't***	မုန့် m'ownt snack
u	like "**u**" in s**u**per	ပု pu hot
ut	like "**ut**" in p**ut***	လွတ် lut empty

Stacked Letters
As a side note, you may sometimes find unusual "stacked letters" as you go along, such as in the word တိရစ္ဆာန် **ta rit san** (animal). Those stacked letters come from Pali and therefore the formation of the words is a bit more complicated.

When the letters are stacked together, the top letter is a vowel that pairs with the consonant immediately preceding it. The bottom letter is a consonant that is combined with the vowel that comes immediately after.

Punctuation
There are not a lot of punctuation marks in Burmese. One stroke (၊) denotes a comma (,) and two strokes (။) at the end of a sentence denote a full stop (.) or question mark (?).

A Note about Names
Burma is the former name of Myanmar before 1989. The country's official name today is the Republic of the Union of Myanmar. However, some countries like the USA and the UK still use the name Burma. The office language of this country is Burmese. Therefore, the country is Myanmar and the language is Burmese.

The Burmese Alphabet

က ka	ခ kha	ဂ ga	ဃ ga	င nga
စ sa	ဆ ssa	ဇ za	ဈ za	ည nya
ဋ ta	ဌ hta	ဍ da	ဎ da	ဏ na
တ ta	ထ hta	ဒ da	ဓ da	န na
ပ pa	ဖ pha	ဗ ba	ဘ ba	မ ma
ယ ya	ရ ya/ra	လ la	ဝ wa	သ tha
	ဟ ha	ဠ la	အ ah	

Meeting New People

My name is Nilar. I am fourteen years old and I live in Yangon, Myanmar. My family and I have lived in the same apartment since I was born. It is in Dagon Township—close to the famous Shwedagon Pagoda! I love my neighborhood, people here are very friendly and I have known them all my life. In the last ten years lots of new people have moved to the area—I love meeting new people! Many are foreigners who are learning Burmese. My family tease me that I'm always "interviewing" new people—just this morning I met a new foreign neighbor and our conversation went like this:

What is your name? *My name is Lisbeth.*

That's a lovely name. Where are you from? *I am from Germany.*

Oh I'd love to visit there one day! How old are you? *I am twenty-seven years old, but I turn twenty-eight next week.*

Aha! You look younger! How long have you been in Myanmar? *Let me think. Hmmm, I've been in Myanmar for two years, three months and seventeen days!*

Quite a long time! Where do you work? *I work at the German Embassy.*

So you're happy living in Myanmar? *I love living in Myanmar, I hope I never have to leave!*

သူငယ်ချင်းအသစ်တွေနဲ့ တွေ့မယ်

ကျွန်မနာမည်က နီလာပါ။ အသက် ၁၄ နှစ်ရှိပါပြီ။ ကျွန်မက မြန်မာနိုင်ငံ၊ ရန်ကုန်မြို့မှာ နေပါတယ်။ မိသားစုနဲ့အတူတူ မွေးကတည်းက အခုလက်ရှိတိုက်ခန်းမှာပဲနေပါတယ်။ ကျွန်မနေတဲ့တိုက်ခန်းက ဒုတိယမြို့နယ်မှာပါ။ လူသိများတဲ့ ရွှေတိဂုံဘုရားနဲ့လည်း နီးပါတယ်။ ကျွန်မနေတဲ့ ပတ်ဝန်းကျင်ကို ကျွန်မကြိုက်တယ်။ လူတွေက အရမ်းဖော်ရွှေတယ်။ ကျွန်မ သူတို့ကို သိလာတာ ကျွန်မတစ်သက်ပဲ။ လွန်ခဲ့တဲ့ဆယ်နှစ်အတွင်း ဒီနေရာကို လူသစ်အများကြီး ပြောင်းလာတယ်။ ကျွန်မက လူအသစ်တွေနဲ့ တွေ့ရတာ အရမ်းကြိုက်ပါတယ်။ မြန်မာစကားကို လေ့လာနေတဲ့ နိုင်ငံခြားသားတွေ အများကြီးရှိတယ်။ ကျွန်မက အမြဲတမ်း လူအသစ်တွေကို အင်တာဗျူးလုပ်နေတယ်ဆိုပြီး ကျွန်မမိသားစုက ကျွန်မကို စတယ်။ ဒီမနက်ပဲ နိုင်ငံခြားသား အိမ်နီးချင်းအသစ်တစ်ယောက်နဲ့ တွေ့ခဲ့တယ်။ ကျွန်မတို့ ဒီလို ပြောခဲ့တယ်။

နာမည်ဘယ်လိုခေါ်လဲ။ ကျွန်မနာမည်က လစ်ဇဘက်ပါ။

နာမည်လေးက လှလိုက်တာ။ ဘယ်နိုင်ငံကလဲ။ ကျွန်မက ဂျာမနီနိုင်ငံကပါ။

 သြော်. . . ကျွန်မလည်း တစ်နေ့တော့ ဂျာမနီကို သွားလည်ချင်တယ်။ အစ်မက အသက် ဘယ်လောက်ရှိပြီလဲ။ ၂၇ နှစ်ရှိပါပြီ။ ဒါပေမဲ့ နောက်အပတ်မှာ ၂၈ နှစ်ပြည့်ပြီ။

ဟုတ်လား။ နုတယ်နော်။ ဒါဆို မြန်မာနိုင်ငံမှာ ဘယ်လောက်ကြာပြီလဲ။ တွက်ကြည့်လိုက်ဦး မယ်. . . ကျွန်မ မြန်မာနိုင်ငံကိုရောက်တာ ၂ နှစ်၊ ၃ လ၊ ၁၇ ရက် ရှိသွားပြီ။

ကြာပြီနော်။ ဘယ်မှာ အလုပ်လုပ်လဲ။ ကျွန်မက ဂျာမံသံရုံးမှာ အလုပ်လုပ်ပါတယ်။

ဒါဆို မြန်မာနိုင်ငံမှာ နေရတာ ပျော်လား။ ကျွန်မ မြန်မာနိုင်ငံမှာ နေရတာ အရမ်းကြိုက်ပါတယ်။ ဘယ်တော့မှ မပြန်ရဘူးလို့ မျှော်လင့်ပါတယ်။

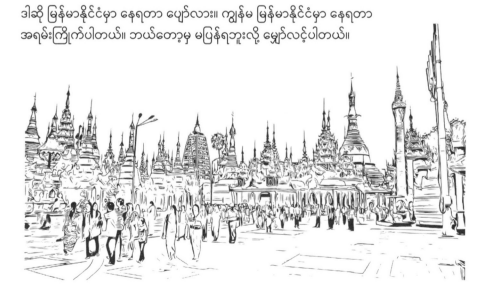

Vocabulary

သူငယ်ချင်း **tha ngae chinn** friend
အသစ် **a thit** new
တွေ့ **twayt** to meet
နာမည် **nan mae** name
အသက် **a thet** age
နိုင်ငံ **nai ngan** country
မြို့ **myoht** city
နေ **nay** to live
မိသားစု **meet tharr soot** family
မွေး **mwayy** to be born
လက်ရှိ **let sheet** current
တိုက်ခန်း **tite khann** apartment
မြို့နယ် **myoht nae** township
လူသိများ **lu theet myarr** famous
ဘုရား **pha yarr** pagoda
နီး **nee** to be close
ပတ်ဝန်းကျင် **pat wonn kyin** neighborhood
ဖော်ရွေ **phaw yway** friendly
သိ **theet** to know
နေရာ **nay yar** place
ပြောင်း **pyaungg** move (house)
နိုင်ငံခြားသား **nai ngan charr tharr** foreigner
အများကြီး **a myarr gyee** a lot
အမြဲတမ်း **a myeh dann** always
အင်တာဗျူးလုပ် **interview lote** to interview
စ **sa** tease
အိမ်နီးချင်း **eain nee chinn** neighbor
လှ **hla** pretty
သွားလည် **thwarr lae** to go visit
နောက်အပတ် **nout a pat** next week
နု **noot** to look younger
အလုပ်လုပ် **a lote lote** to work
သံရုံး **than y'ownn** embassy
ပျော် **pyaw** happy
အရမ်း **a yann** very
ကြိုက် **kyite** to like
ဘယ်တော့မှ **bae dawt mha** never
ပြန် **pyan** to return
မျှော်လင့် **mhyaw lint** to hope

Pre-reading Discussion

1. သင်က လူအသစ်တွေနဲ့ တွေ့ရတာ ကြိုက်လား။ ဘာဖြစ်လို့လဲ။
   Do you like meeting new people? Why/why not?
2. သင့်ဘဝမှာ လူအသစ်အများစုနဲ့ ဘယ်မှာ/ ဘယ်လို တွေ့လဲ။
   Where / how do you meet most new people in your life?
3. လူအသစ်တွေကို အများအားဖြင့် ဘာမေးလဲ။
   What do you usually ask new people?

Comprehension Questions

Find the answers on page 174.

1. နီလာက အသက်ဘယ်လောက်ရှိပြီလဲ။
   How old is Nilar?

2. နီလာက ဘယ်မြို့နယ်မှာနေလဲ။
   Which township does Nilar live in?

3. နီလာက ဘယ်သူနဲ့နေလဲ။
   Who does Nilar live with?

4. လွန်ခဲ့တဲ့ဆယ်နှစ်အတွင်း ဘာဖြစ်လာလဲ။
   What has happened in the last ten years?

5. လစ်ဇဘက်က ဘယ်သူလဲ။
   Who is Lisbeth?

6. လစ်ဇဘက်က ဘယ်နိုင်ငံကလဲ။
   Where is Lisbeth from?

7. လစ်ဇဘက်က အသက်ဘယ်လောက်ရှိပြီလဲ။
   How old is Lisbeth?

8. လစ်ဇဘက်က ဘယ်မှာ အလုပ်လုပ်လဲ။
   Where does Lisbeth work?

9. လစ်ဇဘက်က မြန်မာနိုင်ငံမှာနေရတာနဲ့ပတ်သက်ပြီး ဘယ်လိုသဘောရလဲ။
   How does Lisbeth feel about living in Myanmar?

After Reading

Write a dialogue between two people meeting for the first time, or role-play a dialogue with a partner.

Culture Notes

Most people in Myanmar are very friendly and are excited to chat with foreigners. When getting to know each other, almost every question is on the table. Don't take it personally if asked your age, whether you're married, or other questions you might not usually be asked back home.

My Favorite Foods

My name is Hseng and I love to eat! I live in Lashio in northern Shan State, Myanmar. It's a busy city not too far from the border with China, with a mix of different ethnic groups and because of this, so much delicious food!

As it's the capital of northern Shan State, of course Lashio is home to excellent Shan food. At the morning market you can enjoy a really authentic bowl of Shan noodles, which comes as either a soup or salad, with a choice of noodles whether sticky or soaked in water—I have mine as a soup, with sticky noodles and a bit of chili on top!

Lashio is also home to many Kachin people, so there are some really delicious Kachin restaurants. Kachin food is very fresh and spicy, with lots of salads, pounded meats and delicious flavours—often washed down with a slightly sweet, slightly sour Kachin wine.

Being so close to China, there are a lot of Chinese-style BBQ places in Lashio too—at the front of the restaurants you just choose which skewers you want cooked, and they'll be whisked away to the BBQ for you before being brought back out with a delicious dipping sauce (and a draft beer if you like!)

Of course, many other Myanmar favorites are available in Lashio too—mohinga, tea leaf salad and the best beef curry I've ever eaten! There are so many different types of cuisine in Myanmar, and Lashio is a great place to sample almost all of them. I hope you can come visit and try them for yourself someday!

အကြိုက်ဆုံး အစားအစာ

ကျွန်မနာမည်က ဆိုင်းပါ။ ကျွန်မက အစား စားရတာ အရမ်းကြိုက်ပါတယ်။ မြန်မာနိုင်ငံ ရှမ်းပြည်မြောက်ပိုင်း၊ လားရှိုးမြို့မှာ နေပါတယ်။ လားရှိုးမြို့က စည်ကားပြီး တရုတ်နိုင်ငံနယ်စပ်နဲ့ သိပ်မဝေးပါဘူး။ တိုင်းရင်းသားလူမျိုးပေါင်းစုံရှိလို့ အရသာရှိတဲ့ အစားအစာတွေလည်း အများကြီးရှိပါတယ်။

လားရှိုးဟာ ရှမ်းပြည်မြောက်ပိုင်းရဲ့မြို့တော်ဖြစ်ပြီး၊ ရှမ်းအစားအစာကောင်းကောင်း ကြိုက်တဲ့သူတွေအတွက် အရမ်းအဆင်ပြေတဲ့ မြို့တစ်မြို့ပါ။ မနက်ဘက် စျေးမှာ ရှမ်းခေါက်ဆွဲစစ်စစ် စားလို့ရပါတယ်။ ရှမ်းခေါက်ဆွဲက အသုပ်နဲ့အရည် ၂ မျိုးရှိပါတယ်။ ခေါက်ဆွဲကိုလည်း ဆန်စီး၊ ရေစိမ် ၂ မျိုး ရွေးလို့ရပါတယ်။ ကျွန်မကတော့ အရည်နဲ့ ဆန်စီး ရှမ်းခေါက်ဆွဲကို ကြိုက်ပါတယ်။ အပေါ်မှာ ငရုတ်သီး နည်းနည်း ပါပါတယ်။

လားရှိုးမြို့မှာ ကချင်လူမျိုးအများကြီးနေတဲ့အတွက် တကယ်စားလို့ကောင်းတဲ့ ကချင်စားသောက်ဆိုင်တချို့လည်း ရှိပါတယ်။ ကချင်အစားအစာတွေက အရမ်းလတ်ဆတ်ပြီး စပ်လည်းစပ်ပါတယ်။ ကချင်အစားအစာတွေထဲမှာ အသုပ်တွေနဲ့ အသားထောင်းတွေက အရသာရှိပြီး စားလို့ကောင်းပါတယ်။ ပြီးရင် ချို့ချို့ချဉ့်ချဉ့် အရသာရှိတဲ့ ကချင်ဝိုင် ခေါင်ရည်လည်း သောက်လို့ရပါတယ်။

လားရှိုးမြို့ဟာ တရုတ်နိုင်ငံနဲ့ အရမ်းနီးတဲ့အတွက် တရုတ်စတိုင် အကင်ဆိုင်တွေလည်း အများကြီးရှိပါတယ်။ ဆိုင်ရှေ့မှာ စားချင်တဲ့အကင်တွေကို ရွေးပြီး ခဏနေရင် ဘာဘီကျူးအကင်တွေ လာချပေးပါလိမ့်မယ်။ ပြီးရင် အကင်နဲ့ တို့စားဖို့ အချဉ့်ကို ယူလာပေးပါလိမ့်မယ်။ (စည်ဘီယာသောက်ချင်ရင်လည်း ရပါတယ်။)

လားရှိုးမြို့မှာ မုန့်ဟင်းခါး၊ လက်ဖက်သုပ်တို့လို ကျွန်မ အကြိုက်ဆုံး မြန်မာအစားအစာတွေ လည်း အများကြီးရှိပါတယ်။ လားရှိုးမှာ စားခဲ့တဲ့ အမဲသားဟင်းဆိုရင် ကျွန်မ စားဖူးသမျှတွေ ထဲမှာ အကောင်းဆုံးပါပဲ။ မြန်မာနိုင်ငံမှာ အစားအသောက်အမျိုးမျိုးရှိပြီး၊ ဒါတွေအားလုံး နီးပါးကို စားကြည့်လို့ရတဲ့နေရာကတော့ လားရှိုးမြို့ပါပဲ။ အချိန်ရတဲ့အခါ လားရှိုးမြို့ကို လာ လည်ပြီး ဒီက အစားအသောက်တွေကို ကိုယ်တိုင် လာစားကြည့်ပါဦးနော်။

Vocabulary

အကြိုက်ဆုံး **a kyite sone** favorite

အစားအစာ **a sarr a sar** food

စား **sarr** to eat

နာမည် **nan mae** name

မြောက်ပိုင်း **myout paii** northern

နေ **nay** to live

စည်ကား **si karr** lively

နယ်စပ် **nae sat** border

ဝေး **wayy** far

တိုင်းရင်းသား **taii yinn tharr** ethnic groups

အရသာရှိ **a ya thar sheet** delicious

အများကြီး **a myarr gyee** a lot

မြို့တော် **myoht taw** capital

အဆင်ပြေ **a sin pyay** convenient

မနက်ဘက် **ma net bet** in the morning

ဈေး **zayy** market

ခေါက်ဆွဲ **khout sweh** noodles

စစ်စစ် **sit sit** authentic

အသုပ် **a thote** salad

အရည် **a yay** soup

ဆန်စီး **san see** sticky

ရွေး **ywayy** to choose

ငရုတ်သီး **nga yote thee** chili

စားသောက်ဆိုင် **sarr thout sai** restaurant

တချို့ **ta choht** some

လတ်ဆတ် **lat sat** fresh

စပ် **sat** spicy

ထောင်း **htaungg** pounded

ချို **cho** sweet

ချဉ် **chin** sour

သောက် **thout** to drink

အကင် **a kin** barbecue

အချဉ် **a chin** sauce

စည်ဘီယာ **si bi yar** draft beer

လက်ဖက်သုပ် **laphet thote** tea leaf salad

အမဲသားဟင်း **a meh tharr hinn** beef curry

အစားအသောက် **a sarr a thout** cuisine

လာလည် **lar lae** to come visit

Pre-reading Discussion

1. သင့်မှာ အကြိုက်ဆုံးအစားအစာ ရှိလား။၊ ဘာလဲ။၊

   Do you have a favorite food? What is it?

2. သင့်နားမှာ ဘာအစားအသောက်တွေ ရလဲ။

   What different types of cuisine are available near you?

3. သင်က အိမ်မှာ ချက်စားရတာ ကြိုက်လား။၊ ဆိုင်မှာ သွားစားရတာ ကြိုက်လား။၊

   Do you prefer to cook at home, or eat out at restaurants?

Comprehension Questions

Find the answers on page 174.

1. လားရှိုးမြို့က မြန်မာနိုင်ငံရဲ့ ဘယ်ပြည်နယ်မှာရှိလဲ။
   Which state of Myanmar is Lashio in?
2. လားရှိုးမြို့က ဘယ်နိုင်ငံနဲ့နီးလဲ။
   Which country is Lashio near?
3. ဈေးမှာ ဘာစားလို့ရလဲ။
   What can you eat at the market?
4. ဆိုင်းက ရှမ်းခေါက်ဆွဲကို ဘယ်လိုစားရတာ ကြိုက်လဲ။
   How does Hseng like her Shan noodles?
5. ကချင်အစားအစာနဲ့ ဘာသောက်လို့ရလဲ။
   What can you drink with Kachin food?
6. ဆိုင်းက လားရှိုးမြို့မှာ တရုတ်အစားအစာ ဘာစားလဲ။
   What kind of Chinese food does Hseng eat in Lashio?
7. အကင်နဲ့ ဘာနဲ့လိုက်လဲ။
   What goes well with BBQ?
8. လားရှိုးမြို့မှာ တခြား မြန်မာ့ရိုးရာအစားအစာ ဘာတွေစားလို့ရလဲ။
   Which other traditional Myanmar dishes can you eat in Lashio?

After Reading

What are your favorite foods and why do you love them? Discuss with a partner or make notes.

Culture Notes

Rice is the staple food of Myanmar. Burmese people eat rice at least twice a day—for lunch and dinner. Some even have it for breakfast! It can be accompanied by curry, fried meat or vegetables, soup, and salad. Besides traditional Burmese dishes, there are a variety of delicious cuisines originating from the different ethnic groups of Myanmar. Shan, Kachin and Rakhine dishes are among the most popular with people all around the country. In Myanmar, a decent meal for one person costs about two dollars.

My Daily Routine

My name is Aung Kyaw. I wake up at six a.m., but I get up at half-past six. After getting up, I brush my teeth and wash my face. Then I exercise: I walk outside and I go for a run. I have my breakfast at the tea shop. When I arrive home, I take a shower. After the shower, I put on my clothes. After putting on my clothes, I brush my hair. I go to work around half-past eight. At work I drink coffee with my colleagues. My colleagues are very nice. I return home at six o'clock. There is traffic on the way, so I arrive home around seven o'clock. When I arrive home I feel very tired, so I don't want to cook at home. I have dinner with my friends at the restaurant. Sometimes I go to the bar. When I arrive home, I take a shower and go to bed around half-past eleven.

နေ့စဉ်ဘဝ

ကျွန်တော့်နာမည် အောင်ကျော်ပါ။ ကျွန်တော် မနက် ၆ နာရီမှာ အိပ်ရာနိုးတယ်။ ဒါပေမဲ့ ၆ နာရီခွဲလောက်မှ အိပ်ရာထတယ်။ အိပ်ရာထပြီးရင် သွားတိုက်၊ မျက်နှာသစ်တယ်။ ပြီးတော့ လေ့ကျင့်ခန်း လုပ်တယ်။ အပြင်မှာ လမ်းလျှောက်တယ်။ ပြေးတယ်။ လက်ဖက်ရည်ဆိုင်မှာ မနက်စာ စားတယ်။ အိမ်ရောက်ရင်ရေချိုး၊ အဝတ်စားဝတ်၊ ပြီးရင်ခေါင်းဖြီးတယ်။ ၈ နာရီ ခွဲလောက်မှာ အလုပ်သွားတယ်။ အလုပ်မှာ လုပ်ဖော်ကိုင်ဖက်တွေနဲ့ ကော်ဖီ သောက်တယ်။ လုပ်ဖော်ကိုင်ဖက်တွေက အရမ်း သဘောကောင်းတယ်။ ၆ နာရီမှာ အိမ်ပြန်တယ်။ လမ်း မှာကားကြပ်လို့ ၇ နာရီလောက်မှ အိမ်ရောက်တယ်။ အိမ်ရောက်ရင် အရမ်းမောတယ်။ ဒါဆို အိမ်မှာ ဟင်းမချက်ချင်ဘူး။ စားသောက်ဆိုင်မှာ သူငယ်ချင်းတွေနဲ့ အတူတူ ညစာ စားတယ်။ တစ်ခါတစ်လေ ဘား သွားတယ်။ အိမ်ပြန်ရောက်ရင် ရေချိုးပြီး ၁၁ နာရီခွဲလောက်မှာ အိပ် တယ်။

☆ ☆ ☆

Vocabulary

နာမည် **nan mae** name

မနက် **ma net** morning

အိပ်ရာနိုး **ate yar noh** to wake up

အိပ်ရာထ **ate yar hta** to get up

သွားတိုက် **thwarr tite** to brush one's teeth

မျက်နှာသစ် **myet nhar thit** to wash one's face

လေ့ကျင့်ခန်းလုပ် **layt kyint khann lote** to exercise

အပြင် **a pyin** outside

လမ်းလျှောက် **lann shout** to walk

ပြေး **pyayy** to run

လက်ဖက်ရည်ဆိုင် **lephat yay sai** tea shop

မနက်စာ **ma net sar** breakfast

အိမ် **eain** home

ရောက် **yout** to arrive

ရေချိုး **yay choh** to take a shower

အဝတ်အစား **a wit a sarr** clothes

ဝတ် **wit** to wear

ခေါင်းဖြီး **gaungg phee** to brush one's hair

လုပ်ဖော်ကိုင်ဖက် **lote phaw kai phat** colleague

သဘောကောင်း **tha baww kaungg** nice, kind

ကားကြပ် **karr kyat** traffic jam

ပင်ပန်း **maww** to be tired

ဟင်းချက် **hinn chet** to cook

စားသောက်ဆိုင် **sarr thout sai** restaurant

သူငယ်ချင်း **tha ngae chinn** friend

အတူတူ **a tu tu** together

ညစာ **nya sar** dinner

တစ်ခါတစ်လေ **ta khar ta lay** sometimes

အိပ် **ate** to sleep

Pre-reading Discussion

1. သင်က အိပ်ရာထရင် ပထမဆုံး ဘာလုပ်လဲ။
   What is the first thing you do when you get up?
2. သင်က လေ့ကျင့်ခန်း လုပ်ရတာကို ကြိုက်လား။
   Do you like to exercise?
3. သင်က အများအားဖြင့် ဘယ်နှနာရီမှာ မနက်စာစားလဲ။
   What time do you usually have breakfast?

Comprehension Questions

Find the answers on page 175.

1. အောင်ကျော်က ဘယ်နှစ်နာရီမှာ အိပ်ရာထလဲ။
   What time does Aung Kyaw get up?

2. မနက်မှာ အောင်ကျော်က ဘယ်မှာ လမ်းလျှောက်လဲ။
   Where does Aung Kyaw walk in the morning?

3. အောင်ကျော်က ဘယ်မှာ မနက်စာ စားလဲ။
   Where does Aung Kyaw have his breakfast?

4. အောင်ကျော်က မနက်စာ စားပြီး အိမ်ရောက်ရင် ဘာလုပ်လဲ။
   What does Aung Kyaw do when he arrives home after breakfast?

5. အောင်ကျော်က အလုပ်မှာ ဘယ်သူနဲ့ ကော်ဖီ သောက်လဲ။
   Who does Aung Kyaw drink coffee with at work?

6. အောင်ကျော်ရဲ့ လုပ်ဖော်ကိုင်ဖက်တွေက ဘယ်လိုလဲ။
   What are Aung Kyaw's colleagues like?

7. အောင်ကျော်က ဘာဖြစ်လို့ ဟင်းမချက်လဲ။
   Why doesn't Aung Kyaw cook?

8. အောင်ကျော်က သူငယ်ချင်းတွေနဲ့ ဘယ်မှာ တွေ့လဲ။
   Where does Aung Kyaw meet up with his friends?

9. အောင်ကျော်က မအိပ်ခင် ဘာလုပ်လဲ။
   What does Aung Kyaw do before he goes to bed?

After Reading

Make notes about your daily routine, or discuss with a partner.

Culture Notes

Being the largest city and commercial capital of Myanmar, Yangon's roads are very busy during its extended rush hour, which typically lasts from eight in the morning to six in the evening! Many Burmese people like to have their breakfast at local teashops on their way to work, where a variety of snacks and dishes are served—from bread to rice and curry. These teashops are quite crowded in the morning so you should go as early as possible to get yourself seated.

A Trip to the Market

My name is Ko Ko Than and I live in Mandalay. It's the second-biggest city in Myanmar and used to be the royal capital. Mandalay is also famous for being the "cultural capital" of Myanmar, and is home to some of the country's best tea shops, restaurants and markets. I'm sixteen years old and the youngest in our family. It's my job to go to the market every day to buy fresh food for my family, as well as anything else we need. Luckily, there is a local market at the end of our street, so I don't need to go far! Each morning I wake up around five o'clock so that I can get to the market early for the freshest produce. I love the sights, smells and sounds of the market—there's always so much going on! There are sections for meat, fruit and vegetables, rice, household items, and some stalls selling bowls of noodle soup. I don't like the smell of the meat stalls, but I love the smell of noodle soup. Sometimes I treat myself to a bowl of noodles once my shopping is done. I see the same stallholders each morning and we catch up on news from the neighborhood and around the country. Everyone jokes and laughs with each other—often it feels like we're all part of an extended family. I love the way the market changes with the seasons; in the cool season there are strawberries from the hill town of Pyin Oo Lwin and when the rains arrive so do the mangoes—my favorite! Some people wouldn't like having to wake up so early every day to go to the market, but I think it's a great way to start the day.

☆ ☆ ☆

ဈေးကို အလည်တစ်ခေါက်

ကျွန်တော့်နာမည်က ကိုကိုသန်းပါ။ ကျွန်တော်က မန္တလေးမှာ နေပါတယ်။ မန္တလေးက မြန်မာနိုင်ငံရဲ့ ဒုတိယအကြီးဆုံးမြို့ဖြစ်ပြီး တော်ဝင်မြို့တော်တစ်ခုလည်းဖြစ်ပါ တယ်။ မြန်မာနိုင်ငံရဲ့ "ယဉ်ကျေးမှုမြို့တော်" အဖြစ် ထင်ရှားပြီး၊ အကောင်းဆုံး လက်ဖက်ရည်ဆိုင်တွေ၊ စားသောက်ဆိုင်တွေနဲ့ ဈေးတွေလည်း ရှိပါတယ်။ ကျွန်တော့်အသက်က ၁၆ နှစ်၊ မိသားစုထဲမှာ အငယ်ဆုံးဖြစ်ပြီး ကျွန်တော့်အလုပ်ကတော့ မိသားစုစားဖို့အတွက် လတ်ဆတ်တဲ့ အစားအစာတွေနဲ့ လိုအပ်သမျှကို ဈေးမှာ သွားဝယ်ရတာပါ။ ကံကောင်းထောက်မစွာနဲ့၊ လမ်းထိပ်မှာ ဈေးလေးရှိတော့ ကျွန်တော် အဝေးကြီးသွားစရာမလိုဘူးပေါ့။ မနက်တိုင်း ကျွန်တော် ၅ နာရီလောက် အိပ်ရာထတယ်။ ဒါမှ ဈေးသွားရင် လတ်လတ်ဆတ်ဆတ်တွေ ဝယ်လို့ရမှာလေ။ ဈေးထဲမှာ မြင်တွေ့ရတာတွေ၊ အနံ့တွေနဲ့ အသံတွေအားလုံးကို ကျွန်တော်ကတော့ အရမ်းကြိုက်တယ်။ ဈေးထဲမှာဆိုရင် သားငါးတန်း၊ သစ်သီးနဲ့ ဟင်းသီးဟင်းရွက်တန်း၊ ဆန်ရောင်းတဲ့အတန်း၊ အိမ်သုံးပစ္စည်း ရောင်းတဲ့အတန်းနဲ့ ခေါက်ဆွဲဆိုင်လေးတွေရှိပါတယ်။ ခေါက်ဆွဲပြုတ်အနံ့ကို ကြိုက်ပေမယ့် သားငါးတန်းကလာတဲ့ အနံ့တွေကိုတော့ ကျွန်တော်မကြိုက်ဘူး။ တစ်ခါတစ်လေ ဈေးဝယ်ပြီးတာနဲ့ ခေါက်ဆွဲတစ်ပွဲ ဝယ်စားပါတယ်။ မနက်တိုင်း ကျွန်တော် တွေ့နေကျ ဈေးသည်တွေနဲ့ ပတ်ဝန်းကျင်အကြောင်း၊ နိုင်ငံတစ်ဝန်းက သတင်းတွေအကြောင်း ပြောဖြစ်ပါတယ်။ တစ်ယောက်နဲ့တစ်ယောက် နောက်ပြောင်ရယ်မောကြပြီး မိသားစုလို ဖြစ်နေပါတယ်။ ဈေးမှာ ရာသီပေါ်သီးနှံတွေ ရှိတာကိုလည်း ကျွန်တော် အရမ်းကြိုက်ပါတယ်။ အေးတဲ့ရာသီမှာဆိုရင် ပြင်ဦးလွင်က စတော်ဘယ်ရီသီးတွေ ရှိပြီး၊ မိုးရာသီရောက်ရင်တော့ ကျွန်တော်အကြိုက်ဆုံး သရက်သီးတွေ ရှိပါတယ်။ တချို့လူတွေကတော့ ဈေးသွားဖို့ နေ့တိုင်း စောစောထရတာကို ကြိုက်မှာမဟုတ်ဘူး။ ကျွန်တော်ကတော့ ဒါဟာ နေ့တစ်နေ့ကို စဖို့ နည်းလမ်းကောင်းတစ်ခုလို့ ထင်ပါတယ်။

☆ ☆ ☆

Vocabulary

နာမည် **nan mae** name
အကြီးဆုံး **a kyee s'ownn** biggest
မြို့ **myoht** city
တော်ဝင် **taw win** royal
မြို့တော် **myoht taw** capital
ယဉ်ကျေးမှု **yin kyayy mhoot** culture
ထင်ရှား **htin sharr** famous
အကောင်းဆုံး **a kaungg s'ownn** best
လက်ဖက်ရည်ဆိုင် **lephat yay sai** tea shop
စားသောက်ဆိုင် **sarr thout sai** restaurant
ဈေး **zayy** market
မိသားစု **meet tharr soot** family
အငယ်ဆုံး **a ngae z'ownn** youngest
အလုပ် **a lote** job
လတ်ဆတ် **lat sat** fresh
အစားအစာ **a sarr a sar** food
ဝယ် **wae** to buy
ဝေး **wayy** far
အိပ်ရာထ **ate yar hta** wake up
စောစော **saww saww** early
မြင်တွေ့ရတာတွေ **myin twayt ya dar dway** sights
အနံ့တွေ **a nant dway** smell
အသံတွေ **a than dway** sounds
ကြိုက် **kyite** to like
အသား **a tharr** meat
သစ်သီး **thit thee** fruit
ဟင်းသီးဟင်းရွက် **hinn thee hinn ywet** vegetables
ဆန် **san** rice
အိမ်သုံးပစ္စည်း **eain th'ownn pyit see** household item
ခေါက်ဆွဲ **khout sweh** noodles
ဈေးသည် **zayy thae** stallholder
ပတ်ဝန်းကျင် **pat wonn kyin** neighborhood
နိုင်ငံ **nai ngan** country
သတင်း **tha dinn** news
နောက်ပြောင် **nout pyaung** joke
အေး **ayy** cold
ရာသီ **yar thi** season
စတော်ဘယ်ရီသီး **sa taw bae ri thee** strawberry
မိုး **moh** rain
သရက်သီး **tha yet thee** mango
တချို့ **ta choht** some
နေ့တိုင်း **nayt taii** every day
နည်းလမ်း **nee lann** way, method

Pre-reading Discussion

1. သင်က ဟင်းချက်စရာအတွက် ဘယ်အချိန်မှာ ဘယ်မှာ ဈေးဝယ်လဲ။
   Where and when do you do your grocery shopping?
2. သင်က ဟင်းချက်စရာအတွက် ဈေးဝယ်ထွက်ရတာကို ကြိုက်လား။ ဘာဖြစ်လို့လဲ။
   Do you enjoy shopping for groceries? Why/why not?

3. သင်နေတဲ့နေရာမှာ ဘာရာသီစာတွေ ဝယ်နိုင်လဲ။

What seasonal produce can you buy where you live?

Comprehension Questions

Find the answers on page 176.

1. မန္တလေးက ဘာအတွက် ထင်ရှားလဲ။

What is Mandalay famous for?

2. ကိုကိုသန်းက ဘယ်နှနာရီမှာ အိပ်ရာထလဲ။

What time does Ko Ko Than get up?

3. ကိုကိုသန်းအိမ်နားက ဈေးမှာ ဝယ်လို့ရတဲ့ ပစ္စည်းသုံးမျိုးက ဘာတွေလဲ။

What are three types of things you can buy at Ko Ko Than's local market?

4. ကိုကိုသန်းက ဘာအနံ့ကို မကြိုက်ဘူးလဲ။

What doesn't Ko Ko Than like the smell of?

5. ကိုကိုသန်းက တစ်ခါတစ်လေ ဘာဝယ်စားလဲ။

What does Ko Ko Than sometimes buy for himself?

6. ကိုကိုသန်းက ဈေးသည်တွေနဲ့ ဘာအကြောင်းပြောလဲ။

What does Ko Ko Than talk about with the stallholders?

7. စတော်ဘယ်ရီရာသီက ဘယ်တော့လဲ။ ဘယ်က လာလဲ။

When is strawberry season and where do they come from?

8. ကိုကိုသန်းအကြိုက်ဆုံးအသီးက ဘာလဲ။

What is Ko Ko Than's favorite fruit?

After Reading

How is your own regular grocery shopping experience similar or different to Ko Ko Than's? Discuss with a partner or make notes.

Culture Notes

In Myanmar, most people do their grocery shopping at the local markets (also known as wet markets) because the products are cheaper and fresher than the ones you can get in the supermarkets. The earlier you go, the fresher produce you get. These markets start to become less crowded by noon. You can even find a couple of skilled tailors if you fancy wearing customized traditional Burmese outfits!

Weather and the Seasons

My name is Naw Phaw Htoo and I live in Dawei, in Myanmar's Tanintharyi Division. I was born in Karen State, but my parents and I moved to Dawei when I was just a baby. Dawei is a town on the southern coast of Myanmar. It is near a big river and some very beautiful beaches. It is also close to Thailand, and many of my friends go there to work for months at a time. Like the rest of Myanmar, there are three seasons in Dawei. The hot season, the rainy season or monsoon season, and the cool season. My favorite time of year is the cool season, which starts around the end of October and runs through to the end of January or so. As Myanmar is generally a very hot country, the cool season may not actually seem all that *cool* to foreign visitors, but for us it can seem quite cold! In the mornings people even wear jackets and beanies! This is a beautiful time of year for visiting the beach and traveling in the countryside.

From February on, the days start getting hotter and hotter, until at the height of the hot season in April, it can feel like you're living in an oven! The countryside gets very dry and dusty, and people avoid going out in the heat of the day. In the evenings the streets come alive as everyone comes out to catch any cool breeze that might be blowing.

ဥတုရာသီများ

ကျွန်မနာမည်က နော်ဖော်ထူးပါ။ မြန်မာနိုင်ငံ တနင်္သာရီတိုင်းက ထားဝယ်မြို့မှာ နေပါတယ်။ ကျွန်မကို ကရင်ပြည်နယ်မှာမွေးပေမယ့် ငယ်ငယ်တည်းက ကျွန်မမိဘတွေနဲ့အတူ ထားဝယ်ကို ပြောင်းခဲ့ပါတယ်။ ထားဝယ်က မြန်မာနိုင်ငံ တောင်ဘက်ကမ်းရိုးတန်းမှာရှိတဲ့ မြို့တစ်မြို့ဖြစ်ပါတယ်။ မြစ်ကြီးတစ်ခုနဲ့၊ အရမ်းလှတဲ့ ပင်လယ်ကမ်းခြေ တချို့နဲ့လည်း နီးပါတယ်။ ထားဝယ်က ထိုင်းနိုင်ငံနဲ့လည်းနီးပြီး၊ ကျွန်မသူငယ်ချင်းတော်တော်များများ အဲဒီကို လနဲ့ချီသွားပြီး အလုပ်လုပ်ကြတယ်။ မြန်မာနိုင်ငံရဲ့ တခြားဒေသတွေမှာလိုပဲ ထားဝယ်မှာလည်း ရာသီသုံးမျိုးရှိပါတယ်။ နွေရာသီ၊ မိုးရာသီ (သို့) မုတ်သုံရာသီနဲ့၊ ဆောင်းရာသီတို့ဖြစ်ပါတယ်။ တစ်နှစ်လုံးမှာ ကျွန်မအကြိုက်ဆုံး အချိန်က အောက်တိုဘာလကုန်လောက်မှာစပြီး ဇန်နဝါရီလကုန်လောက်မှာပြီးတဲ့ ဆောင်းရာသီပါ။ ပုံမှန်အားဖြင့် မြန်မာနိုင်ငံဟာ အရမ်းပူတဲ့နိုင်ငံတစ်နိုင်ငံဖြစ်တာကြောင့် ဆောင်းရာသီဟာ နိုင်ငံခြားသားတွေအတွက်တော့ အဲလောက်အေးတယ်လို့မထင်ရပေမယ့် ကျွန်မတို့အတွက်တော့ တော်တော်အေးပါတယ်။ မနက်ဘက်မှာဆိုရင် အနွေးထည်တွေဝတ်ပြီး ဦးထုပ်တွေဆောင်းကြပါတယ်။ ဒီရာသီက ပင်လယ်ကမ်းခြေကိုသွားလည်ပြီး ကျေးလက်မှာလည်း ခရီးသွားလို့ကောင်းတဲ့အချိန်ဖြစ်ပါ တယ်။

ဖေဖော်ဝါရီလကစပြီး ပိုပိုပူလာပါတယ်။ နွေရာသီရဲ့ အပူဆုံးအချိန်ဖြစ်တဲ့ ဧပြီလအထိကတော့ မီးဖိုထဲမှာ ဝင်နေရသလိုပဲ အရမ်းပူပါတယ်။ ကျေးလက်မှာဆိုရင်လည်း ခြောက်သွေ့ပြီး ဖုန်ထူလာပါတယ်။ နေ့ဘက်မှာပူလို့ လူတွေက အပြင်ထွက်ဖို့ကို ရှောင်ကြပါတယ်။ ညနေဘက်တွေမှာတော့ လူတိုင်း လေညင်းခံဖို့ အပြင်ထွက်လာကြပြီး လမ်းတွေက စည်ကားနေပါတယ်။

Then finally around May the first monsoon rains arrive. The cool rain is a relief at first, but then the sun comes out and things get very steamy! Although I prefer this to the weeks where it rains for days on end—Dawei is famous for being one of the wettest places in Myanmar! But my philosophy is that you can't change the weather, so you just have to make the most of it—especially where I live.

☆ ☆ ☆

Vocabulary

နာမည် **nan mae** name

တိုင်း **taii** region

မြို့ **myoht** city, town

နေ **nay** to live

မွေး **mwayy** born

ပြောင်း **pyaungg** to move

တောင်ဘက်ကမ်းရိုးတန်း **taung bet kann yoh tann** southern coast

မြစ် **myit** river

လှ **hla** beautiful

ပင်လယ်ကမ်းခြေ **pin lae kann chay** beach

ထိုင်းနိုင်ငံ **htaii nai ngan** Thailand

နီး **nee** to be close

သူငယ်ချင်း **tha ngae chinn** friend

အလုပ်လုပ် **a lote lote** to work

ရာသီ **yar thi** season

နွေရာသီ **nway yar thi** hot season

မိုးရာသီ **moh yar thi** rainy season

မုတ်သုံရာသီ **mote th'own yar thi** monsoon season

ဆောင်းရာသီ **saungg yar thi** cool season

အောက်တိုဘာလ **out to bar la** October

စ **sa** to start

ဇန်နဝါရီလ **zan na war ri la** January

ပြီး **pee** to finish

ပူ **pu** to be hot

နိုင်ငံခြားသား **nai ngan charr tharr** foreign visitors

အေး **ayy** to be cold

တော်တော် **taw taw** quite

မနက်ဘက် **ma net bet** in the morning

အနွေးထည် **a nwayy htae** jacket

ဦးထုပ် **oat htote** beanie

ကျေးလက် **kyayy let** countryside

ခရီးသွား **kha yee thwarr** traveling

ဖေဖော်ဝါရီလ **phay phaw war ri la** February

ဧပြီလ **ay pyi la** April

မီးဖို **mee pho** oven

ခြောက်သွေ့ **chout thwayt** dry

ဖုန်ထူ **ph'own htu** dusty

ညနေ **nya nay** evening

လေညင်း **lay nyinn** breeze

စည်ကား **si karr** lively

မေလ **may la** May

မိုးရွာ **moh ywar** to rain

နောက်ဆုံးတော့ မေလလောက်မှာ ပထမဆုံး မုတ်သုံမိုး စရှာပါတယ်။ အစမှာတော့ မိုး အေးအေးလေးက သက်သာရာရပါတယ်။ ဒါပေမဲ့ ပြီးတော့ နေထွက်လာပြီး ပူရှိန်းရှိန်းဖြစ်လာ ပါတယ်။ ကျွန်မက ဒီလိုမျိုးကို နေ့တိုင်းဆက်တိုက်မိုးရွာတဲ့အပတ်တွေထက် ပိုကြိုက်ပေ မယ့် ထားဝယ်မြို့က မြန်မာနိုင်ငံမှာ အစိုစွတ်ဆုံးနေရာတစ်ခုအဖြစ် လူသိများပါတယ်။ ဒါပေမဲ့ ကျွန်မခံယူချက်ကတော့ ရာသီဥတုကို မပြောင်းနိုင်ဘူးဆိုရင် အကျိုးရှိရှိအသုံးချဖို့ပဲ။ အထူးသဖြင့် ကျွန်မနေတဲ့နေရာမှာပေ့ါ။

☆ ☆ ☆

သက်သာရာရ **thet thar yar ya** relief

ပူရှိန်းရှိန်းဖြစ် **pu shein shein phyit** steamy

နေ့တိုင်း **nayt taii** every day

အပတ် **a pat** week

စိုစွတ် **so swut** wet

နေရာ **nay yar** place

လူသိများ **lu theet myarr** popular

ခံယူချက် **khan yu chet** philosophy

ရာသီဥတု **yar thi oot toot** weather

Pre-reading Discussion

1. အခုသင်နေတဲ့နေရာမှာ ရာသီဥတုက ဘယ်လိုလဲ။
   What is the weather like where you are right now?

2. သင်အကြိုက်ဆုံးရာသီက ဘယ်ရာသီလဲ။ ဘာဖြစ်လို့ကြိုက်တာလဲ။
   Which is your favorite season? Why?

3. ရာသီဥတုကြောင့် ကမ္ဘာပေါ်မှာ သင်ပြောင်းနေချင်တဲ့ နေရာရှိလား။
   Is there somewhere in the world you would move to for the climate?

Comprehension Questions

Find the answers on page 176.

1. နော်ဖော်ထူးကို ဘယ်မှာမွေးလဲ။
   Where was Naw Phaw Htoo born?

2. သူက ထားဝယ်ကို ဘယ်တုန်းက ပြောင်းခဲ့လဲ။
   When did she move to Dawei?

3. ထားဝယ်က ဘယ်နိုင်ငံနဲ့ နီးလဲ။
   Which country is Dawei near?

4. နော်ဖော်ထူးရဲ့ သူငယ်ချင်းတွေက ဘာဖြစ်လို့နိုင်ငံခြားကို သွားလဲ။
   Why do Naw Phaw Htoo's friends go abroad?

5. မြန်မာနိုင်ငံမှာ ရာသီဘယ်နှစ်မျိုးရှိလဲ။
How many seasons are there in Myanmar?
6. ဘယ်ရာသီက အောက်တိုဘာလကုန်မှာ စလဲ။
Which season starts at the end of October?
7. မြန်မာနိုင်ငံရဲ့အပူဆုံးလက ဘယ်လလဲ။
Which is the hottest month in Myanmar?
8. နော်ဖော်ထူးပြောပုံအရ ရာသီဥတုကို မပြောင်းနိုင်ဘူးဆိုရင် ဘာလုပ်သင့်လဲ။
According to Naw Phaw Htoo, if you can't change the weather, what should you do?

After Reading

What are the climate and seasons like where you live? What are the signs that indicate the end of one season and the start of the next? Discuss with a partner or make notes.

Culture Notes

If you're visiting or living in Myanmar, it will be strongly recommended by friends and neighbors that you take an umbrella with you everywhere you go, both in summer and in the rainy season. This is, because people in Myanmar use their umbrellas to protect themselves from both extreme heat and heavy rain. Flip flops are also very common and go well with both these seasons. Always give yourself more time to do anything during the rainy season, as the heavy rain often causes flooding and traffic problems!

Famous Places in Myanmar

My name is Saw Myat Thwae and my family is from Rakhine State in the west of Myanmar. Now I live in Yangon and work for a tour company. I love my job because I get paid to travel to many different parts of Myanmar and show tourists its most famous places. Some tourists are foreigners and some are people from Myanmar exploring their own country.

Ever since I was young, I dreamed of visiting the temples of Bagan—probably the most famous place in Myanmar—and during my first week in this job I finally got to go! It was more amazing than I had even imagined, with thousands of temples of many shapes and sizes scattered across a plain next to the mighty Ayeyarwady River. In my native Rakhine State we also have an ancient temple complex—Mrauk U—although not as many visitors make it there. I hope that one day it will become as famous and popular as Bagan.

Another very famous place in Myanmar is Inle Lake, which is in southern Shan State. Tourists hire longboats to explore the area, with many hoping to see one of the Intha fishermen who are famous for rowing their boats with their legs.

မြန်မာ့အထင်ကရနေရာများ

ကျွန်မနာမည်က စောမြတ်သွယ်ပါ။ ကျွန်မမိသားစုက မြန်မာနိုင်ငံအနောက်ပိုင်း ရခိုင်ပြည်နယ်မှာ နေပါတယ်။ အခုတော့ ကျွန်မက ရန်ကုန်မှာနေပြီး ခရီးသွားကုမ္ပဏီတစ်ခုမှာ အလုပ်လုပ်နေပါတယ်။ မြန်မာနိုင်ငံရဲ့ နေရာအနှံ့ကို ခရီးတွေသွားပြီး အထင်ရှားဆုံးနေရာတွေကို ခရီးသွားတွေကို ပြပြီး ပိုက်ဆံလည်းရတဲ့အတွက် ကျွန်မအလုပ်ကို အရမ်းကြိုက်ပါတယ်။ တချို့ခရီးသွားတွေက နိုင်ငံခြားသားတွေဖြစ်ပြီး၊ တချို့ကတော့ ကိုယ့်နိုင်ငံထဲမှာ ခရီးသွားရင်း လေ့လာစူးစမ်းကြတဲ့ မြန်မာနိုင်ငံသားတွေပဲ ဖြစ်ပါတယ်။

ကျွန်မ ငယ်ငယ်တည်းက မြန်မာနိုင်ငံမှာ အထင်ရှားဆုံးဖြစ်တဲ့ ပုဂံဘုရားတွေကို သွားလည်ချင်ခဲ့တာ အိပ်မက်တစ်ခုပါပဲ။ ဒီအလုပ်စလုပ်တဲ့ ပထမအပတ်မှာမှ သွားလည်ခွင့်ရခဲ့တယ်။ ပုဂံဟာ ကျွန်မ ထင်ထားတာထက်ကို ပိုပြီး အံ့ဩစရာကောင်းပါတယ်။ ကြီးမားကျယ်ပြန့်တဲ့ ဧရာဝတီမြစ်ဘေးက လွင်ပြင်တစ်လျှောက်မှာ ပုံစံအမျိုးမျိုး၊ အရွယ်အစားအမျိုးမျိုးနဲ့ ပြန့်ကျဲတည်ရှိနေတဲ့ ဘုရားစေတီပေါင်း ထောင်ချီရှိပါတယ်။ ကျွန်မရဲ့ ဇာတိ ရခိုင်ပြည်နယ်မှာလည်း ရှေးဟောင်းဘုရားတွေ အများကြီးရှိတဲ့ မြောက်ဦးမြို့ရှိပါတယ်။ ပုဂံလောက်တော့ ဧည့်သည်အများကြီး မရှိပါဘူး။ တစ်နေ့တော့ မြောက်ဦးလည်း ပုဂံလိုပဲ ထင်ရှားပြီး လူသိများလာမယ်လို့ မျှော်လင့်ပါတယ်။

မြန်မာနိုင်ငံက နောက်ထပ် ထင်ရှားတဲ့နေရာတစ်ခုကတော့ ရှမ်းပြည်နယ်တောင်ပိုင်းမှာ ရှိတဲ့ အင်းလေးကန်ဖြစ်ပါတယ်။ ခြေထောက်နဲ့လှေလှော်တာမှာ လူသိများတဲ့ အင်းသား ငါးဖမ်းသမားတွေကိုကြည့်ဖို့ ခရီးသွားတွေက လှေတွေငှားပြီး သွားကြပါတယ်။

If you prefer water that's good for swimming, then Myanmar also has some beautiful beaches. The most famous of all is Ngapali Beach, not far from my hometown, but there are hidden gems all the way down the coast.

There are many other special places in Myanmar that are less famous. These include the mountains of Chin, Shan, Kaya, Kachin and Kayin states, as well as the Ayeyarwady or Chindwin rivers, which are great for boat trips.

And finally, who could forget the Shwedagon Pagoda, a golden beacon on its hilltop above Yangon? You don't need to travel far in Myanmar to find places that are special. This includes my favorite Rakhine-style restaurant in Yangon that serves dishes such as mon-ti soup. I'm going there now for lunch!

☆　☆　☆

Vocabulary

နာမည် **nan mae** name

မိသားစု **meet tharr soot** family

အနောက် **a nout** west

ပြည်နယ် **pyi nae** state

နေ **nay** to live

ခရီးသွား ကုမ္ပဏီ **kha yee thwarr k'own pa ni** tour company

အလုပ် **a lote** job

အလုပ်လုပ် **a lote lote** to work

ခရီးသွား **kha yee thwarr** travel

ခရီးသွား **kha yee thwarr** tourist

ပြ **pya** to show

ထင်ရှား **htin sharr** famous

ပိုက်ဆံ **pet san** money

ကြိုက် **kyite** to like

တချို့ **ta choht** some

နိုင်ငံခြားသား **nai ngan charr tharr** foreigner

လေ့လာစူးစမ်း **layt lar soo sann** explore

ဘုရား **pha yarr** pagoda

သွားလည် **thwarr lae** to go visit

အိပ်မက် **eain met** dream

ပထမ **pa hta ma** first

အပတ် **a pat** week

အံ့ဩစရာကောင်း **ant aww sayar kaungg** amazing

ကြီးမား **kyee marr** big

ကျယ်ပြန့် **kyae pyant** wide

မြစ် **myit** river

ပုံစံ **p'own zan** shape

အရွယ်အစား **a ywae a sarr** size

ဘုရားစေတီ **pha yarr zay di** temple

ရှေးဟောင်း **shayy haungg** ancient

အများကြီး **a myarr gyee** a lot

ဧည့်သည် **aet thae** guest

ရေကူးဖို့အတွက် ကောင်းတဲ့ ရေမျိုးကို ပိုကြိုက်တယ်ဆိုရင်တော့ လှပတဲ့ ပင်လယ်ကမ်းခြေတွေလည်း မြန်မာနိုင်ငံမှာ ရှိပါတယ်။ အားလုံးထဲမှာ အထင်ရှားဆုံးကတော့ ငပလီကမ်းခြေပဲဖြစ်ပါတယ်။ ကျွန်မရဲ့ ဇာတိမြို့ကနေဆိုရင် သိပ်မဝေးပါဘူး။ ကမ်းခြေတစ်လျှောက်မှာ ထူးခြားတဲ့အရာတွေ ရှိပါတယ်။

မြန်မာနိုင်ငံမှာ သိပ်မထင်ရှားပေမယ့် ထူးခြားတဲ့နေရာတွေလည်း အများကြီးရှိပါတယ်။ ချင်းပြည်နယ်၊ ရှမ်းပြည်နယ်၊ ကယားပြည်နယ်၊ ကချင်ပြည်နယ်နဲ့ ကရင်ပြည်နယ်က တောင် တွေနဲ့ လေ့စီးပြီး ခရီးသွားလို့ရတဲ့ ဧရာဝတီမြစ်နဲ့ ချင်းတွင်းမြစ်တို့ ပါဝင်ပါတယ်။

နောက်ဆုံးတစ်ခုကတော့ ရန်ကုန်မြို့အပေါ်စီး တောင်ကုန်းထိပ်က ရွှေရောင်မီးပြတိုက်နဲ့တူ တဲ့ ရွှေတိဂုံဘုရားကိုလည်း မေ့လို့မဖြစ်ပါဘူး။ တကယ်တော့ မြန်မာနိုင်ငံက ထူးခြားတဲ့နေရာ တွေကို ရှာတွေ့ဖို့ အဝေးကြီး ခရီးသွားစရာမလိုပါဘူး။ ဉပမာပြောရရင် ရန်ကုန်က ကျွန်မ အကြိုက်ဆုံး မုန့်တီရောင်းတဲ့ ရခိုင်စားသောက်ဆိုင်အပါအဝင်ပဲ။ နေ့လယ်စာစားဖို့ အဲဒီက ကျွန်မ အခု သွားတော့မယ်။

☆ ☆ ☆

လူသိများ **lu theet myarr** popular, well-known	ပင်လယ်ကမ်းခြေ **pin lae kann chay** beach
မျှော်လင့် **mhyaw lint** to hope	ဇာတိ **zar teet** hometown
ကန် **kan** lake	ဝေး **wayy** far
ခြေထောက် **chay htout** leg	ထူးခြား **htoo charr** special
ငါးဖမ်း **ngarr phann** fishing	တောင် **taung** mountain
လှေ **hlay** boat	ကံကောင်း **kan kaungg** lucky
လှော် **hlaw** to row	ဖိတ် **phate** host
တောင် **taung** south	ရွာ **ywar** village
ငှား **ngharr** hire	တောင်ကုန်း **taung g'ownn** hill
ငါးဖမ်းသမား **ngarr phann tha marr** fisherman	ရွှေရောင် **shway yaung** golden
ရေကူး **yay koo** to swim	မီးပြတိုက် **mee pya tite** lighthouse
ပိုကြိုက် **po kyite** prefer	မေ့ **mayt** to forget
လှပ **hla pa** beautiful	နေ့လယ်စာ **nayt lae sar** lunch
	ဆိုင် **sai** shop

Pre-reading Discussion

1. မြန်မာနိုင်ငံက သင်ကြားဖူးတဲ့ အထင်ရှားဆုံးနေရာတွေက ဘာတွေလဲ။

   Which are the most famous places you've heard about in Myanmar?

2. သင့်နိုင်ငံမှာ အထင်ရှားဆုံးနေရာတွေက ဘာတွေလဲ။ အဲ့ဒီနေရာတွေကို ရောက်ဖူးလား။

   What are the most famous places in your country? Have you visited them?

3. သင်က ထင်ရှားပြီး လူများတဲ့နေရာတွေကို သွားလည်ရတာ ပိုကြိုက်လား။ ဒါမှမဟုတ် ခရီးသွားတွေ သိပ်မသွားတဲ့ နေရာတွေကို သွားလည်ရတာ ပိုကြိုက်လား။

   Do you prefer to visit famous places with big crowds, or do you like to travel off the beaten track? Why?

Comprehension Questions

Find the answers on page 177.

1. ရခိုင်ပြည်နယ်က မြန်မာနိုင်ငံ ဘယ်အပိုင်းမှာ ရှိလဲ။

   In which part of Myanmar is Rakhine State?

2. စောမြတ်သွယ်က ဘယ်မှာ အလုပ်လုပ်လဲ။

   Where does Saw Myat Thwae work?

3. စောမြတ်သွယ်က ပုဂံကို ဘယ်တုန်းက ပထမဆုံး ရောက်ဖူးလဲ။

   When did Saw Myat Thwae visit Bagan for the first time?

4. မြောက်ဦးက ဘယ်မှာလဲ။

   What is Mrauk U?

5. အင်းသား ငါးဖမ်းသမားတွေက လှေလှော်ဖို့ ဘာကိုသုံးလဲ။

   What do the Intha fishermen use to row their boats?

6. မြန်မာနိုင်ငံမှာ အထင်ရှားဆုံးကမ်းခြေက ဘာလဲ။

   Which is the most famous beach in Myanmar?

7. တောင်တွေရှိတဲ့ ပြည်နယ်ငါးခုရဲ့ နာမည်တွေက ဘာလဲ။

   What are the names of five states with mountains?

8. လှေစီးပြီး ခရီးသွားလို့ရတဲ့ မြစ်နှစ်ခုက ဘာလဲ။

   Which two rivers are popular for boat trips?

9. စောမြတ်သွယ်က ဘယ်မှာ နေ့လယ်စာ စားမလဲ။

   Where is Saw Myat Thwae going for lunch?

After Reading

What are the most famous places in your home country, and why do foreign tourists visit them? Discuss with a partner or make notes.

Culture Notes

When you visit pagodas or monasteries in Myanmar, it is mandatory to take off your shoes once you enter the compound. In most pagodas and temples, there is a place where you can leave your shoes for a very small charge. You can also take them with you—it's your choice! People usually offer flowers and water to the statues of Buddha. There is a Burmese saying for when you wish someone well: "May you smell like flowers and be cool and peaceful like water." Although you have to buy flowers for your offering, water is free for everyone and placed right in front of the statues.

The Water Festival

My name is Zin Moe and I live in Shwebo, in central Myanmar. In summer, it's the hottest, driest part of the country. This is why I love the water festival, Thingyan, so much! If you haven't experienced Thingyan before, let me tell you a little bit about it.

Thingyan is a celebration of the Burmese New Year, which takes place in the middle of April—the hottest time of year. Perhaps this heat is what inspired the most famous part of Thingyan, splashing each other with water—the whole country turns into one giant water fight! Water fighting ranges from throwing a cup of water at someone to being blasted by a fire hose! Stages called *mandat* are set up all around the cities and towns, and people of all ages joyfully dance on them to very loud music while spraying water from hoses onto other revelers below. It's an amazing sight to see, and so much fun!

We also eat some special snacks during Thingyan. One dish is called *mont lone ye baw,* glutinous rice balls with palm sugar on the inside and coconut on the outside. Some families make one special ball per batch, with chili on the inside instead of palm sugar! This is like winning a lucky draw, but the person who bites into it might not feel so lucky at the time!

Aside from all the fun and celebrations, Thingyan is an important Buddhist festival and a time to make merit for the New Year to come. I hope we can celebrate Thingyan together one day!

သင်္ကြန်ပွဲတော်

ကျွန်တော့်နာမည်က ဇင်မိုးပါ။ မြန်မာနိုင်ငံအလယ်ပိုင်း ရွှေဘိုမြို့မှာ နေပါတယ်။ ရွှေဘိုက နေရာသီမှာဆိုရင် အပူဆုံး၊ အခြောက်သွေ့ဆုံးအပိုင်းပါ။ ဒါကြောင့် ကျွန်တော်က သင်္ကြန်ပွဲတော်ကို အရမ်းကြိုက်တာပေ့ါ။ သင်္ကြန်ကို မကြုံဖူးသေးတဲ့သူတွေအတွက် ဒီပွဲတော်အကြောင်းကို ကျွန်တော် နည်းနည်းပြောပြပါမယ်။

သင်္ကြန်ဆိုတာကတော့ မြန်မာ့ရိုးရာနှစ်သစ်ကူးပွဲတော်တစ်ခုပါ။ နှစ်တစ်နှစ်ရဲ့ အပူဆုံးလဖြစ်တဲ့ ဧပြီလလယ်မှာ ကျင်းပပါတယ်။ ဒီလိုအရမ်းပူတဲ့အချိန်မှာ ကျင်းပတဲ့အတွက်ကြောင့် သင်္ကြန်က လူကြိုက်အများဆုံးဖြစ်နေတာလို့ ထင်ပါတယ်။ တစ်ယောက်နဲ့တစ်ယောက် ရေပက်ကစားကြပြီး တစ်နိုင်ငံလုံး ရေကစားပွဲတော်ကြီး ကျင်းပတာပါ။ ရေပက်ကစားတဲ့ ပုံစံအမျိုးမျိုးရှိပါတယ်။ တစ်ချို့က ခွက်နဲ့ ဖြည်းဖြည်း ညင်ညင်သာသာ လောင်းကြပြီး၊ တစ်ချို့ကတော့ မီးသတ်ပိုက်တွေနဲ့ပါ ကစားကြပါတယ်။ မြို့တွေမှာလည်း နေရာအနှံ့ မဏ္ဍပ်တွေ ဆောက်ပြီး လူကြီးလူငယ်မရွေး အားလုံး အဲဒီမဏ္ဍပ်တွေပေါ်မှာ ကျယ်လောင်တဲ့ဂီတသံစဉ်တွေနဲ့ ပျော်ပျော်ပါးပါး ကကြပါတယ်။ ကရင်း စင်ပေါ်ကနေလည်း အောက်ကလူတွေကို ပိုက်နဲ့ရေလှမ်းပက်နေကြတာကို မြင်ရတာဟာ တကယ့်ကို ကြည်နူးပျော်ရွှင်စရာ မြင်ကွင်းပါပဲ။

သင်္ကြန်မှာစားတဲ့ အထူးမုန့်တချို့လည်း ရှိပါတယ်။ အဲဒီထဲက တစ်မျိုးကတော့ မုန့်လုံးရေပေါ်လို့ခေါ်ပြီး ကောက်ညှင်းဆန်ကို အလုံးလေးတွေလုပ်ပြီး အထဲမှာ ထန်းလျက်နဲ့၊ အပြင်မှာတော့ အုန်းသီးပါတဲ့ မုန့်ပါ။ မုန့်လုံးရေပေါ်လုပ်တဲ့အခါ တချို့တွေက တစ်သုတ်မှာ တစ်လုံးကို ထန်းလျက်အစား ငရုတ်သီးထည့်ပြီး လုပ်ကြပါတယ်။ ဒါကတော့ ကံစမ်းမဲပေါက်သလိုပါပဲ။ စားမိတဲ့လူကတော့ သူ့ကိုယ်သူ ကံကောင်းတယ်လို့ထင်မှာတော့ မဟုတ်ပါဘူး။

သင်္ကြန်ပွဲတော်ဟာ ဒီလိုပျော်စရာတွေအပြင် ဗုဒ္ဓဘာသာမှာ အရေးပါတဲ့ ပွဲတော်တစ်ခုဖြစ်တာကြောင့် နှစ်သစ်အတွက် ကောင်းမှုကုသိုလ်တွေလည်း လုပ်ကြပါတယ်။ တစ်နေ့မှာတော့ ကျွန်တော်တို့ သင်္ကြန်ပွဲတော်ကို အတူတူဆင်နွှဲနိုင်မယ်လို့ မျှော်လင့်ပါတယ်။

Vocabulary

နာမည် **nan mae** name

အလယ်ပိုင်း **a lae paii** central

မြို့ **myoht** city

နွေရာသီ **nway yar thi** summer

အပူဆုံး **a pu s'ownn** hottest

အခြောက်သွေ့ဆုံး **a chout thwayt s'ownn** driest

ပွဲတော် **pweh daw** festival

ကြုံ **ky'own** to experience

ပြောပြ **pyaww pya** to tell

ရိုးရာ **yoh yar** traditional

နှစ်သစ် **nhit thit** New Year

လ **la** month

လူကြိုက်များ **lu kyite myarr** popular

ရေ **yay** water

ကစား **ga zarr** to play

နိုင်ငံ **nai ngan** country

မီးသတ်ပိုက် **mee that pite** fire hose

ကျယ်လောင် **kyae laung** loud

ဂီတသံစဉ် **gi ta than zin** music

က' **ka** to dance

စင် **sin** stage

အထူး **a htoo** special

မုန့် **m'ownt** snack

ကောက်ညှင်း **kout nyinn** glutinous

ထန်းလျက် **hta nyet** palm sugar

အုန်းသီး **ownn thee** coconut

အထဲ **a hteh** inside

အပြင် **a pyin** outside

ငရုတ်သီး **nga yote thee** chili

အသုတ် **a thote** batch

ကံစမ်းမဲ **kan sann meh** lucky draw

ဗုဒ္ဓဘာသာ **bote da bar thar** Buddhism

အရေးပါ **a yayy par** important

ကောင်းမှုကုသိုလ် **kaungg mhoot koot tho** merit

မျှော်လင့် **myaw lint** to hope

Pre-reading Discussion

1. သင့်နိုင်ငံမှာ နှစ်သစ်ကို ဘယ်လိုကျင်းပကြလဲ။

   How do people in your country celebrate the New Year?

2. သင့်အတွက် နှစ်သစ်က ထူးခြားတဲ့နေ့တစ်နေ့လား။ ဒါမှမဟုတ် သာမန်နေ့တစ်နေ့ပဲလား။

   Is New Year a special time for you? Or do you feel like it's just another day?

3. သင်ရော မြန်မာနိုင်ငံမှာ သင်္ကြန်ပွဲတော်နဲ့ ကြုံဖူးလား။ မကြုံဖူးဘူးဆိုရင်ရော ကြုံဖူးချင်လား။

   Have you ever experienced Thingyan in Myanmar? If not, would you like to?

Comprehension Questions

Find the answers on page 177.

1. ဇင်မိုးက ဘယ်မှာနေလဲ။
   Where does Zin Moe live?

2. ရွှေဘိုရဲ့ ရာသီဥတုက ဘယ်လိုလဲ။
   What is the weather like in Shwebo?

3. မြန်မာရေသဘင်ပွဲတော်ရဲ့ နာမည်က ဘာလဲ။
   What is the name of the Burmese water festival?

4. သင်္ကြန်ကို ဘယ်အချိန်မှာ ကျင်းပလဲ။
   When does Thingyan take place?

5. မဏ္ဍပ်ဆိုတာ ဘာလဲ။
   What is a *mandat*?

6. သင်္ကြန်မှာစားတဲ့ မုန့်တစ်မျိုးရဲ့နာမည်က ဘာလဲ။
   What is the name of the special Thingyan snack described in the story?

7. ပုံမှန်မဟုတ်တဲ့ မုန့်လုံးရေပေါ်ထဲမှာ ဘာပါလဲ။
   What is inside the special rice ball?

8. ပွဲတော်ကျင်းပတာအပြင် ဗုဒ္ဓဘာသာတွေက သင်္ကြန်မှာ ဘာလုပ်ကြလဲ။
   Apart from celebrating, what do Buddhists do during Thingyan?

After Reading

What is your favorite festival or time of year in your country? Discuss with a partner or make notes.

Culture Notes

Thingyan is celebrated for four days (five in a leap year). This is a time when Buddhists "make merit," meaning that they do good deeds such as going to the pagoda, making donations to the poor, helping the aged, etc. During Thingyan, many people return to their hometowns and spend time with their family.

There's a Ghost in My Room

My name is Thaw Zin Kyaw. I live in my house alone. On my holidays, I relax at home while doing chores around the house.

Recently, a lot of strange things have happened in my house. Last night was the most obvious yet. I felt like someone was sleeping beside me when I was in bed last night. Something like that has never happened before. I closed my eyes and tried to sleep but I could hear doors opening and closing, as well as the sound of footsteps. Then I heard the sound of the TV. It seemed to be changing from one channel to another, before stopping on the Korean Movie Channel.

I was too scared to get out of bed, so I turned on the air-conditioning to block out the noises and tried to go back to sleep. Eventually I did fall asleep again. After a while, I woke up sweating and saw that the air conditioner had been switched off. So, I became angry and shouted, "Who's that messing around in my house? Come out and show yourself!"

A young girl crawled out from under my bed. I was completely freaked out but I asked her, "Who are you? Where are you from?"

She answered, "I'm Marlar. I've been in this house for a week. Last month, I died in a car accident nearby. I came to live in your house as I don't have either food or shelter."

ကျွန်မအခန်းထဲမှာ သရဲရှိတယ်

ကျွန်တော့်နာမည်က သော်ဇင်ကျော်ပါ။ အိမ်မှာ တစ်ယောက်တည်း နေပါတယ်။ အားလပ်ချိန်တွေမှာဆိုရင် အိမ်မှာ အနားယူရင်း အိမ်အလုပ်တွေလုပ်ပါတယ်။ အခုတလော ကျွန်တော့်အိမ်မှာ ထူးဆန်းတာတွေ ဖြစ်ခဲ့တယ်ဗျ။ မနေ့ညကတော့ အသိသာဆုံးပဲ။ ညက ကျွန်တော်အိပ်ရာဝင်တော့ ကျွန်တော့်ဘေးမှာ လူတစ်ယောက်အိပ်နေသလိုမျိုး ခံစားရတယ်။ အရင်က ဒီလိုမျိုး တစ်ခါမှ မဖြစ်ဖူးပါဘူး။ ကျွန်တော် မျက်စိမှိတ်ပြီး အိပ်ဖို့ကြိုးစားပေမယ့် တံခါးဖွင့်ပိတ်သံတွေ၊ ခြေသံတွေ ကြားနေရတယ်။ ပြီးတော့ တီဗီသံကြားရတယ်ဗျ။ တီဗီချန်နယ်တွေ တစ်ခုပြီးတစ်ခု သူ့ဟာသူပြောင်းပြောင်းသွားပြီးတော့ နောက်ဆုံး ကိုရီးယားရုပ်ရှင်ပြနေတဲ့ချန်နယ်မှာ ရပ်သွားပါရောဗျာ။

ကျွန်တော် အဲဒီအချိန်မှာ အိပ်ရာထဲကထဖို့ အရမ်းကြောက်နေလို့ အသံတွေမကြားရအောင် အဲကွန်းဖွင့်လိုက်ပြီး ပြန်အိပ်ဖို့ကြိုးစားတယ်။ နောက်ဆုံးမှာ ကျွန်တော် အိပ်ပျော်သွားတယ်။ သိပ်မကြာဘူး။ ကျွန်တော် ချွေးတွေပြန်ပြီး နိုးလာတယ်။ ဒါနဲ့ အဲကွန်းကိုကြည့်လိုက်တော့ အဲကွန်းက ပိတ်နေတယ်။ ဒါကြောင့် ကျွန်တော် ဒေါသထွက်ပြီးတော့ “ငါ့အိမ်ထဲမှာ လုပ်ချင်သလိုတွေလုပ်နေတာ ဘယ်သူလဲ။ ထွက်ခဲ့စမ်း” လို့ အော်ပြောလိုက်တယ်။

အဲဒီအချိန်မှာ ကုတင်အောက်ကနေ မိန်းကလေးတစ်ယောက် ထွက်လာတယ်။ ကျွန်တော် အရမ်းလန့်သွားပေမယ့် သူ့ကို “မင်း ဘယ်သူလဲ။ ဘယ်ကလာတာလဲ” လို့ မေးလိုက်တယ်။

သူက “ကျွန်မက မာလာပါ။ ဒီအိမ်ကို ရောက်နေတာ တစ်ပတ်လောက် ရှိပါပြီ။ ပြီးခဲ့တဲ့လက ဒီနားမှာ ကားတိုက်ခံရပြီးတော့ သေသွားတာပါ။ ကျွန်မမှာ နေစရာ၊ စားစရာမရှိလို့ အစ်ကို့အိမ်မှာ လာနေတာပါ” လို့ ပြန်ဖြေတယ်။

I was afraid at first but I felt sorry for her after hearing her story. Then, I said, "You can't keep staying here. I will do good deeds and share my merit with you. You can praise my merit and go somewhere peaceful for you," and she was glad.

It looks like I'm going to be busy this weekend. I have to invite monks to my house and make donations for Marlar.

☆ ☆ ☆

Vocabulary

နာမည် **nan mae** name

အိမ် **eain** home

နေ **nay** to live

တစ်ယောက်တည်း **ta yout hteh** alone

အားလပ်ချိန် **arr lat chain** free time

အနားယူ **a narr yu** to take a rest

အိမ်အလုပ် **eain a lote** housework

အခုတလော **a khoot ta laww** recently

ထူးဆန်း **htoo sann** weird

မနေ့ညက **ma nayt nya ga** last night

တော်တော် **taw taw** quite

သိသာ **theet thar** obvious

အိပ်ရာဝင် **ate yar win** to go to bed

အိပ် **ate** to sleep

ခံစား **khan zarr** to feel

အရင်က **a yin ga** before

မျက်စိမှိတ် **myet seet mhate** to close one's eyes

ကြိုးစား **kyoh sarr** to try

တံခါး **da garr** door

ဖွင့် **phwint** to open, to turn on

ပိတ် **pate** to close, to turn off

ကြား **kyarr** to hear

တီဗီ **ti bi** TV

အလိုလို **a lo lo** automatically

ပြောင်း **pyaungg** to change

ကိုရီးယား **ko ree yarr** Korea, Korean

ရုပ်ရှင် **yote shin** movie

ရပ် **yet** stop

အချိန် **a chain** time

ကြောက် **kyout** frightened, scared

အဲကွန်း **eh konn** air-conditioning

အိပ်ပျော် **ate pyaw** to fall asleep

ချွေးပြန် **chwayy pyan** to sweat

နိုး **noh** to wake up

ဒေါသထွက် **daww tha htwet** to get angry

ကုတင် **ga din** bed frame

မိန်းကလေး **main kha layy** girl

လန့် **lant** shocked

တစ်ပတ် **da bet** one week

သေ **thay** to die

သနား **tha narr** to pity, feel sorry for

ကောင်းမှုကုသိုလ် **kaungg mhoot koot tho** good deeds

အမျှအတန်းပေးဝေ **a mya a tann payy way** to express one's wish that others may also acquire the benefit from one's meritorious deed equally

အစက ကြောက်နေပေမယ့် သူ့အကြောင်း ကြားပြီးတဲ့အခါမှာတော့ ကျွန်တော် သူ့ကို သနားသွားတယ်။ ပြီးတော့ သူ့ကို ပြောလိုက်တယ်။ "မင်း ဒီမှာတော့ ဆက်နေလို့မရဘူး။ မင်းအတွက် ကောင်းမှုကုသိုလ်လုပ်ပြီး အမျှအတန်းဝေပေးမယ်။ မင်းသာခုခေါ်ပြီး လွတ်ရာကျွတ်ရာကိုသွားပါ" လို့ ပြောလိုက်တော့ သူ ဝမ်းသာသွားတယ်။

ဒီအပတ် စနေ၊ တနင်္ဂနွေမှာတော့ ကျွန်တော် အလုပ်များတော့့မယ်ထင်ပါတယ်။ အိမ်မှာ ဘုန်းကြီးတွေပင့်ပြီး မာလာအတွက် အလှူလုပ်ပေးရပါဦးမယ်။

☆ ☆ ☆

သာဓုခေါ် **thar doot khaw** to praise a good deed	စနေ၊ တနင်္ဂနွေ **sa nay, ta ninn ga nway** Saturday and Sunday; weekend
ဝမ်းသာ **wann thar** glad	အလုပ်များ **a lote myarr** busy
ဒီအပတ် **di a pet** this week	ဘုန်းကြီး **ph'ownn gyee** monk
	အလှူ **a hlu** donation

Pre-reading Discussion

1. အားလပ်ချိန်တွေမှာ သင်ဘာလုပ်လဲ။
   What do you like to do in your free time?

2. သရဲရှိတယ်ဆိုတာကို ယုံလား။ ဘာဖြစ်လို့လဲ။
   Do you believe that ghosts exist? Why/why not?

3. သင် (သို့) တစ်ယောက်ယောက် ကြုံဖူးတဲ့ ကြောက်စရာကောင်းတာတစ်ခုခုကို ပြောပြပါ။
   Talk about something scary that happened to you or someone else.

Comprehension Questions

Find the answers on page 178.

1. သော်ဇင်ကျော်က အားလပ်ချိန်တွေမှာ ဘာလုပ်လဲ။
   What does Thaw Zin Kyaw do in his free time?

2. မနေ့ညက သော်ဇင်ကျော် အိပ်ဖို့ကြိုးစားနေတုန်း ဘာသံတွေ ကြားရလဲ။
   What did Thaw Zin Kyaw hear when he was trying to sleep last night?

3. သော်ဇင်ကျော်က ဘာဖြစ်လို့ နိုးလာလဲ။
   Why did Thaw Zin Kyaw wake up?

4. သော်ဇင်ကျော်ရဲ့ ကုတင်အောက်မှာ ဘယ်သူရှိလဲ။
   Who was under his bed?

5. သော်ဇင်ကျော်ရဲ့အိမ်ကို မာလာရောက်တာ ဘယ်လောက်ကြာပြီလဲ။
How long had Marlar been in Thaw Zin Kyaw's house?

6. မာလာက သော်ဇင်ကျော်ရဲ့အိမ်ကို ဘာဖြစ်လို့ လာခဲ့လဲ။
Why did Marlar come to Thaw Zin Kyaw's house?

7. သော်ဇင်ကျော်က ဒီအပတ် စနေ၊ တနင်္ဂနွေမှာ ဘာလုပ်မလဲ။
What will Thaw Zin Kyaw do this weekend?

After Reading

What would you do if you saw a ghost in your house? Discuss with a partner or make notes.

Culture Notes

Buddhism is Myanmar's most common religion. Myanmar Buddhists believe that if you die suddenly you will remain a ghost until someone carries out a meritorious deed on your behalf. Most people donate food and robes to monks so that ghosts will have food and shelter. The ghost will then praise those who have made these donations and carried out these good deeds, before going to a place where they will be at peace.

A Young Billionaire

Once upon a time in a little town, there was a rich man who possessed over 80 billion Myanmar kyat. He and his wife had a son, Yarzar. They loved him very much and employed numerous servants to look after him. Since the day he was born, Yarzar had been spoiled and got everything he wanted. He would always keep asking for something until he got it. The billionaire and his wife fulfilled his every wish.

When Yarzar was old enough for school, his parents sent him to a renowned professor for his studies. Yarzar, because he was so rich and spoiled, didn't know how to stick to the rules and struggled with school. He skipped classes and just played around, as he wasn't interested in his studies. Eventually he was expelled. The rich man wanted to get his son to return to school but his wife said "May he live at his pleasure," and so he didn't go back.

Rich kid Yarzar finally became a teenager. The friends he hung out with were also rich kids, and they all liked spending money. Yarzar began to drink alcohol and got involved in different kinds of gambling. He went around with his friends all day long and gambled every cent of the money he took from home. His friends encouraged his destructive lifestyle. The neighborhood was united in dislike for Yarzar, who was extremely noisy every time he came home drunk. His parents didn't scold him for anything he did.

သန်းကြွယ်သူဌေးလေး

တစ်ခါက မြို့လေးတစ်မြို့မှာ အရမ်းချမ်းသာတဲ့ သူဌေးကြီးတစ်ယောက်ရှိတယ်။ အဲဒီသူဌေး ကြီးနဲ့ သူဌေးကတော်ကြီးမှာ ရာဇာဆိုတဲ့ သားတစ်ယောက်ရှိတယ်။ သူတို့ရဲ့ သားလေးကို အရမ်းချစ်ကြပြီး ငယ်ငယ်တည်းက အခြေအရံတွေ အများကြီးနဲ့ သေချာပြုစုစောင့်ရှောက်ခဲ့ တယ်။ ရာဇာဟာ မွေးကတည်းက အရမ်းအလိုလိုက်ခံရလို့ အရမ်းဆိုးတယ်။ လိုချင်တာကို မ ရရအောင် တောင်းဆိုတတ်တယ်။ သူဌေးကြီးနဲ့ သူဌေးကတော်ကြီးကလည်း သူတို့သားလေး တောင်းဆိုသမျှကို အကုန်လုပ်ပေးခဲ့တယ်။

ရာဇာဟာ တဖြည်းဖြည်းနဲ့ ကျောင်းတက်ရမယ့်အရွယ်ရောက်လာတော့ ပညာသင်ဖို့ မိဘ တွေက နာမည်ကြီး ပါမောက္ခကြီး တစ်ယောက်ဆီကို ပို့ခဲ့တယ်။ အရမ်းချမ်းသာပြီး ပျက်စီး နေတဲ့ သူဌေးသားလေး ရာဇာဟာ စည်းကမ်းနဲ့မနေဖူးတော့ ကျောင်းမှာ အဆင်မပြေဘူး။ စာကိုလည်း စိတ်မဝင်စားတော့ အတန်းချိန်တွေမှာ အတန်းမတက်ဘဲ လျှောက်သွားပြီး ဆော့ကစားနေတယ်။ နောက်ဆုံးမှာတော့ ကျောင်းထုတ်ခံလိုက်ရတယ်။ သူဌေးကြီးကတော့ သူ့သားကို ကျောင်းပြန်တက်စေချင်ပေမဲ့ သူဌေးကတော်ကြီးက "သား စိတ်ချမ်းသာသလို နေပါစေ" ဆိုပြီး ကျောင်းဆက်မပို့တော့ဘူး။

ဒီလိုနဲ့ သူဌေးသားလေး ရာဇာဟာ ဆယ်ကျော်သက်အရွယ် ရောက်လာခဲ့တယ်။ သူနဲ့ပေါင်း တဲ့ သူငယ်ချင်းတွေကလည်း သူဌေးသားသမီးတွေပဲဆိုတော့ ပိုက်ဆံကို အများကြီးသုံးကြ တယ်။ ရာဇာဟာ အရက်တွေပါ သောက်တတ်လာပြီး လောင်းကစားမျိုးစုံကိုလည်း လုပ် တတ်လာတယ်။ တစ်နေကုန် သူငယ်ချင်းတွေနဲ့ လျှောက်သွားပြီး အိမ်က ယူသွားသမျှ ပိုက်ဆံတွေကို လောင်းကစား လုပ်ပစ်တယ်။ ဘေးက သူငယ်ချင်းတွေကလည်း သူ့ကို မြှောက်ပင့်ပေးကြတယ်။ အမြဲ မူးပြီး အိမ်ပြန်လာပြီး အိမ်မှာလည်း အော်ဟစ်ဆူညံနေတဲ့ ရာဇာကို ပတ်ဝန်းကျင်က လူတွေကလည်း လုံးဝမကြိုက်ကြဘူး။ သူ့မိဘတွေကတော့ သား က ဘာလုပ်လုပ် မဆူခဲ့ဘူး။

The years went by. Due to Yarzar's excessive spending, soon enough, the fortune the family once possessed was nearly all gone. The rich couple had grown old and both became severely ill. The rich man said to his wife, "We're going to die soon. How will our son live when we've both passed away? He is uneducated and everything we own will be gone soon if he keeps living like this. I think we made a mistake by not sending him back to school." But his wife reminded him, "But we still have all that money hidden underground! It could last for the rest of his life, especially if he becomes aware of his actions once we die and tries to reduce his expenses."

After his parents both died, Yarzar didn't wise up as they had hoped, but instead he became worse. He spent everything he had on gambling. As he was uneducated, he couldn't maintain his parents' business and his workers began stealing from him. He only had expenses, without any income. Then one day he remembered the instructions his parents had left, with details of how to find the money they had hidden. But Yarzar couldn't read. So, he asked his friend to read it, and his friend told him the place where the money was buried. Yarzar dug hard all day long but couldn't find a kyat. Eventually he realized he'd been tricked—his friend had told him the wrong location and had taken the money himself! Now Yarzar was penniless and without friends, and there was nothing he could do about it.

Finally, Yarzar had to sell everything he possessed—including the family home. His old friends wouldn't help him. So he was forced to live in the forest and beg around the village for food, but as all the villagers knew his history they were without pity and gave him nothing. Eventually the once-rich Yarzar who had everything he ever wanted, died of starvation alone in the forest.

ဒီလိုနဲ့ပဲ အချိန်တွေဟာ တစ်နှစ်ပြီးတစ်နှစ် ကုန်လာတယ်။ ရာဇာရဲ့ အလွန်အကျွံ သုံးဖြုန်းမှုကြောင့် မကြာခင်မှာပဲ သူတို့ပိုင်ဆိုင်တဲ့ ပိုက်ဆံတွေအများကြီးကလည်း တဖြည်းဖြည်း ကုန်ခါနီး ဖြစ်လာတယ်။ သူဌေးကြီးတို့ လင်မယားကလည်း အသက်ကြီးလာပြီး နှစ်ယောက်လုံးက အပြင်းအထန် နေမကောင်းဖြစ်တယ်။ သူဌေးကြီးက သူဌေးကတော်ကြီးကို "ငါတို့ မကြာခင်သေရတော့မယ်။ ငါတို့သေရင် ငါတို့သားလေး ဘယ်လိုနေမလဲ။ ပညာလည်း မတတ်၊ ပိုင်ဆိုင်သမျှ ပစ္စည်းဥစ္စာတွေကလည်း ဒီတိုင်းဆိုရင် ခဏလေး ကုန်သွားမှာပဲ။ ငါတို့ သူ့ကို ကျောင်းဆက်မတက်ခိုင်းတာ မှားပြီထင်တယ်။" လို့ပြောတယ်။ သူဌေးကတော်ကြီးကတော့ "ဒါပေမဲ့ ကျွန်မတို့ မြေအောက်မှာ ဝှက်ထားတဲ့ ပိုက်ဆံတွေ ရှိသေးတာပဲ။ သူ တစ်သက်လုံး သုံးလို့မကုန်ပါဘူး။ ကျွန်မတို့သေသွားရင်တော့ သူ အသိတရားဝင်ပြီး အသုံးအဖြုန်းလျှော့မှာပါ။" လို့ ဖျောင်းဖျတယ်။

သူတို့နှစ်ယောက်လုံး သေသွားပြီးတဲ့နောက်မှာတော့ ရာဇာဟာ သူတို့မျှော်လင့်ထားသလို မလိမ္မာလာဘဲ ပိုဆိုးလာတယ်။ ရှိသမျှ ပစ္စည်းဥစ္စာတွေကို လောင်းကစားအတွက် သုံးဖြုန်းတယ်။ ပညာမတတ်တဲ့အတွက် မိဘရဲ့ စီးပွားရေးလုပ်ငန်းတွေကိုလည်း မထိန်းသိမ်းနိုင်ဘဲ အလုပ်သမားတွေက သူ့ဆီက ပိုက်ဆံတွေကို ခိုးသွားကြတယ်။ သူ့မှာ ဝင်ငွေမရှိဘဲ ထွက်ငွေပဲရှိနေတယ်။ တစ်နေ့မှာ သူ့မိဘတွေ ဝှက်ထားခဲ့တဲ့ ပိုက်ဆံတွေရှိတဲ့နေရာကို ပြထားတဲ့ လမ်းညွှန်ကို သတိရသွားတယ်။ ဒါပေမဲ့ ရာဇာဟာ စာတွေကို မဖတ်တတ်ဘူး။ ဒါကြောင့် သူ့သူငယ်ချင်းတစ်ယောက်ကို ဖတ်ခိုင်းတော့ သူ့သူငယ်ချင်းက ပိုက်ဆံတွေမြှုပ်ထားတဲ့ နေရာကိုပြောပြတယ်။ ရာဇာဟာ တစ်နေကုန် ပင်ပင်ပန်းပန်းတူးပေမယ့် ပိုက်ဆံတစ်ကျပ်တောင် ရှာမတွေ့ခဲ့ဘူး။ နောက်ဆုံးမှာတော့ သူအလိမ်ခံလိုက်ရပြီဆိုတာ သိသွားတယ်။ သူ့သူငယ်ချင်းက သူ့ကို နေရာအမှားကို ပြောလိုက်ပြီး နေရာအမှန်က ပိုက်ဆံတွေကို ကိုယ်တိုင်သွားတူးပြီး အကုန်ယူသွားခဲ့တယ်။ ပိုက်ဆံတစ်ပြားမှ မရှိ၊ သူငယ်ချင်းတွေလည်း မရှိတော့တဲ့ ရာဇာဟာ ဘာမှမတတ်နိုင်ခဲ့ဘူး။

နောက်ဆုံးမှာ ရာဇာဟာ မိသားစုအိမ်အပါအဝင် ပိုင်ဆိုင်သမျှ ပစ္စည်းတွေကို ရောင်းလိုက်ရတယ်။ အရင်က သူ့သူငယ်ချင်းတွေဆီကို သွားပေမယ့် ဘယ်သူကမှ သူ့ကို မကူညီကြဘူး။ ဒါကြောင့် သူဟာ တောထဲမှာပဲနေပြီး စားဖို့အတွက် လိုက်တောင်းစားတဲ့အခါမှာလည်း သူ့အကြောင်းကိုသိတဲ့ ရွာသူရွာသားတွေက သူ့ကို ဘာမှ မပေးကြဘူး။ နောက်ဆုံးမှာတော့ တစ်ချိန်က ချမ်းသာခဲ့ပြီး လိုချင်တာအားလုံးရခဲ့တဲ့ ရာဇာဟာ အစာငတ်ပြီး တစ်ယောက်တည်း တောထဲမှာပဲ သေဆုံးသွားရတော့တယ်။

☆ ☆ ☆

Vocabulary

ကုဋေ **ga day** billion

ချမ်းသာ **chann thar** wealthy

သူဌေး **tha htayy** rich man

ကတော် **ga daw** wife of an official or a respected person

အခြေအရံ **a chway a yan** servant

ပြုစုစောင့်ရှောက် **pyoot zoot saungt shout** to look after

အလိုလိုက် **a lot lite** to indulge, to spoil

တောင်းဆို **taungg so** to request

တဖြည်းဖြည်း **ta phyayy phyayy** gradually

ကျောင်း **kyaungg** school

ကျောင်းတက် **kyaungg tet** to attend school

အရွယ် **a ywae** age group, age

ပါမောက္ခ **par mout kha** professor

ပညာသင် **pyin nyar thin** to learn and acquire education

မိဘ **meet ba** parent

ပျက်စီး **pyet see** spoiled

သူဌေးသား **tha htayy tharr** son of a rich man

စည်းကမ်း **see kann** discipline, rule

စိတ်ဝင်စား **sate win zarr** interested

အတန်း **a tann** class

လျှောက်သွား **shout thwarr** to go around without a purpose

ဆော့ကစား **sawt ga zarr** to play

ကျောင်းထုတ် **kyaungg htote** to expel from school

စိတ်ချမ်းသာ **sate chann thar** to have a pleasant and peaceful mind

ဆယ်ကျော်သက် **sae kyaw thet** teenager

ပေါင်း **paungg** to hang out with someone

သူငယ်ချင်း **tha ngae chinn** friend

သားသမီး **tharr tha mee** children

အရက် **a yet** alcohol

လောင်းကစား **laungg ga zarr** gambling

တစ်နေကုန် **ta nay k'own** all day

မြှောက်ပင့် **mhyout pint** to flatter someone

အော်ဟစ် **aw hit** to shout loudly

ဆူညံ **su nyan** noisy

ပတ်ဝန်းကျင် **pat wonn kyin** neighborhood

ကြိုက် **kyite** to like (someone or something)

ဆူ **su** to scold

ကုန် **k'own** to run out of something

ပိုင်ဆိုင် **pai sai** to own

လင်မယား **lin ma yarr** a married couple

အပြင်းအထန် **a pyinn a htan** severely

နေမကောင်းဖြစ် **nay ma kaungg phyit** ill

မကြာခင် **ma kyar khin** soon

သေ **thay** to die

ပညာတတ် **pyin nyar tat** to be educated

ပစ္စည်းဥစ္စာ **pyit see oat sar** property

ခဏလေး **kha na layy** a short moment

မြေအောက် **myay out** underground

ဝှက် **whet** to hide

တစ်သက်လုံး **ta thet l'ownn** forever
သုံး **th'ownn** to use
အသိတရား **a theet ta yarr** consideration
လျှော့ **shawt** to reduce
ဖျောင်းဖျ **phyaungg phya** to persuade
လိမ္မာ **lain mar** clever
သုံးဖြုန်း **th'ownn phy'ownn** to waste money
စီးပွားရေးလုပ်ငန်း **see bwarr yayy lote ngann** business
ထိန်းသိမ်း **htainn thainn** to maintain
အလုပ်သမား **a lote tha marr** worker
ဝင်ငွေ **win ngway** income
ထွက်ငွေ **htwet ngway** expense
ဖတ် **phat** to read
နေရာ **nay yar** place
အမှား **a mharr** wrong
အမှန် **a mhan** correct
တူး **too** to dig
အကုန် **a k'own** all
ပင်ပင်ပန်းပန်း **pin pin bann bann** laboriously
ရောင်း **yaungg** to sell
ကူညီ **ku nyi** to help
တော **taww** forest
အကြောင်း **a kyaungg** about
အစာငတ် **a sar ngat** to starve
သေ **thay** to die

Pre-reading Discussion

1. ကျောင်းမှာတုန်းက ဘယ်ဘာသာရပ်ကို အကြိုက်ဆုံးလဲ။
   What was your favorite subject when you were in school?

2. သင့်မှာ ပိုက်ဆံအများကြီးရှိရင် ဘာလုပ်ချင်လဲ။
   What would you like to do if you had a lot of money?

Comprehension Questions

Find the answers on page 179.

1. ရာဇာငယ်ငယ်တုန်းက သူ့မိဘတွေက သူ့ကို ဘယ်လိုထားခဲ့လဲ။
   How did Yarzar's parents treat him when he was young?

2. ရာဇာက ဘာဖြစ်လို့ကျောင်းထုတ်ခံခဲ့ရလဲ။
   Why was Yarzar expelled from school?

3. ရာဇာက သူ့ရဲ့ဆယ်ကျော်သက်ဘဝကို ဘယ်လိုဖြတ်သန်းခဲ့လဲ။
   Describe Yarzar's way of life when he was a teenager?

4. ရာဇာရဲ့ အိမ်ပတ်ဝန်းကျင်က လူတွေက ဘာဖြစ်လို့ သူ့ကို မကြိုက်လဲ။
   Why did people in Yarzar's neighborhood not like him?

5. ရာဇာရဲ့မိဘတွေက အသက်ကြီးတော့ ဘာဖြစ်လာလဲ။
What happened to Yarzar's parents when they grew old?

6. မြေအောက်မှာ ဝှက်ထားခဲ့တဲ့ ပိုက်ဆံတွေက ဘာဖြစ်သွားလဲ။
What happened to the money hidden underground?

7. ပိုက်ဆံမရှိတော့တဲ့ ရာဇာဟာ နောက်ဆုံးမှာ ဘာလုပ်ခဲ့လဲ။
What did Yarzar do after losing all his money?

8. ရာဇာက ဘယ်လိုသေသွားခဲ့လဲ။
How did Yarzar die?

After Reading

Do you think children should have everything they want? What are your ideas on the best way to teach children the value of money? Discuss with a partner or make notes.

Culture Notes

In Myanmar, parents start sending their children to kindergarten at the age of three, and elementary school at five. By the age of five, children are usually expected to be able to read and write the Burmese alphabet and basic words. Being educated is considered very important in Burmese society.

A Jungle Tale

Once upon a time in the jungles of Myanmar, there lived a squirrel and a gecko. They were the best of friends and spent every day together exploring their jungle home. Some of the other animals would tease them, as it wasn't common for a squirrel and a gecko to be friends. It was true that in some ways they were the opposites of each other: Squirrel was furry and Gecko scaly; Squirrel was vegetarian and Gecko ate insects; Squirrel was fast and Gecko slow; Squirrel was adventurous and Gecko was generally very cautious (Gecko had to be this way, as many other animals wanted to eat her). Yet despite their differences, or maybe because of them, the pair felt very comfortable with each other.

One sunny day, Squirrel and Gecko were out for a walk in the jungle. As usual, Squirrel was racing ahead, while Gecko was taking his time and regularly pausing to sniff the breeze for any sign of danger. Gecko also enjoyed sniffing the flowers they passed along the way.

"Come on, hurry up!" called back Squirrel, who was hoping to make it to a faraway waterfall by lunchtime, "We haven't got all day!"

တောအုပ်ထဲက ပုံပြင်တစ်ပုဒ်

ဟိုးရှေးရှေးတုန်းက မြန်မာနိုင်ငံက တောအုပ်တွေထဲမှာ ရှဉ့်တစ်ကောင်နဲ့ တောက်တဲ့တစ်ကောင် နေကြတယ်။ သူတို့ဟာ အခင်ဆုံးသူငယ်ချင်းတွေဖြစ်ကြပြီး တော့ နေ့တိုင်း တောထဲမှာ အတူတူ လျှောက်သွားကြတယ်။ ရှဉ့်နဲ့ တောက်တဲ့က သူငယ်ချင်းတွေဖြစ်ခဲ့တာကြောင့် တခြားတိရစ္ဆာန်တွေက သူတို့နှစ်ကောင်ကို စကြတယ်။ တကယ်လည်း သူတို့နှစ်ကောင်က ဆန့်ကျင်ဘက်ပါပဲ။ ရှဉ့်က အမွေးပွပြီးတော့ တောက်တဲ့ကတော့ အရေပြားကြမ်းကြမ်းကြီး။ ပြီးတော့ ရှဉ့်က အသီးအရွက်တွေပဲစားပြီး တောက်တဲ့က အင်းဆက်ပိုးမွှားတွေ လိုက်စားတယ်။ ရှဉ့်က မြန်သလောက် တောက်တဲ့က နေးတယ်။ ရှဉ့်က စွန့်စားရတာကြိုက်ပြီး တောက်တဲ့ကတော့ အရမ်းသတိကြီးတယ်။ (တောက်တဲ့ကို စားချင်တဲ့ တခြားတိရစ္ဆာန်တွေ အများကြီးရှိတာကြောင့်ပါ။) ဒါပေမဲ့လည်း ဘယ်လောက်ပဲကွဲပြားကွဲပြား ဒီကွဲပြားခြားနားမှုတွေကြောင့်ပဲ သူတို့နှစ်ကောင်က အရမ်းတည့်ကြတယ်။

နေသာတဲ့နေ့တစ်နေ့မှာတော့ ရှဉ့်နဲ့တောက်တဲ့ဟာ တောထဲမှာ လမ်းလျှောက်ထွက်လာကြတယ်။ ထုံးစံအတိုင်းပဲ ရှဉ့်က ရှေ့က မြန်မြန်သွားပေမယ့် တောက်တဲ့ကတော့ အန္တရာယ်တွေဘာတွေကို ရပ်ရပ်ပြီး အနံ့ခံရင်း ဖြည်းဖြည်းချင်းပဲ နောက်ကနေ လိုက်လာတယ်။ လမ်းမှာတွေ့တဲ့ ပန်းတွေကိုလည်း တောက်တဲ့က နမ်းကြည့်လိုက်သေးတယ်။

နေ့လယ်စာစားချိန်အမီ ခပ်ဝေးဝေးက ရေတံခွန်ကို အရောက်သွားချင်နေတဲ့ ရှဉ့်က "မြန်မြန်လာလေကွာ . . . ငါတို့ တစ်နေ့လုံး အချိန်မရဘူးနော်" ဆိုပြီး လှည့်ပြောလိုက်တယ်။

Gecko however, had stopped completely and was holding up a hand to Squirrel.

"Shhhh!" hissed Gecko, "Something is out here with us."

"Well of course something is out here with us," called back Squirrel, "We're in the jungle after all! What do you think it is? A lion? A snake? A monkey?" The last he said in a mocking tone.

"Actually, my dear squirrel," came a voice from the bushes, "I'm a tiger!" and with that an enormous tiger leapt out into the clearing.

Squirrel ran immediately to Gecko's side, and both stood shaking before the tiger. "H-h-hello Mr Tiger," said the terrified squirrel, "H-h-how are you today?"

"Well I'm a bit confused to be honest," replied the tiger, "Because I can't decide whether to have squirrel or gecko for my breakfast."

Hearing this, our two friends hugged each other even tighter. Once again, it was brave Squirrel who replied, as Gecko was paralyzed with fear. "P-p-perhaps if you can't decide, a third option might be better?"

"And what could possibly be more delicious than either of you?" asked the tiger.

To this, Squirrel had no answer—he didn't want to put any of the other animals in danger either. A terrible silence fell over the clearing, as the tiger's eyes went from one to the other and then back again.

"Roses!" called out Gecko, breaking the deadly silence. "I smelled some delicious roses just back through those bushes!" pointing back to where they'd come from.

The tiger roared with laughter, "Tigers don't eat FLOWERS!"

ဒါပေမဲ့ တောက်တဲ့ကတော့ လုံးဝရပ်လိုက်ပြီး ရှဉ့်ကို လက်ပြလိုက်တယ်။

"ရှူး . . . တစ်ယောက်ယောက် ရှိနေတယ်" လို့ တောက်တဲ့က လှမ်းပြောလိုက်တယ်။

ရှဉ့်ကလည်း "ရှိမှာပေ့။ ငါတို့က တောထဲမှာလေကွာ။ နင် ဘယ်သူလို့ထင်လဲ။ ခြသေ့လား။ မြွေလား။ မျောက်လား" မျောက်ဆိုတဲ့နေရာမှာ လှောင်ပြောင်သလိုအသံနဲ့ ပြောလိုက်တယ်။

"ရှဉ့်လေးရေ . . . တကယ်တော့ . . ." ဆိုပြီး ခြုံပုတ်တွေထဲက အသံတစ်ခုထွက်လာတယ်။
"ငါက ကျားပဲ" ဆိုပြီး ကျားအကြီးကြီးတစ်ကောင် ကွင်းပြင်ထဲကို ခုန်ပြီး ထွက်လာတယ်။

ရှဉ့်က တောက်တဲ့ရှိတဲ့ဘက်ကို ချက်ချင်းပြေးသွားပြီး နှစ်ကောင်လုံးဟာ ကျားရဲ့ရှေ့မှာ ကြောက်ကြောက်နဲ့ ရပ်နေကြတယ်။ "မ–မ–မင်္ဂလာပါ ကိုကျားကြီး။ ဒီနေ့ နေ–နေ– နေကောင်းလားခင်ဗျ"

ကြောက်ရွံ့နေတဲ့ရှဉ့်က ပြောလိုက်တယ်။ ကျားကလည်း "အိမ်း . . . ပြောရရင်တော့ ငါနည်းနည်းဝေခွဲမရဖြစ်နေတယ်"

လို့ ပြန်ဖြေလိုက်တယ်။ "ဘာလို့လဲဆိုတော့ ငါ့မနက်စာအတွက် ရှဉ့်ကို စားရမလား၊ တောက်တဲ့ကို စားရမလားဆိုတာ ဆုံးဖြတ်လို့မရဖြစ်နေတယ်ကွာ" ဆိုပြီး ဆက်ပြောလိုက်တယ်။ ဒါကိုကြားပြီးနောက်မှာတော့ သူငယ်ချင်းနှစ်ကောင်က တစ်ကောင်နဲ့တစ်ကောင် တင်းတင်းဖက်ထားလိုက်ကြတယ်။

တောက်တဲ့ကတော့ ကြောက်ပြီး ကြက်သေသေနေတဲ့အတွက် ဒီတစ်ခါမှာလည်း ရှဉ့်ကပဲ အရဲစွန့်ပြီး ထပ်ပြောလိုက်တယ်။ "တ–တ–တကယ်လို့ မဆုံးဖြတ်နိုင်ဘူးဆိုရင် တခြားတစ်ခုခုက ပိုကောင်းမလားဗျ။"

ဒီတော့ ကျားက "မင်းတို့နှစ်ကောင်ထက် ပိုပြီးအရသာရှိတာ ရှိသေးလို့လားကွ" ဆိုပြီး မေးလိုက်တယ်။

ဒီအတွက် ရှဉ့်မှာ အဖြေမရှိသလို တခြားတိရစ္ဆာန်တွေကိုလည်း အန္တရာယ်တွင်းထဲ ဆွဲမခေါ်ချင်ဘူး။ ကျားရဲ့မျက်လုံးတွေကလည်း ရှဉ့်ကိုကြည့်လိုက်၊ တောက်တဲ့ကိုကြည့်လိုက်နဲ့ ကွင်းပြင်မှာ တော်တော်ကို တိတ်ဆိတ်ငြိမ်သက်နေတယ်။

ငြိမ်သက်တိတ်ဆိတ်နေတုန်းမှာပဲ "နှင်းဆီပန်းပဲ" ဆိုပြီး တောက်တဲ့က ထပြောလိုက်တယ်။ သူတို့လာခဲ့တဲ့ဘက်ကို လက်ညှိုးထိုးပြပြီး "အဲဒီချုံပုတ်တွေဆီကနေ အရသာရှိတဲ့ နှင်းဆီပန်းနဲ့တွေ့ ရတယ်" လို့ ပြောလိုက်တယ်။

ကျားက ကျယ်ကျယ်လောင်လောင် ဟိန်းဟောက်ရယ်မောလိုက်ပြီး "ကျားတွေက ပန်းမစားဘူးကွ" ဆိုပြီး ပြောလိုက်တယ်။

"These aren't just any flowers," replied Gecko, looking nervously at Squirrel, "They're . . . magical! One bite of the rose and you'll be able to run twice as fast, jump twice as far and pounce twice as quickly. Imagine how many squirrels and geckos you'd be able to eat then!"

At this, it was Squirrel who looked nervously back at Gecko. The tiger, however, was deep in thought. "Well, it is true that I am not getting any faster in my old age . . . OK, my little friend, take me to this magical flower!"

With that, Gecko led the tiger out of the clearing back the way they had come, with Squirrel close behind. When they reached the rosebush, Gecko told the tiger "In order for the magic to work, you must close your eyes as you eat the flower."

The tiger looked suspiciously at Gecko, but he'd started dreaming of his new powers so did as he was told. The second he closed his eyes to take a bite, Squirrel took Gecko onto his back and ran faster than he'd ever run before, back through the bushes and up the tallest tree he could find, into the small branches where the tiger couldn't follow.

"Wow!" cried out Gecko, "That was FAST! Have you been eating roses too?"

The friends laughed together and settled in to wait for the tiger, now circling them angrily below, to give up and find some less challenging prey.

Vocabulary

တော **taww** jungle

ရှဉ့် **shint** squirrel

တောက်တဲ့ **tout taet** gecko

သူငယ်ချင်း **tha ngae chinn** friend

လျှောက်သွား **shout thwarr** to explore

တိရစ္ဆာန် **ta rate san** animal

စ **sa** tease

ဆန့်ကျင်ဘက် **sant kyin bet** opposite

အမွှေးပွ **a mhwayy pwa** furry

အသီးအရွက် **a thee a ywet** vegetable

အင်းဆက်ပိုးမွှား **inn set poh mhwarr** insect

မြန် **myan** fast

နှေး **nhayy** slow

တောက်တဲ့ကလည်း ရှဉ့်ကို စိတ်လှုပ်ရှားစွာနဲ့ ကြည့်လိုက်ပြီး "အဲဒီနှင်းဆီပန်းတွေက... မှော်ပန်းတွေပဲ။ တစ်ကိုက်ကိုက်ရုံနဲ့ နှစ်ဆ ပိုမြန်မြန် ပြေးနိုင်မယ်။ နှစ်ဆ ပိုဝေးဝေးရောက်အောင် ခုန်နိုင်ပြီး ခုန်အုပ်ရင်လည်း နှစ်ဆပိုမြန်သွားမယ်။

အဲဒီအခါကျရင် ကိုကျားကြီးအနေနဲ့၊ ရှဉ့်တွေ၊ တောက်တဲ့တွေ ဘယ်လောက်များများ စားနိုင်မလဲဆိုတာ တွေးကြည့်ပေ့ါ့ရှင်" ဆိုပြီး ပြန်ပြောလိုက်တယ်။ ဒီလိုပြောလိုက်တော့ ရှဉ့်ကလည်း စိတ်လှုပ်ရှားစွာနဲ့ တောက်တဲ့ကို ပြန်ကြည့်လိုက်တယ်။ ဒါပေမဲ့ ကျားကတော့ သေချာစဉ်းစားနေတယ်။ "အင်း . . . ငါလည်း အသက်ကြီးလာပြီဆိုတော့ သိပ်မမြန်တော့ဘူး . . . ကောင်းပြီ၊ သူငယ်ချင်းလေးရေ၊ အဲဒီမှော်ပန်းဆီ ငါ့ကို ခေါ်သွားတော့။"

ဒီလိုနဲ့၊ တောက်တဲ့က ဦးဆောင်ပြီး ကျားကို ကွင်းပြင်ကနေ သူတို့လာခဲ့တဲ့လမ်းကို ခေါ်သွားတယ်။ ရှဉ့်ကတော့ နောက်က ကပ်လိုက်လာတယ်။ နှင်းဆီပင်ရှိတဲ့နေရာကို ရောက်တဲ့အခါ တောက်တဲ့က "မှော်အစွမ်းပြဖို့အတွက် ပန်းကို မျက်စိမှိတ်ပြီး စားရတယ်" ဆိုပြီး ကျားကို ပြောလိုက်တယ်။ ကျားက တောက်တဲ့ကို မယုံသင်္ကာနဲ့ ကြည့်လိုက်တယ်။ ဒါပေမဲ့လည်း အသစ်ရလာမယ့်အစွမ်းတွေကို စိတ်ကူးယဉ်ပြီး တောက်တဲ့ပြောတဲ့အတိုင်း လိုက်လုပ်လိုက်တယ်။ သူ ပန်းကိုကိုက်ဖို့ မျက်စိမှိတ်လိုက်တာနဲ့၊ ရှဉ့်က တောက်တဲ့ကို သူ့ကျောပေါ်တင်ပြီး မြန်သထက်မြန်အောင် ပြေးတော့တယ်။ ပထမ ချုံပုတ်တွေဆီ ပြီးတော့ တွေ့တဲ့အမြင့်ဆုံးသစ်ပင်ပေါ်၊ နောက်ဆုံးမှာတော့ ကျားလိုက်မလာနိုင်တဲ့ သစ်ကိုင်းလေးတွေထဲကို ဝင်သွားတယ်။

"ဝါး" တောက်တဲ့က ထအော်လိုက်တယ်။ "မြန်လိုက်တာဟယ်။ နင်ရော နှင်းဆီပန်းတွေ စားထားတာလား။"

သူငယ်ချင်းနှစ်ကောင် အတူတူ ရယ်လိုက်ကြတယ်။ ကျားကတော့ အောက်မှာ ဒေါသတကြီးနဲ့၊ အပင်ကိုပတ်နေတယ်။ ရှဉ့်နဲ့ တောက်တဲ့ကတော့ ကျား လက်လျှော့ပြီး တခြား ဖမ်းရလွယ်တဲ့သားကောင်သွားရှာတဲ့အထိ သစ်ကိုင်းထဲကနေပဲ စောင့်ကြည့်နေကြတယ်။

☆ ☆ ☆

စွန့်စားရတာကြိုက် **swont sarr ya dar kyite** adventurous

သတိကြီး **tha deet kyee** cautious

ကွဲပြားခြားနားမှု **kweh pyarr charr narr mhoot** difference

လမ်းလျှောက် **lann shout** walk

နှမ် **nann** sniff

ပန်း **pann** flower

ရေတံခွန် **yay da gon** waterfall

ရပ် **yat** to stop

ခြင်္သေ့ **chin thayt** lion

မြွေ **mway** snake

မျောက် **myout** monkey

ကျား **kyarr** tiger

အကြီးကြီး **a kyee kyee** enormous

ချက်ချင်း **chet chinn** immediately

ကြောက်ရွံ့ **kyout yont** terrified

ဝေခွဲမရဖြစ် **way khweh ma ya phyit** confused

မနက်စာ **ma net sar** breakfast

ဆုံးဖြတ် **s'ownn phyat** to decide

ကြား **kyarr** to hear

ဖက် **phet** to hug

အရသာရှိ **a ya thar sheet** delicious

အန္တရာယ် **an da yae** danger

နှင်းဆီပန်း **hninn si pann** rose

ကျယ်ကျယ်လောင်လောင် **kyae kyae laung laung** loudly

ဟိန်းဟောက် **hein hout** to roar

ရယ်မော **yee maww** to laugh

မှော် **mhaw** magical

ကိုက် **kite** to bite

ပြေး **pyayy** to run

ခုန် **kh'own** to jump

ဦးဆောင် **oo saung** to lead

မှိတ် **mhate** to close (eyes)

မျက်စိ **myet seet** eyes

သစ်ပင် **thit pin** tree

သားကောင် **tharr kaung** prey

Pre-reading Discussion

1. သင် ရောက်ဖူးတဲ့ (သို့) သွားချင်တဲ့ တောက ဘယ်လိုနေရာမျိုးလဲ။
   Describe a jungle you've been to, or would like to go to.

2. သင် တောထဲသွားရင် ဘာတိရစ္ဆာန်တွေကို တွေ့ရမယ်လို့ထင်လဲ။
   What animals would you expect to find in a jungle?

3. သင် အကြောက်ဆုံးတိရစ္ဆာန်က ဘာလဲ။
   What is the animal you're most scared of?

Comprehension Questions

Find the answers on page 179.

1. ရှဉ့်နဲ့တောက်တဲ့က ဘယ်မှာနေကြလဲ။
   Where do Squirrel and Gecko live?

2. တခြားတိရစ္ဆာန်တွေက သူတို့နှစ်ကောင်ရဲ့ခင်မင်မှုကို ဘယ်လိုတုံ့ပြန်ကြလဲ။
   How do the other animals react to their friendship?

3. ရှဉ့်နဲ့တောက်တဲ့ ဘယ်သူက ပိုမြန်လဲ။
   Who is faster, Squirrel or Gecko?

4. အင်းဆက်ပိုးမွှားတွေစားတာ ဘယ်သူလဲ။
   Which of them eats insects?

5. တောက်တဲ့က ဘာဖြစ်လို့ တခြားတိရစ္ဆာန်တွေကို ကြောက်တာလဲ။
   Why is Gecko afraid of other animals?

6. ရှဉ့်က လမ်းလျှောက်ရင်း ဘယ်ကိုသွားချင်လဲ။
   Where does Squirrel want to get to on their walk?

7. ကျားက ဘာလို့ ဝေခွဲမရဖြစ်နေလဲ။
   Why is the tiger confused?

8. တောက်တဲ့က ကျားကို ဘယ်လိုလှည့်စားလဲ။
   What does Gecko trick the tiger into doing?

After Reading

Imagine meeting a tiger in the jungle—what would you do? How would you try to escape? Discuss with a partner or make notes.

Culture Notes

The biggest zoo in Myanmar is located in Yangon and there you can see a wide range of animals such as tigers, monkeys, snakes, deer, hippos, elephants and peacocks. A typical Burmese family would take their children to the zoo on weekends for a picnic. You can also feed your favorite animals there!

The Rabbit in the Moon

Once upon a time in the jungle, a rabbit, a monkey, a river dolphin and a fox were friends. The rabbit was the one who always encouraged the others to do good deeds. Every full moon day, the rabbit always made donations. One day the rabbit said to the others, "Tomorrow will be the full moon day. As it's a special day, we should make some donations. So let's find things that we can donate to other people."

So, the four of them began to search. The monkey climbed trees and picked various jungle fruits. The dolphin went down the river and caught a lot of fish. The fox came across a pot of milk and a grilled chicken. He called out at the top of his voice to see if they belonged to anyone and when no reply came he took them both for his donation. The rabbit looked for fruit and flowers that might have fallen from the trees. But strangely she couldn't find anything, even though she spent the whole day searching the jungle floor. "You asked us to find things to donate but you didn't find anything to donate yourself!" said the others, at the end of the day. "Aren't you donating anything?" The rabbit replied, "My donation will be different to all of yours."

The full moon day finally arrived and the animals waited together for someone to make their donations to. Later in the day, an old man arrived and said, "I'm

လပေါ်ကယုန်

ဟိုးရှေးရှေးတုန်းက တောအုပ်ကြီးတစ်ခုထဲမှာ ယုန်တစ်ကောင်ရယ်၊ မျောက်တစ်ကောင်ရယ်၊ မြစ်လင်းပိုင်တစ်ကောင်ရယ်နဲ့ မြေခွေးတစ်ကောင်ရယ်ဟာ သူငယ်ချင်းတွေဖြစ်ကြတယ်။ သူတို့ထဲမှာ ယုန်ဟာ ကျန်တဲ့သူတွေကို ကောင်းမှုပြုလုပ်ဖို့ အမြဲတိုက်တွန်းလေ့ရှိတယ်။ လပြည့်နေ့တိုင်းမှာလည်း ယုန်ဟာ အလှူအတန်းတစ်ခုခု ပြုလုပ်လေ့ရှိတယ်။ လပြည့်နေ့မရောက်ခင် တစ်နေ့မှာတော့ ယုန်က "မနက်ဖြန်ဟာ လပြည့်နေ့ဖြစ်တယ်။ နေ့ထူးနေ့မြတ်တစ်ရက်ဖြစ်တဲ့အတွက် ငါတို့တွေ အလှူလုပ်ကြရင် ကောင်းမယ်။ ငါတို့ လှူဖို့ပစ္စည်းတွေ ရှာကြရအောင်" လို့ ကျန်တဲ့သူတွေကို ပြောတယ်။

ဒါကြောင့် သူတို့လေးယောက်က လှူဖို့ပစ္စည်းတွေ စရှာကြတယ်။ မျောက်က အပင်တွေပေါ် တက်ပြီး အသီးစုံ ခူးထားတယ်။ လင်းပိုင်ကလည်း မြစ်ထဲဆင်းပြီး ငါးလိုက်ဖမ်းတာ ငါးတွေ အများကြီးရထားတယ်။ မြေခွေးကတော့ လှူဖို့အတွက် ပစ္စည်းလိုက်ရှာရင်းနဲ့ တောထဲက တစ်နေရာမှာ ကြက်ကင်တစ်ကောင်နဲ့ နို့အိုးတစ်အိုး တွေ့တယ်။ ပိုင်ရှင်ရှိလားလို့ အကျယ် ကြီး အော်မေးပြီးတော့ ဘာသံမှ မကြားတာနဲ့ နှစ်ခုလုံးကို လှူဖို့အတွက် ယူသွားတယ်။ ယုန် ကလည်း လှူဖို့အတွက် သစ်ပင်တွေပေါ်ကနေ ကြွေကျနေတဲ့ အသီးတို့၊ ပန်းတို့ကို လိုက်ရှာ တယ်။ ဒါပေမဲ့ အဲဒီနေ့မှာ ထူးထူးဆန်းဆန်းပဲ တောကို တစ်နေကုန်ပတ်ပြီး ရှာတာတောင် ဘာမှရမလာခဲ့ဘူး။ ယုန်ကလွဲပြီး ကျန်တဲ့သူတွေက လှူဖို့ပစ္စည်း ကိုယ်စီရထားကြပြီးပြီ။ ဒီလိုနဲ့၊ တစ်နေကုန်သွားပြီးတော့ "နင်က ငါတို့ကိုကျတော့ လှူဖို့ ပစ္စည်းရှာခိုင်းပြီး နင်ကိုယ်တိုင်ကျ ဘာမှလည်း မရှာထားပါလား။ ဘာမှ မလှူတော့ဘူးလား" ဆိုပြီး ကျန်တဲ့ကောင်တွေက ယုန်ကို မေး တယ်။ ယုန်က "ငါက နင်တို့နဲ့ မတူတဲ့ဟာကို လှူမှာပါ" ဆိုပြီး ပြန်ဖြေတယ်။

ဒီလိုနဲ့၊ လပြည့်နေ့ရောက်တော့ သူတို့ဆီရောက်လာမယ့်သူကို လှူဖို့ပစ္စည်းတွေနဲ့ စောင့်နေကြတယ်။ မကြာခင်မှာပဲ အဘိုးအိုတစ်ယောက် ရောက်လာတယ်။ သူက "ကျုပ်

observing the Sabbath today, so you can donate to me if you have anything you want to give." The monkey, the dolphin and the fox donated the things they found. The rabbit said to the old man, "I'm donating something very different from anyone else, so please light a fire for me." The old man gathered some wood and lit a fire as the rabbit asked.

Then the rabbit said, "Since I don't have anything to donate, I'm donating my life," and immediately jumped into the fire. However, as soon as the rabbit jumped, the fire went out and the rabbit sat in the coals, unharmed. To the surprise of all the animals, the old man laughed and said, "I'm the Sakka, Lord of the Devas. I know that the rabbit does good deeds every holy day. I wanted to test what she would donate today, seeing as she couldn't find anything. So, I changed myself into human form and came to collect donations. Now I know the true extent of the rabbit's desire to do good deeds. As a reward, I will make a rabbit appear on the moon, in honor of our friend." He then promptly disappeared. From that night on, the image of a rabbit on the full moon has been clear for all to see.

Vocabulary

တောအုပ် **taww oat** forest

ယှုန် **y'own** rabbit

မျောက် **myout** monkey

မြစ် **myit** river

လင်းပိုင် **linn pai** dolphin

မြေခွေး **myay khwayy** fox

သူငယ်ချင်း **tha ngae chinn** friend

ကောင်းမှု **kaungg mhoot** a good deed

အမြဲ **a myeh** always

တိုက်တွန်း **tite tonn** to encourage

လပြည့်နေ့ **la pyayt nayt** full moon day

အလှူအတန်း **a hlu a tann** donation

ရောက် **yout** to arrive

မနက်ဖြန် **ma net phyan** tomorrow

နေ့ထူးနေ့မြတ် **nayt htoo nayt myat** special religious day

ပစ္စည်း **pyit see** thing

သစ်ပင် **thit pin** tree

အသီး **a thee** fruit

ခူး **khoo** to pick fruits or flowers

မြစ် **myit** river

ငါး **ngarr** fish

အများကြီး **a myarr gyee** a lot

ကြက်ကင် **kyet kin** grilled chicken

နို့ **noht** milk

ဥပုသ်စောင့်မှာ ဖြစ်တဲ့အတွက် လှူချင်တာရှိရင် လှူနိုင်ပါတယ်” လို့ပြောတယ်။ မျောက်၊ လင်းပိုင်နဲ့ မြေခွေးတို့က သူတို့ရှာထားခဲ့တဲ့ ပစ္စည်းတွေကို လှူကြတယ်။ ယုန်ကတော့ လှူစရာ ဘာမှမရှိဘူး။ ပြီးတော့ သူက အဘိုးအိုကို “ဘယ်သူနဲ့မှ မတူတဲ့ အလှူတစ်ခုကို လှူမှာမို့လို့ မီးမွှေးပေးပါ” ဆိုပြီး ပြောတယ်။ အဘိုးအိုကလည်း ထင်းတွေစုပြီး ယုန်တောင်းဆိုတဲ့အတိုင်း မီးမွှေးပေးလိုက်တယ်။

ပြီးတော့ ယုန်က “ကျွန်မမှာ ဘာမှလှူစရာ မရှိတဲ့အတွက် ကျွန်မရဲ့အသက်ကို လှူပါတယ်” ဆိုပြီး မီးထဲကို ချက်ချင်း ခုန်ချလိုက်တယ်။ ဒါပေမဲ့ ယုန်ခုန်လိုက်တာနဲ့ ချက်ချင်းမီးငြိမ်းသွားပြီး ယုန်ကတော့ ဘာမှမဖြစ်ဘဲ မီးသွေးတွေကြားထဲမှာ ထိုင်နေလျက်သားဖြစ်သွားတယ်။ အားလုံး အံ့ဩသွားပြီး အဘိုးအိုကတော့ ရယ်မောပြီးတော့ “ကျုပ်ဟာ သိကြားမင်းဖြစ်တယ်။ ယုန်က နေ့ထူးနေ့မြတ်တိုင်းမှာ ကောင်းမှုလုပ်တာကို ကျုပ်သိထားတယ်။ ဒါကြောင့် ဒီနေ့မှာလည်း ဘာလှူမလဲဆိုတာ စမ်းသပ်ချင်လို့ ယုန်ကို ဘာမှ ရှာလို့မရအောင် လုပ်ထားပြီးတော့ ကျုပ်ကိုယ်တိုင် လူယောင်ဖန်ဆင်းပြီး လာအလှူခံရတာပဲ။ အခုတော့ ယုန်ဟာ တကယ်ပဲ ကောင်းမှုကုသိုလ် ပြုချင်စိတ် ကြီးမားတယ်ဆိုတာ သိရပြီ။ ဒါကြောင့် ကျုပ်တို့ရဲ့ မိတ်ဆွေယုန်ကို ဂုဏ်ပြုတဲ့အနေနဲ့ လပေါ်မှာ ယုန်ရုပ်ပုံစံပေါ်လွင်နေအောင် ကျုပ်လုပ်ပေးမယ်” ဆိုပြီး ပြောပြီးတော့ ပျောက်ကွယ်သွားခဲ့တယ်။ အဲဒီညကစပြီး လပေါ်မှာ အားလုံး မြင်ရနိုင်တဲ့ ယုန်ရုပ်ပုံစံ ပေါ်နေခဲ့တော့တယ်။

☆ ☆ ☆

အိုး **oh** pot
ပန်း **pann** flower
ထူးထူးဆန်းဆန်း **htoo htoo sann sann** strangely
တစ်နေကုန် **ta nay k'own** the whole day
စောင့် **saungt** to wait
မကြာခင် **ma kyar khin** soon
ဥပုသ်စောင့် **oot bote saungt** to observe the Sabbath, to fast
မီးမွှေး **mee mhwayy** to kindle a fire
အသက် **a thet** life
ချက်ချင်း **chet chinn** immediately
မီးငြိမ်း **mee nyainn** extinguished
မီးသွေး **mee thwayy** coal
ထိုင် **htai** to sit
စမ်းသပ် **sann that** to test
ဂုဏ်ပြု **g'own pyoot** to honor
လ **la** moon
ပျောက်ကွယ် **pyout kwae** to disappear
ပေါ် **paw** to appear

Pre-reading Discussion

1. လကို ကြည့်ရတာကြိုက်လား။ ဘာဖြစ်လို့လဲ။

   Do you like looking at the moon? Why/why not?

2. အာရှနိုင်ငံအများစုမှာ ယုန်ကို လပြည့်ညမှာ မြင်နိုင်တယ်လို့ ယုံကြည်ကြတယ်။ သင့်နိုင်ငံ
   ယဉ်ကျေးမှုမှာရော ဘယ်လိုလဲ။

   Many Asian cultures believe they can see a rabbit in the full moon. What does your culture see?

3. သင့်နိုင်ငံမှာ ဘာတွေလှူလေ့ရှိကြလဲ။

   What kind of donations do people make in your country?

Comprehension Questions

Find the answers on page 180.

1. ယုန်မှာ သူငယ်ချင်းဘယ်နှစ်ယောက်ရှိလဲ။

   How many friends did the rabbit have?

2. ယုန်က သူ့သူငယ်ချင်းတွေကို လပြည့်နေ့မှာ ဘာလုပ်ဖို့ တိုက်တွန်းလဲ။

   What did the rabbit encourage her friends to do on the full moon day?

3. မျောက်က လှူဖို့ ဘာရှာထားလဲ။

   What did the monkey find to donate?

4. လင်းပိုင်နဲ့ မြေခွေးကရော လှူဖို့ ဘာရှာထားလဲ။

   What did the dolphin and the fox find to donate?

5. လပြည့်နေ့မှာ သူတို့ရှာထားတဲ့ ပစ္စည်းတွေကို ဘယ်သူ့ကို လှူကြလဲ။

   Who did they donate the things they found to on the full moon day?

6. ယုန်က အဘိုးအိုကို ဘာလုပ်ခိုင်းလဲ။

   What did the rabbit ask the old man to do?

7. ယုန်က ဘာလှူမယ်လို့ပြောလဲ။

   What did the rabbit say that she would donate?

8. လပေါ်မှာ ဘာဖြစ်လို့ ယုန်ရုပ်ပုံစံကို တွေ့ရလဲ။

   Why does an image of a rabbit appear on the moon?

After Reading

What do you usually do with your friends? Is there anything that you would like to encourage your friends to do? What would you want them to do, and why? Discuss with a partner or make notes.

Culture Notes

The practice of making donations is very common in Burmese culture. Buddhists in Myanmar make donations to pagodas, monks, nuns, or to anyone who is in need. It is also common to make a donation at orphanages, monasteries, or a local wooden stand called a *pandal*, where food and drinks are offered to anyone who passes by.

The Golden Peacock

Once upon a time, there lived a rich man who had a wife and three daughters. The rich man was very kindhearted, generous and happy to let his wife and daughters spend his money extravagantly. One day the man fell ill and died. After he passed away, his wife and daughters spent all the money he had earned, and soon all of their savings and possessions were gone.

As they no longer had any money, the three daughters had to work at other peoples' houses. But the money that they earned was never enough as they spent it as if they were still rich. One day, the eldest daughter saw a golden peacock flying around her and looking at her very closely while she was harvesting crops. Then it quickly flew away. Another day, the middle daughter also encountered the golden peacock while she was gathering wood. The very next day, the youngest daughter also came across the golden peacock while she was collecting water. When she told her family back at home about this, her sisters excitedly told her that they had seen the peacock too.

ရွှေဥဒေါင်း

ဟိုးရှေးရှေးတုန်းက ရွာတစ်ရွာမှာ သူဌေးကြီးတစ်ယောက်ရှိတယ်။ သူ့မှာ မိန်းမတစ်ယောက် ရယ်၊ သမီးသုံးယောက်ရယ် ရှိတယ်။ သူဌေးကြီးက အင်မတန်စိတ်သဘောထားကောင်း၊ အလှူအတန်းရက်ရောပြီး သူ့မိန်းမနဲ့ သမီးတွေကိုလည်း သူ့ပိုက်ဆံတွေကို စိတ်ကြိုက် သုံးဖြုန်းခွင့်ပေးထားတယ်။ တစ်နေ့မှာတော့ သူဌေးကြီးက ရောဂါတစ်ခုကြောင့် ဆုံးပါးသွား တယ်။ သူဌေးကြီး ဆုံးသွားပြီးနောက်ပိုင်းမှာ သူ့မိန်းမနဲ့သမီးသုံးယောက်ဟာ သူ့ရှာထားခဲ့တဲ့ ပိုက်ဆံတွေကို သုံးဖြုန်းလိုက်ကြတာ မကြာခင်မှာပဲ အားလုံး ကုန်သွားတယ်။

ပိုက်ဆံမရှိတော့တဲ့အခါ သူတို့ဟာ သူများအိမ်တွေမှာ အလုပ်လုပ်ရတယ်။ ဒါပေမဲ့ ချမ်းသာတုန်းကလို ပိုက်ဆံတွေကို အရမ်းသုံးတဲ့အတွက် ရှာသမျှ ပိုက်ဆံတွေဟာ မလောက်ဘူးဖြစ်နေတယ်။ တစ်နေ့မှာတော့ သမီးအကြီးဆုံးဟာ လယ်ထဲမှာကောက်ရိတ်နေရင်းနဲ့ ရွှေဥဒေါင်းကြီးတစ်ကောင်က သူ့နားမှာ ပျံဝဲပြီး သေချာကြည့်နေတာကို တွေ့လိုက်ရတယ်။ ပြီးတော့ ရွှေဥဒေါင်းကြီးဟာ အဝေးကို မြန်မြန်ပြန်ထွက်သွားခဲ့တယ်။ နောက်တစ်နေ့မှာလည်း သမီးလတ်ဟာ တောထဲမှာ ထင်းခွေနေရင်းနဲ့ ရွှေဥဒေါင်းကြီးကို တွေ့ပြန်တယ်။ နောက်ရက်မှာတော့ ရေခပ်နေတဲ့ သမီးငယ်ကလည်း ရွှေဥဒေါင်းကြီးကို တွေ့ပြန်တယ်။ ဒီရွှေဥဒေါင်းကြီးအကြောင်းကို အိမ်မှာပြန်ပြောပြတော့ သူ့အစ်မတွေက သူတို့လည်း တွေ့ခဲ့ကြောင်း ဝမ်းသာအားရ ပြောကြတယ်။

About a week later, the golden peacock showed up at their home. Then, to the daughters' surprise, it spoke to them: "In my past life, I was your father. I did a lot of good deeds in that life, so now I have become a golden peacock. Since my death, I can't bear to see the poverty you are living in. That's why I had to come to you. Now, each of you pick one of my golden feathers, and sell it. With the money you get, you can live well again." Each daughter plucked one golden feather and the peacock left. After selling their feathers, the daughters could once again live well. But before too long, the money was all gone. So, as before, they had to work at other people's houses. But, to their great relief, the golden peacock came back and gave them each another golden feather. He told them that he couldn't come too often, as he was worried that if people saw him they would try and steal his feathers. He also reminded the daughters not to spend so excessively, before leaving once again.

When their money had run out again, the mother and daughters came up with a plan to catch the golden peacock and take as many golden feathers as they wanted. The next time they saw the peacock, they captured him and plucked as many feathers as they could. But, this time, as the feathers came out, they weren't golden anymore—they each turned into normal feathers. The mother and daughters became frustrated and put the golden peacock into a basket, and then they gave him a large meal. They thought that if they kept feeding him, the golden feathers would grow back. But even after several months, his feathers were still just normal. Eventually, the daughters began to feel pity for their reincarnated father and so they released him when their mother wasn't around. As soon as the golden peacock flew into the air, his golden feathers returned. He flew far, far away, never to return.

တစ်ပတ်လောက်အကြာမှာတော့ သူတို့အိမ်ကို ရွှေဥဒေါင်းကြီးရောက်လာတယ်။ အံ့ဩစရာ ရွှေဥဒေါင်းကြီးက "ငါဟာ ဘဝဟောင်းက မင်းတို့ရဲ့ အဖေပဲ။ ငါအသက်ရှင်နေတုန်းက ကုသိုလ်ကောင်းမှုတွေ အများကြီးလုပ်ခဲ့လို့ အခုအချိန်မှာ ရွှေဥဒေါင်းဖြစ်နေတာပဲ။ ငါသေဆုံး သွားပြီး နောက်ပိုင်းမှာ မင်းတို့ ဆင်းဆင်းရဲရဲ နေနေရတာကို မကြည့်ရက်လို့ ငါရောက်လာရ တာပဲ။ အခု ငါ့ရဲ့အတောင်တွေကို တစ်ယောက်တစ်ချောင်းစီယူ၊ ပြန်ရောင်းပြီး ရတဲ့ပိုက်ဆံ နဲ့ ကောင်းကောင်းနေကြ" ဆိုပြီး သူ့ရဲ့ ရွှေအတောင်တွေကို ပေးပြီး ပြန်သွားခဲ့တယ်။ ဒီလိုနဲ့ သူတို့ဟာ ရွှေအတောင်တွေကို ရောင်းပြီး ရတဲ့ပိုက်ဆံနဲ့ အဆင်ပြေပြေ ပြန်နေနိုင်လာတယ်။ ဒါပေမဲ့ သိပ်မကြာခင်မှာပဲ ရွှေအတောင်တွေကို ရောင်းလို့ရတဲ့ ပိုက်ဆံတွေလည်း ကုန်သွား ခဲ့တယ်။ ဒီတော့ အရင်လိုပဲ သမီးသုံးယောက်က သူများအိမ်မှာ အလုပ်သွားလုပ်ကြရပြန် တယ်။ ဒါပေမဲ့ အဆင်ပြေချင်တော့ ရွှေဥဒေါင်းကြီး ထပ်ရောက်လာပြီး ရွှေအတောင်တွေ လာ ပေးပြန်တယ်။ သူဟာ သူ့ကို လူတွေတွေ့သွားရင် အဖမ်းခံရပြီး ရွှေအတောင်တွေကို ဝိုင်းလှ ကြမှာစိုးတာကြောင့် ခဏခဏ မလာနိုင်တဲ့အကြောင်း အရမ်းအသုံးအဖြုန်း မကြီးကြဖို့ကို လည်း မှာပြီးတော့ ပြန်သွားခဲ့တယ်။

နောက်တစ်ခါ ပိုက်ဆံတွေကုန်သွားတဲ့အခါမှာတော့ သားအမိလေးယောက်ဟာ ရွှေဥဒေါင်း ကြီးကို ဖမ်းထားပြီးတော့ ရွှေအတောင်တွေကို လုံသလောက်အများကြီး နုတ်ယူကြမယ်ဆို ပြီး တိုင်ပင်ထားကြတယ်။ နောက်တစ်ခါ ရွှေဥဒေါင်းကြီး ရောက်လာတဲ့အခါမှာတော့ သူ့ ကိုဝိုင်းဖမ်းကြပြီး အတောင်တွေကိုလည်း အများကြီး နုတ်ယူကြတယ်။ ဒါပေမဲ့ ဒီတစ်ခါမှာ တော့ အတောင်တွေဟာ ရွှေအတောင်တွေ မဟုတ်တော့ဘဲ ရိုးရိုးငှက်အတောင်တွေပဲ ဖြစ် သွားတယ်။ သူတို့တွေလည်း စိတ်ပျက်သွားကြပြီးတော့ ရွှေဥဒေါင်းကြီးကို အစာအများကြီး ကျွေးပြီး ခြင်းကြီးတစ်ခုထဲ ထည့်ထားလိုက်တယ်။ သူတို့ထင်တာကတော့ အစာကျွေး ပြီး မွေးထားလိုက်ရင် တစ်နေ့နေ့ကျရင်တော့ ရွှေအတောင်တွေ ပြန်ပေါက်လာမှာပဲလို့ ထင် ကြတာပေါ့။ ဒါပေမဲ့ လနဲ့ချီကြာတဲ့အထိ ပုံမှန်ငှက်အတောင်တွေအတိုင်းပဲ ဖြစ်နေတယ်။ နောက်ဆုံးမှာတော့ သမီးတွေဟာ သူတို့အဖေဖြစ်စဲ့တဲ့ ရွှေဥဒေါင်းကြီးကို သနားလာကြပြီး တော့ သူတို့အမေအလစ်မှာ လွှတ်ပေးလိုက်တယ်။ ရွှေဥဒေါင်းကြီးဟာ တောင်းထဲကလွတ် ပြီး လေထဲရောက်တာနဲ့ ရွှေအတောင်တွေပြန်ပေါက်လာပြီးတော့ အဝေးကို ပျံထွက်သွားတာ ဘယ်တော့မှ ပြန်မလာတော့ဘူး။

☆ ☆ ☆

Vocabulary

ရွာ **ywar** village

သူဌေး **tha htayy** a rich man, boss

မိန်းမ **mainn ma** woman, wife

သမီး **tha mee** daughter

အင်မတန် **in ma tan** very

စိတ်သဘောထားကောင်း **sate tha baww htarr** kindhearted

ရက်ရော **yet yaww** generous

သုံး **th'ownn** to spend

ရောဂါ **yaww gar** disease

ဆုံး **s'ownn** to die

ပိုက်ဆံ **pet san** money

မကြာခင် **ma kyar khin** soon

အားလုံး **arr l'ownn** every, all

အလုပ်လုပ် **a lote lote** to work

လောက် **lout** enough

လယ် **lae** farm

ကောက်ရိတ် **kout yate** to harvest

ရွှေ **shway** gold

ပျံဝဲ **pyan weh** to fly around

ကြည့် **kyeet** to look at

အဝေး **a wayy** far place

အကြောင်း **a kyaungg** about

တစ်ပတ် **da bet** one week

ဘဝ **ba wa** life

ဟောင်း **haungg** old

အဖေ **a phay** father

ဆင်းရဲ **sinn yeh** poor

အတောင် **a taung** feather

ရောင်း **yaungg** to sell

အဖမ်းခံရ **a phann khan ya** to get arrested

လု **loot** to rob

ခဏခဏ **kha na kha na** very often

အများကြီး **a myarr gyee** a lot

တိုင်ပင် **tai bin** to discuss

ရိုးရိုး **yoh yoh** normal, ordinary

ငှက် **nghet** bird

စိတ်ပျက် **sate pyet** frustrated

လွှတ် **hlwut** to release

ခြင်း **chinn** basket

အစာကျွေး **a sar kywayy** to feed

သနား **tha narr** to pity

အမေ **a may** mother

လေ **lay** air

ပြန်လာ **pyan lar** to return

Pre-reading Discussion

1. ဥဒေါင်းနဲ့ပတ်သက်ပြီး သင် ဘာသိထားလဲ။

   What do you know about peacocks?

2. တကယ်လို့ သင့်ကို တစ်ယောက်ယောက်က ပိုက်ဆံအများကြီးပေးရင် ဘာလုပ်မလဲ။ သုံး မလား။ စုထားမလား။

   What would you do if someone gave you a lot of money? Would you spend it or would you save it?

Comprehension Questions

Find the answers on page 181.

1. သူဌေးကြီးမှာ သမီးဘယ်နှစ်ယောက်ရှိလဲ။
   How many daughters did the rich man have?

2. သူဌေးကြီးရဲ့ သမီးသုံးယောက်က ဘာဖြစ်လို့ သူများအိမ်မှာ အလုပ်လုပ်ခဲ့ရလဲ။
   Why did the rich man's three daughters have to work at other people's houses?

3. ရွှေဥဒေါင်းကြီးကို တွေ့တဲ့အချိန်မှာ သမီးအကြီးဆုံးက ဘာလုပ်နေလဲ။
   What was the eldest daughter doing when she saw the golden peacock?

4. ရွှေဥဒေါင်းကြီးက ဘယ်သူလဲ။
   Who was the golden peacock?

5. ရွှေဥဒေါင်းကြီး ဘာဖြစ်လို့ရောက်လာလဲ။
   Why did the golden peacock appear?

6. ဘာဖြစ်လို့ ရွှေဥဒေါင်းကြီးကို တောင်းထဲမှာ ထည့်ထားကြလဲ။
   Why was the golden peacock put inside the basket?

7. တောင်းထဲက လွတ်ပြီးတော့ ရွှေဥဒေါင်းကြီးရဲ့ အတောင်တွေက ဘာဖြစ်သွားလဲ။
   What happened to the feathers of the golden peacock when he was released from the basket?

After Reading

What would you do if a golden peacock visited you and offered you his gold feathers? Would you keep him or let him go? How would you use his gold feathers? Discuss with a partner or make notes.

Culture Notes

Burmese people commonly do good deeds for the sake of their future and even for their next life, since they believe in reincarnation. Generous donations are believed to contribute to a prosperous life ahead. On the other hand, greed is believed to have negative consequences for your life to come.

The Kind Monkey

Once upon a time, a man found himself deep in the jungle while looking for his lost cows. Soon enough he was lost in the jungle himself, with no idea which was the way back home. He wandered around aimlessly for three or four days, unable to find either his cows or the way back. Eventually, his wanderings took him to a cliff where he was overjoyed to find a persimmon tree covered with fruit. The hungry man immediately climbed the tree to pick the persimmons. But while he was picking the fruit, a branch he stepped on broke and the man fell off the side of the cliff!

Luckily, the cliff wasn't very high and the man survived. But he was very tired and sore, so he couldn't manage to climb back up, despite trying multiple times. So, he gave up climbing and decided to wait for someone to rescue him, while eating persimmons from the branch that fell down with him and yelling "Help me!" After a few days, a big monkey arrived at the top of the cliff. When he heard the man's cries for help he looked over the edge and saw the man. The monkey decided to save him, and climbed easily down the cliff. He then put the man onto his shoulders and climbed back up the cliff as quickly as he'd descended.

ကြင်နာတတ်တဲ့မျောက်ကလေး

တစ်ခါတုန်းက လူတစ်ယောက်ဟာ သူ့ရဲ့ နွားတွေ ပျောက်သွားလို့ လိုက်ရှာရင်း တောနက်ထဲကို ရောက်လာတယ်။ မကြာခင်မှာပဲ တောထဲမှာ လမ်းမှားပြီး ပြန်လမ်းကို ရှာမတွေ့တော့ဘူး။ သူဟာ တောထဲမှာ လျှောက်သွားနေရင်းနဲ့ နွားကိုလည်းရှာမတွေ့၊ ပြန်လမ်းလည်းမတွေ့ဘဲ သုံးလေးရက်လောက် တောထဲမှာ လမ်းပျောက်နေတယ်။ နောက်ဆုံးမှာတော့ သူဟာ လျှောက်သွားနေရင်း ချောက်ကြီးတစ်ခုနားကိုရောက်တော့ အသီးတွေအများကြီး သီးနေတဲ့ တည်ပင်ကြီးတစ်ပင်ကို တွေ့တော့ အရမ်းပျော်သွားတယ်။ ဗိုက်အရမ်းဆာနေတဲ့လူဟာ တည်သီးတွေတက်ခူးဖို့ အပင်ပေါ်ကို ချက်ချင်းတက်သွားတယ်။ ဒါပေမဲ့ သူ တည်သီးတွေခူးနေတုန်းမှာပဲ သူနင်းထားတဲ့သစ်ကိုင်းဟာ ကျိုးကျပြီး သူရော သစ်ကိုင်းပါ ချောက်ထဲကို လိမ့်ကျသွားတယ်။

ကံကောင်းစွာနဲ့ ချောက်က သိပ်မမြင့်တော့ သူဟာ အသက်ရှင်သွားတယ်။ ဒါပေမဲ့ အရမ်း ပင်ပန်းပြီး နာနေတာကြောင့် အပေါ်ကိုပြန်တက်ဖို့ အကြိမ်ကြိမ်ကြိုးစားပေမယ့် မရဘူး ဖြစ် နေတယ်။ အောက်ကိုပဲ ပြန်ပြုတ်ကျနေတယ်။ ဒါကြောင့် သူဟာ ပြန်တက်ဖို့ မကြိုးစားတော့ ဘူး။ ဒါကြောင့် လက်လျှော့လိုက်ပြီး သူနဲ့အတူ ကျလာတဲ့ တည်ကိုင်းက တည်သီးတွေကို စားရင်းနဲ့ပဲ "ကယ်ကြပါဦး" လို့ အကူအညီအော်တောင်းပြီး လာကယ်မယ့်သူကိုပဲ စောင့်ဖို့ ဆုံးဖြတ်လိုက်တယ်။ ရက်အနည်းငယ်ကြာတော့ မျောက်ကြီးတစ်ကောင်ဟာ ချောက်နား ကိုရောက်လာတယ်။ လူရဲ့ အော်သံကိုကြားလို့ အောက်ကို လှမ်းကြည့်လိုက်တဲ့အခါ ချောက် ထဲကျနေတဲ့လူကို တွေ့တယ်။ မျောက်ကြီးဟာ လူကိုကယ်ဖို့ ဆုံးဖြတ်လိုက်ပြီး ချောက်ထဲ ကို အလွယ်တကူပဲ ဆင်းသွားတယ်။ ပြီးတော့ လူကို သူ့ခံပေါ်တင်ပြီး ဆင်းတုန်းကလိုပဲ အပေါ်ကို မြန်မြန် ပြန်တက်လိုက်တယ်။

When they arrived at the top of the cliff, the monkey was exhausted. So the man let the monkey who'd saved him rest on his lap. The monkey was so tired that he immediately fell asleep. But as the man watched the monkey sleep, malevolent thoughts began to stir in his mind. He was so weak after being without food or water for several days, he thought he would become stronger if he drank some of the monkey's blood. Overcome by this urge, he picked up a nearby stone and hit the monkey's head, from which blood immediately flowed. The monkey woke with a start and in tremendous pain, before running and climbing terrified into the nearest tree.

The man, however, showed no regret for his act and walked away, disappointed that his plan had failed, while the monkey watched him from the tree. But the man didn't know the way back and got lost in the jungle once again. The monkey, still watching him from the treetops, called out: "Follow my dripping blood trail, I'll guide you back to your village." The monkey leaped from one tree to another, guiding the man with drops of blood. The man followed after the blood drops, at one point telling the monkey to slow down and opening his mouth to drink the blood as it fell from the trees above. Eventually, the monkey shouted down from a tree, "That's your village over there." When the man joyfully ran in the direction the monkey was pointing, the earth cracked open and promptly swallowed up the scoundrel who had tried to kill the monkey that saved him.

Vocabulary

လူ **lu** man

နွား **nwarr** cow

ပျောက် **pyout** to lose

ရှာ **shar** to look for

တော **taww** jungle

လမ်းမှား **lann mharr** to get lost

လျှောက်သွား **shout thwarr** to wander

ချောက် **jout** cliff

အသီး **a thee** fruit

တည်ပင် **tae bin** persimmon tree

ပျော် **pyaw** happy

ဗိုက်ဆာ **bite sar** hungry

တည်သီး **tae thee** persimmon

ခူး **khoo** to pick (fruits or flowers)

အပေါ်ရောက်တော့ မျောက်ကြီးဟာ တော်တော်ပင်ပန်းနေပြီ။ ဒါကြောင့် လူဟာ သူ့ကို ကယ် ပေးခဲ့တဲ့ မျောက်ကြီးကို သူ့ပေါင်ပေါ်မှာ အနားယူခိုင်းလိုက်တယ်။ မျောက်ကြီးလည်း မော မောနဲ့ ချက်ချင်း အိပ်ပျော်သွားတယ်။ ဒါပေမဲ့ လူဟာ အိပ်ပျော်နေတဲ့ မျောက်ကြီးကို ကြည့် ရင်း ယုတ်မာတဲ့ အကြံတစ်ခုကို စဉ်းစားမိတယ်။ သူဟာ ချောက်ထဲမှာ ရက်ပေါင်းများစွာ အစာငတ်ရေငတ်နေခဲ့ရတာကြောင့် အားပြတ်နေတယ်။ ဒါကြောင့် မျောက်ကြီးရဲ့ သွေး တွေကို သောက်လိုက်ရင် အားပြည့်သွားမှာပဲလို့ တွေးမိတယ်။ ဒီလိုနဲ့ သူဟာ အနားမှာရှိတဲ့ ကျောက်တုံးတစ်တုံးကိုကောက်ကိုင်ပြီး မျောက်ကြီးရဲ့ခေါင်းကို ထုချလိုက်တော့ ချက်ချင်းပဲ သွေးတွေ အများကြီးထွက်လာတယ်။ မျောက်ကြီးက အရမ်းနာလို့ လန့်နိုးသွားပြီး အနားက သစ်ပင်ပေါ် ပြေးတက်သွားတယ်။

ဒါပေမဲ့ လူကတော့ သူလုပ်ရပ်အတွက် နောင်တမရတဲ့အပြင် သူ့အစီအစဉ်မအောင်မြင်တော့လို့ စိတ်ပျက်အော်ဟစ်ပြီး ထွက်သွားတယ်။ မျောက်ကြီးကတော့ သူ့ကို သစ်ပင်ပေါ်ကနေ ကြည့်နေတယ်။ ဒါပေမယ့် လူဟာ လမ်းမှန်ကိုမသိတော့ တောနက်ထဲမှာပဲ နောက်တစ်ခါ လမ်းပျောက်နေပြန်တယ်။ ဒါကို သစ်ပင်ပေါ်ကနေ လိုက်ကြည့်နေတဲ့ မျောက်ကြီးဟာ လူကို လှမ်းပြောတယ်။ "ငါ့ရဲ့ သွေးစက်တွေ ကျတဲ့နောက်ကို လိုက်ခဲ့ပါ၊ မင်းရဲ့ ရွာကို ပြန်ရောက်အောင် လမ်းပြပေးမယ်" ဆိုပြီး သစ်ပင်တစ်ပင်ကနေ တစ်ပင်ကူးပြီး သူ့ဒဏ်ရာကကျတဲ့သွေးစက်တွေနဲ့ လမ်းပြပေးတယ်။ လူကလည်း သွေးစက်ကျတဲ့နောက်ကို လိုက်လာခဲ့တယ်။ လမ်းတစ်ခက်လောက်မှာတော့ မျောက်ကြီးကို ဖြည်းဖြည်းသွားဖို့ပြောပြီး သစ်ပင်ပေါ်က ကျလာတဲ့ သွေးစက်တွေကို ပါးစပ်နဲ့ခံပြီး သောက်တယ်။ နောက်ဆုံးမှာတော့ မျောက်ကြီးက "ဟိုရှေ့မှာ တွေ့နေရတာ မင်းတို့ရွာပဲ" လို့ သစ်ပင်ပေါ်ကနေ လှမ်းအော်ပြောလိုက်တယ်။ မျောက်ကြီး လက်ညှိုးထိုးပြတဲ့ဘက်ကို လူက ဝမ်းသာအားရပြေးသွားတဲ့အခါ တော့ မြေကြီးဟာ အက်ကွဲလာပြီး ကိုယ့်ကို ကယ်ခဲ့တဲ့မျောက်ကို သတ်ဖို့ ကြိုးစားခဲ့တဲ့ လူယုတ်မာကို မြေမျိုသွားတော့တယ်။

☆ ☆ ☆

အပင် **a pin** tree		အကြိမ်ကြိမ် **a kyein kyein** several times	
တက် **tet** to climb		ကြိုးစား **kyoh sarr** to try	
နင်း **ninn** to step on		ကယ် **kae** to rescue	
သစ်ကိုင်း **thit kaii** branch		စောင့် **saungt** to wait	
ကျိုးကျ **kyoh kya** to break		အကူအညီတောင်း **a ku a nyi taungg** to ask for help	
လိမ့်ကျ **laint kya** to fall		မျောက် **myout** monkey	
မြင့် **myint** high			
ပင်ပန်း **pin bann** tired			

ဆုံးဖြတ် **s'ownn phyat** to decide
ပခုံး **pa kh'ownn** shoulder
ချက်ချင်း **chet chinn** at once
တော်တော် **taw taw** quite
ပေါင် **paung** lap
ယုတ်မာ **yote mar** malevolent
အကြံ **a kyan** idea
စဉ်းစား **sinn zarr** to think
အစာငတ် **a sar ngat** to starve
ရေငတ် **yay ngat** thirsty
ခေါင်း **gaungg** head
ကျောက်တုံး **kyout t'ownn** stone
ထု **htoot** to hit
သွေး **thwayy** blood
အားပြည့် **arr pyayt** full of energy
နာ **nar** painful
လန့် **lant** shocked
နိုး **noh** to wake up
နောင်တရ **naung ta ya** to regret
စိတ်ပျက် **sate pyet** frustrated
ဒဏ်ရာ **dan yar** injury
လမ်းပြ **lann pya** to guide
တစ်ဝက် **ta wet** half
ဖြည်းဖြည်း **phyayy phyayy** slowly
ပါးစပ် **ba zat** mouth
ရွာ **ywar** village
လက်ညှိုးထိုး **let nhyoh htoh** to point with a finger
ဝမ်းသာအားရ **wann thar arr ya** joyfully
မြေကြီး **myay gyee** ground
အက်ကွဲ **at kweh** to crack
လူယုတ်မာ **lu yote mar** scoundrel
မြေမျို **myay myo** to be swallowed up by a fissure

Pre-reading Discussion

1. သင် (သို့) သင်သိတဲ့ တစ်ယောက်ယောက် လမ်းပျောက်ဖူးတဲ့အကြောင်း ပြောပြပါ။
   Talk about a time when you, or someone you know, got lost.
2. သင့်နိုင်ငံမှာ ဘာအသီးတွေစိုက်လဲ။ တည်သီးရော စိုက်လား။
   Which fruits grow in your country? Do persimmons grow there?

Comprehension Questions

Find the answers on page 181.

1. လူက တောထဲကို ဘာလုပ်ဖို့ သွားခဲ့လဲ။
   Why did the man go into the forest?

2. ချောက်ကြီးတစ်ခုနားမှာ ဘာရှိလဲ။
   What was there near the big cliff?

3. လူက ချောက်ထဲမှာ ဘာစားပြီး အသက်ရှင်နေခဲ့လဲ။
   What did the man eat to survive at the bottom of the cliff?

4. အဲဒီလူကို ဘယ်သူက ကယ်ခဲ့လဲ။
   Who saved the man?

5. လူရဲ့ ယုတ်မာတဲ့အကြံက ဘာလဲ။
   What was the man's malevolent idea?

6. မျောက်က လူနေတဲ့ရွာကို ဘယ်လိုလမ်းပြပေးခဲ့လဲ။
   How did the monkey guide the man to his village?

7. ရွာကိုပြန်တဲ့ လမ်းမှာ လူက ဘာလုပ်ခဲ့လဲ။
   What did the man do on the way to his village?

8. လူက ရွာကို မရောက်ခင် ဘာဖြစ်သွားလဲ။
   What happened to the man before he reached his village?

After Reading

Have you ever had a memorable relationship with an animal? If you were the man in the story, how would you repay the monkey for his kindness? Discuss with a partner or make notes.

Culture Notes

As in most cultures, Burmese people believe that one is not supposed to insult or harm someone who saved their life. If they do so, there will be a punishment for them that will come in the form of karma. Being swallowed up by a fissure in the earth is one of the punishments that is believed to be visited upon someone who harms their rescuers.

The Bandit Who Became a Monk

During the time of Gautama Buddha, there was a young man named Zarni. When he turned sixteen, he went to a famous local teacher for his education. Zarni turned out to be the most outstanding student in the class. However, some of the other students from the class became jealous of him and spread a false rumor that Zarni was having an affair with the teacher's wife. The teacher didn't believe the students at first, but they insisted until he became convinced and decided to take his revenge on Zarni.

So he called Zarni to see him and said, "I have already taught you a great many things. You must cut a thousand people's fingers and bring them to me as your course fees." Zarni, who respected his teacher so much, decided to cut a thousand people's fingers if that was what he wanted. From that day, Zarni lived in the forest, killing every passerby and cutting off their fingers. He made a necklace with the fingers and wore it around his neck. People gradually came to know about Zarni and no one dared to pass through the forest anymore. He was now called "Ingulimala" by the locals, who regarded him as a ruthless brigand.

လူဆိုးကနေ ဘုန်းကြီးဖြစ်သွားသူ

ဂေါတမဘုရားရှင်လက်ထက်တုန်းက ဇနည်ဆိုတဲ့ လူငယ်လေးတစ်ယောက်ရှိတယ်။ သူဟာ အသက်ဆယ့်ခြောက်နှစ်ပြည့်တော့ အနီးအနားက နာမည်ကျော် ပါမောက္ခဆရာကြီးဆီမှာ

သွားပြီး ပညာသင်ရတယ်။ ဇနည်ဟာ အတန်းထဲမှာ အတော်ဆုံးကျောင်းသား ဖြစ်ခဲ့တယ်။ ဒါပေမဲ့ အတန်းထဲက တခြားကျောင်းသားတချို့က မနာလိုဖြစ်ပြီး ဇနည်ဟာ ဆရာကြီး ရဲ့ အမျိုးသမီးနဲ့ ဖောက်ပြန်နေတယ်ဆိုပြီး ကောလာဟလသတင်းလွှင့်လိုက်ကြတယ်။ အစကတော့ ပါမောက္ခဆရာကြီးက မယုံပေမယ့် ခဏခဏပြောကြတဲ့အခါ သူ့ ကျောင်းသားတွေပြောတာကို နားယောင်ပြီး ဇနည်ကို ကလှဲစားချေဖို့ ဆုံးဖြတ်လိုက်တယ်။

ပြီးတော့ ဇနည်ကိုခေါ်ပြီး "မင်းဟာ ပညာစုံပြီဖြစ်တဲ့အတွက် ငါ့ကို ပညာကြေး ကန်တော့ ဖို့ လူ့လက်ညှိုးတစ်ထောင်ကိုဖြတ်ပြီး ယူလာခဲ့ပေးပါ" လို့ပြောလိုက်တယ်။ သူ့ဆရာကို အရမ်းလေးစားတဲ့ဇနည်ဟာ သူ့ဆရာပြောတဲ့အတိုင်းလုပ်ဖို့ သဘောတူလိုက်တယ်။ ဇနည် ဟာ တောထဲမှာ သွားနေပြီး ဖြတ်သွားသမျှ လူတွေကိုသတ်ပြီး လက်ညှိုးတွေဖြတ်တယ်။ ဖြတ်ပြီးတဲ့ လက်ညှိုးတွေအများကြီးကို လည်ပင်းမှာ ဆွဲကြိုးလုပ်ဆွဲထားတယ်။ ဒီလိုနဲ့ တဖြည်းဖြည်း ဇနည်အကြောင်းကို လူတွေသိလာကြပြီး တောထဲကနေ ဘယ်သူမှ မဖြတ် ရဲကြတော့ဘူး။ သူ့ကို လူတွေက အင်္ဂုလိမာလလို့ခေါ်ကြပြီး ရက်စက်တဲ့ လူဆိုးကြီးအဖြစ် သတ်မှတ်လိုက်ကြတယ်။

When Zarni's mother heard about this, she went to the forest to find him and tell him that his actions were wrong. At that time, Ingulimala needed only one more finger to make it to one thousand. No one had passed through the forest that day either. So, Ingulimala tried to kill his mother to get the final finger, chasing her through the forest with a knife.

Suddenly, Gautama Buddha himself appeared and stood between Ingulimala and his mother. Ingulimala was very surprised to see the Buddha, but then decided to kill him instead of killing his mother. However the Buddha evaded the attack by simply walking away Ingulimala ran after him, but to no avail. Normally, Ingulimala could run much faster than ordinary people, but now he couldn't catch the Buddha who was only walking. At last, Ingulimala became tired and called out in defeat. The Buddha stopped and gave Ingulimala a sermon on the evils of killing. Following the sermon, Ingulimala became enlightened and realized how wrong he had been. From that day, Ingulimala followed the Gautama Buddha and became a monk—living peacefully and never cutting his thousandth finger

Vocabulary

ဘုရား **pha yarr** God, Buddha, pagoda

လူငယ် **lu ngae** a young person

ဆယ့်ခြောက် **saet chout** sixteen

ပါမောက္ခ **par mout kha** teacher

အတန်း **a tann** class

တော် **taw** smart

ကျောင်းသား **kyaungg tharr** student

တချို့ **ta choht** some

မနာလိုဖြစ် **ma nar lo phyit** jealous

ဖောက်ပြန် **phout pyan** to have an affair

ကောလာဟလ **kaww la ha la** rumor

သတင်းလွှင့် **tha dinn hlwint** to spread news

ကလဲ့စားချေ **ga laet zarr chay** to take revenge

ယုံ **y'own** to believe

ကြံစည် **kyan si** to plan, to plot

လက်ညှိုး **let nyoh** index finger

တစ်ထောင် **ta htaung** one thousand

ဖြတ် **phyat** to cut

ယူလာ **yu lar** to bring

လေးစား **layy zarr** to respect

လိုချင် **lo chin** to want

ဇာနည် (ခေါ်) အင်္ဂုလိမာလရဲ့ အမေက ဒီအကြောင်းကိုကြားတော့ တောထဲလိုက်လာပြီး အင်္ဂုလိမာလကို သူလုပ်နေတာတွေဟာ မှားနေကြောင်း ပြောပြတယ်။ ဒီအချိန်မှာ အင်္ဂုလိမာလဟာ လက်ညှိုးတစ်ထောင် ပြည့်ဖို့အတွက် လက်ညှိုးတစ်ချောင်းပဲ လိုတော့တယ်။ အဲဒီနေ့မှာလည်း တောထဲက ဘယ်သူမှ ဖြတ်မသွားကြဘူး။ ဒါကြောင့် အင်္ဂုလိမာလဟာ လက်ညှိုးတစ်ထောင်ပြည့်ဖို့အတွက် သူအမေကိုသတ်ပြီး လက်ညှိုးဖြတ်ဖို့ အမေရဲ့နောက်ကို ခါးနဲ့လိုက်တယ်။

ရုတ်တရက်ဆိုသလိုပဲ ဂေါတမဘုရားရှင်ကိုယ်တိုင် ရောက်လာပြီး အင်္ဂုလိမာလနဲ့ သူ့အမေကြားမှာ ရပ်လိုက်တယ်။ အင်္ဂုလိမာလဟာ ဘုရားရှင်ကို တွေ့တဲ့အခါ အံ့ဩသွားပြီး သူ့အမေကိုသတ်မယ့်အစား ဘုရားရှင်ကိုပဲ သတ်တော့မယ်လို့ ဆုံးဖြတ်လိုက်တယ်။ အင်္ဂုလိမာလက ဘုရားရှင်ကို သတ်ဖို့ကြိုးစားပေမယ့် ဘုရားရှင်က ဒီတိုင်းပဲ ရှေ့ကိုလမ်းလျှောက်ပြီး ထွက်သွားတယ်။ အင်္ဂုလိမာလကလည်း ပြေးလိုက်ပေမယ့် မမီဘူး။ ပုံမှန်ဆိုရင် သာမန်လူတွေထက် အများကြီး ပိုမြန်အောင်ပြေးနိုင်တဲ့ အင်္ဂုလိမာလဟာ လမ်းလျှောက်ပြီးသွားနေတဲ့ ဘုရားရှင်ကို မမီနိုင်ခဲ့ဘူး။ နောက်ဆုံးမှာ အင်္ဂုလိမာလဟာ မောလာတာကြောင့် ဘုရားရှင်ကို ရပ်ဖို့လှမ်းပြောတယ်။ ဘုရားရှင်က ရပ်ပြီး အင်္ဂုလိမာလကို လူတွေကို လိုက်သတ်တာ မကောင်းကြောင်း တရားဟောတယ်။ အဲဒီနောက်မှာတော့ အင်္ဂုလိမာလဟာ ဉာဏ်အလင်းပွင့်သွားပြီး သူမှားကြောင်း သိသွားတယ်။ အဲဒီနေ့ကစပြီး အင်္ဂုလိမာလဟာ ဂေါတမဘုရားရှင်နောက် လိုက်သွားပြီး ဘုန်းကြီးဝတ်လိုက်ပြီးတော့ ငြိမ်းငြိမ်းချမ်းချမ်း နေသွားတော့တယ်။ တစ်ထောင်မြောက်လက်ညှိုးကိုလည်း မဖြတ်ဖြစ်တော့ဘူး။

☆ ☆ ☆

Burmese	Romanization	English		Burmese	Romanization	English
တော	**taww**	forest		ပြောပြ	**pyaww pya**	to tell
ဖြတ်သွား	**phyat thwarr**	to pass by		ဓား	**darr**	knife
သတ်	**that**	to kill		ရပ်	**yat**	to stand, to stop
လည်ပင်း	**lae binn**	neck		ရုတ်တရက်	**yote ta yet**	suddenly
ဆွဲကြိုး	**sweh gyoh**	necklace		အံ့ဩ	**ant aww**	surprised
တဖြည်းဖြည်း	**ta phyay phyay** gradually			ရှေ့	**shayt**	forward, in front
ရက်စက်	**yet set**	cruel		လမ်းလျှောက်	**lann shout**	to walk
လူဆိုး	**lu zoh**	brigand		ပြေး	**pyayy**	to run
သတ်မှတ်	**that mhat**	to regard		ပုံမှန်	**p'own mhan**	normal
အမေ	**a may**	mother		သာမန်	**thar man**	ordinary
မှား	**mharr**	wrong		အများကြီး	**a myarr gyee**	a lot
				မြန်	**myan**	fast

မော **maww** tired

တရားဟော **ta yarr haww** to
sermonize

အမြင်မှန်ရ **a myin mhan ya** to be
enlightened

ဘုန်းကြီး **ph'ownn gyee** monk

ငြိမ်းငြိမ်းချမ်းချမ်း **nyainn nyainn chann
chann** peacefully

Pre-reading Discussion

1. သင် ဗုဒ္ဓဘာသာနဲ့ပတ်သက်ပြီး ဘာသိလဲ။

   What do you know about Buddhism?

2. သင် လေးစားရတဲ့ ဆရာ/ဆရာမတစ်ယောက်အကြောင်း ပြောပြပါ။

   Talk about a time when you were influenced by a teacher.

Comprehension Questions

Find the answers on page 182.

1. ဇာနည်က အသက်ဘယ်လောက်မှာ ပါမောက္ခဆရာကြီးဆီကို သွားခဲ့လဲ။

   At what age did Zarni start to study with the professor?

2. ပါမောက္ခဆရာကြီးက ဘာဖြစ်လို့ ဇာနည်ကို ဒုက္ခရောက်အောင် ကြံစည်ခဲ့လဲ။

   Why did the professor plan revenge on Zarni?

3. ဆရာကြီးက ဇာနည်ကို ဘာလုပ်ခိုင်းခဲ့လဲ။

   What did the professor ask Zarni to do?

4. ဇာနည်က ဖြတ်ပြီးတဲ့လက်ညှိုးတွေကို ဘာလုပ်ခဲ့လဲ။

   What did Zarni do with the severed fingers?

5. ဇာနည်ရဲ့ နာမည်အသစ်က ဘာလဲ။

   What was Zarni's new name?

6. အင်္ဂုလိမာလက သူ့အမေရဲ့နောက်ကို ဘာလို့ ဓားနဲ့လိုက်လဲ။

   Why did Ingulimala go after his mother with the knife?

7. အင်္ဂုလိမာလနဲ့ သူ့အမေကြားကို ဘယ်သူရောက်လာလဲ။

   Who appeared between Ingulimala and his mother?

After Reading

Were there any famous brigands in your country, or that you've heard of in others? What were they like and what were they famous for? Discuss with a partner or make notes.

Culture Notes

Gautama Buddha, often referred to as just Buddha, is the founder of Buddhism. He was born to royal parents in the sixth or fifth century BCE and left the palace at the age of twenty-nine to practice meditation in the jungle.

I Did Not Cheat on You

Once upon a time, there was a princess named Thida Day Wei who lived in a land called Meikhtila. When she turned twenty, her father the king announced that he would host an archery competition and the winner would be given the princess in marriage. He floated the invitation letters down the river so that everyone in the neighboring lands would receive them and could enter the competition.

Many different princes from many different lands made the journey to participate in the competition, including Dhatha Giri, the evil ogre king from Thiho island. Dhatha Giri fell in love with Thida Day Wei as soon as he saw her and decided then and there that he wouldn't go home until he'd married the princess. However, Rama, a prince from the land of Ayuttaya, won first place in the archery competition, and so the king married his daughter to Rama. After their wedding, Thida Day Wei accompanied Prince Rama to her new home in Ayuttaya.

But no sooner had they arrived at Ayuttaya, there were a series of internal conflicts at their palace. Rama's father, the King of Ayuttaya, commanded them to live in the jungle until conditions stabilized. Meanwhile, the ogre king Dhatha Giri had heard what was happening and was waiting in the jungle to steal Thida

ကျွန်မ မဖောက်ပြန်ခဲ့ပါ

ဟိုးရှေးရှေးတုန်းက မိတ္ထီလာပြည်မှာ သီတာဒေဝီလို့ခေါ်တဲ့ မင်းသမီးတစ်ယောက်ရှိတယ်။ သီတာဒေဝီ အသက်နှစ်ဆယ်ပြည့်တဲ့အခါ သူ့အဖေ ဘုရင်ကြီးက မြားပစ်ပြိုင်ပွဲတစ်ခု ကျင်းပ ပြီး ပြိုင်ပွဲမှာ နိုင်တဲ့လူကို မင်းသမီးနဲ့ လက်ထပ်ပေးမယ်ဆိုပြီး ကြေညာတယ်။ ပြီးတော့ အိမ်နီးချင်းနိုင်ငံတွေက လူတိုင်း ပြိုင်ပွဲမှာ ပါဝင်နိုင်အောင် ဖိတ်စာတွေကို မြစ်ထဲကနေ မျှော လိုက်တယ်။

မြားပစ်ပြိုင်ပွဲမှာ သီဟိုဠ်ကျွန်းက ဒဿဂီရိလို့ခေါ်တဲ့ ဘီလူးမင်းအပါအဝင် တိုင်းပြည် အသီးသီးက မင်းသားတွေ လာပြိုင်ကြတယ်။ ဒဿဂီရိဟာ သီတာဒေဝီကို မြင်မြင်ချင်း အရမ်း ချစ်မြတ်နိုးသွားပြီး သီတာဒေဝီကို လက်မထပ်ရရင် သီဟိုဠ်ကျွန်းကို မပြန်ဘူးလို့ ဆုံးဖြတ်လိုက်တယ်။ ဒါပေမဲ့ မြားပစ်ပြိုင်ပွဲမှာ အယုဒ္ဓယပြည်က ရာမလို့ခေါ်တဲ့ မင်းသား တစ်ယောက်က ပထမ ရသွားတဲ့အတွက် မိတ္ထီလာဘုရင်ကြီးက သူ့သမီးကို ရာမနဲ့ လက်ထပ် ပေးလိုက်တယ်။ သူတို့ မင်္ဂလာဆောင်ပြီးတော့ သီတာဒေဝီက ရာမမင်းသားနဲ့အတူတူ အယုဒ္ဓယကို လိုက်သွားတယ်။

ဒါပေမဲ့ သူတို့ အယုဒ္ဓယကို ရောက်ပြီး မကြာခင်မှာပဲ နန်းတွင်းပဋိပက္ခတွေဖြစ်ပြီး ရာမရဲ့ အဖေ ဘုရင်ကြီးက ရာမမင်းသားကို အခြေအနေတွေငြိမ်သွားတဲ့အထိ တောထဲမှာ သွားနေဖို့ အမိန့်ထုတ်လိုက်တယ်။ အဲ့ဒီအချိန်မှာပဲ မြားပစ်ပြိုင်ပွဲတုန်းက ရှုံးသွားတဲ့ ဒဿဂီရိဘီလူးက ဒီအကြောင်းကို ကြားပြီး သီတာဒေဝီကို ခိုးယူဖို့ တောထဲမှာ စောင့်နေခဲ့တယ်။ သီတာဒေဝီနဲ့ ရာမတို့ လာတဲ့လမ်းမှာ ဒဿဂီရိဟာ သူ့ရဲ့ ဦးလေးဘီလူးကို သမင်ယောင်ဆောင်ခိုင်းပြီး

Day Wei away. Dhatha Giri asked his ogre uncle to turn himself into a deer, in order to lure Rama away from Thida Day Wei. When Prince Rama, who loved hunting, saw the deer he asked Thida Day Wei to wait while he followed it. As soon as Rama left, Dhatha Giri captured Thida Day Wei and took her back to his home on Thiho Island.

When they reached Thiho Island, Dhatha Giri took great care of Thida Day Wei, clearly trying to gain her love. But Thida Day Wei wouldn't accept Dhatha Giri's love. Nonetheless, Dhatha Giri didn't give up. When desperately searching for his wife in the jungle, Rama had met a monkey who told him Dhatha Giri had taken her. So, Rama followed their trail to Thiho Island, planning to win Thida Day Wei back.

When Rama arrived at Thiho Island, he and Dhatha Giri fell into battle. After a long fight, Rama eventually emerged victorious. As Rama had won a fair fight, Dhatha Giri released Thida Day Wei. However, Rama wasn't certain of Thida Day Wei's love for him anymore, fearing that she might have fallen in love with Dhatha Giri during their time on the island. Thida Day Wei understood her prince's concerns and vowed, "I've only ever loved you, Rama. I didn't have an affair with Dhatha Giri and I don't love him. Let me prove it to you." With that, she jumped into a bonfire raging nearby. Miraculously, she suffered no burns. Rama was shocked by his princess's courageous act of love and begged her forgiveness for ever doubting her. Together they left Dhatha Giri and Thiho Island behind, never looking back.

Vocabulary

မင်းသမီး **minn tha mee** princess

လက်ထပ် **let htat** to marry

စီစဉ် **si zin** to plan

မြားပစ် **myarr pyit** archery

ပြိုင်ပွဲ **pyai pweh** competition

ကျင်းပ **kyinn pa** to host

နိုင် **nai** to win

သတို့သား **tha doht tharr** groom

ကြေညာ **kyay nyar** to announce

ဖိတ်စာ **phate sar** invitation letter

မြစ် **myit** river

ပါဝင် **par win** to participate

တိုင်းပြည် **taii pyi** land, country

မင်းသား **minn tharr** prince

ရာမမင်းသားကို မျှားခေါ်ဖို့ အကူအညီတောင်းတယ်။ အမဲလိုက်တာ ဝါသနာပါတဲ့ ရာမမင်းသားက သမင်ကို မြင်တော့ သီတာဒေဝီကို ခဏစောင့်ခိုင်းပြီး သမင်နောက်ကို လိုက်သွားခဲ့တယ်။ ရာမထွက်သွားတာနဲ့ ဒဿဂီရိရောက်လာပြီး သီတာဒေဝီကိုဖမ်းပြီးတော့ သူ့ရဲ့သီဟိုဠ်ကျွန်းကို ခေါ်သွားခဲ့တယ်။

သီဟိုဠ်ကိုရောက်တော့ ဒဿဂီရိဟာ သီတာဒေဝီကို သေချာစောင့်ရှောက်ထားပြီး သီတာဒေဝီရဲ့ အချစ်ကိုရဖို့ ကြိုးစားတယ်။ ဒါပေမဲ့ သီတာဒေဝီက ဒဿဂီရိရဲ့ အချစ်ကို လက်မခံဘူး။ ဒဿဂီရိကလည်း လက်မလျှော့ဘူး။ တောထဲမှာတော့ ရာမမင်းသားဟာ သီတာဒေဝီကို လိုက်ရှာရင်း လမ်းမှာ မျောက်တစ်ကောင်နဲ့တွေ့တယ်။ သီတာဒေဝီကို ဒဿဂီရိဖမ်းခေါ်သွားကြောင်း မျောက်က ရာမမင်းသားကို ပြောပြလိုက်တယ်။ ဒါကြောင့် ရာမဟာ သီတာဒေဝီကို ပြန်ခေါ်ဖို့အတွက် သီဟိုဠ်ကို လိုက်သွားတယ်။

သီဟိုဠ်ကို ရောက်တဲ့အခါ ရာမနဲ့၊ ဒဿဂီရိတို့ တိုက်ပွဲဖြစ်ကြတယ်။ အချိန်တော်တော်ကြာ ကြာ တိုက်ခိုက်ပြီးတဲ့အခါမှာတော့ ရာမမင်းသားက နိုင်သွားတယ်။ တိုက်ပွဲမှာ တရားမျှတစွာ နိုင်သွားတဲ့အတွက် ဒဿဂီရိကလည်း သီတာဒေဝီကို ပြန်လွှတ်ပေးလိုက်တယ်။ ဒါပေမဲ့ ရာမဟာ သီတာဒေဝီက သူ့ကို ချစ်သေးလား ဆိုတာ မသေချာတော့ဘူး။ ကျွန်းပေါ်မှာနေတုန်း ဒဿဂီရိကို ချစ်သွားမှာ ကြောက်နေတယ်။ ဒါကို ရိပ်မိတဲ့ သီတာဒေဝီက "ကျွန်မ ရာမကိုပဲ အမြဲတမ်း ချစ်ခဲ့တာပါ။ ဒဿဂီရိနဲ့လည်း မဖောက်ပြန်ခဲ့ပါဘူး။ သူ့ကိုလည်း မချစ်ပါဘူး။ ဤမှန်သော သစ္စာစကားကြောင့် ကျွန်မ မီးပုံထဲကို ခုန်ချတဲ့အခါ မီးမလောင်ပါစေနဲ့" လို့ သစ္စာဆိုပြီး အနားက မီးပုံထဲကို ချက်ချင်း ခုန်ချလိုက်တယ်။ မယုံနိုင်လောက်အောင်ပဲ သီတာဒေဝီဟာ မီးလုံးဝမလောင်ခဲ့ဘူး။ ရှတ်တရှက် မီးပုံထဲကို ခုန်ချသွားတဲ့ သီတာဒေဝီရဲ့ အချစ်အတွက် သတ္တိရှိပုံကိုကြည့်ပြီး လန့်သွားတဲ့ ရာမဟာ သူ့သံသယဝင်မိတဲ့အတွက် ခွင့်လွှတ်ပေးဖို့ တောင်းပန်ပြီး သီတာဒေဝီနဲ့အတူ ဒဿဂီရိရဲ့၊ သီဟိုဠ်ကျွန်းကနေ ပြန်သွားကြတယ်။

☆ ☆ ☆

အယုဒ္ဓယ **a yote da ya** Ayuttaya
ကျွန်း **kyonn** island
ဘီလူး **ba loo** ogre
မင်း **minn** king
ချစ်မြတ်နိုး **chit myat noh** to adore
ပြန် **pyan** to return
ဆုံးဖြတ် **s'ownn phyat** to decide

ပထမ **pa hta ma** first
မင်္ဂလာဆောင် **min ga lar zaung** wedding
မကြာခင် **ma kyar khin** soon
နန်းတွင်း **nann dwinn** palace
ပဋိပက္ခ **pa teet pa kha** conflict
ထွက်သွား **htwet thwarr** to leave
အခြေအနေ **a chay a nay** situation

ငြိမ် **nyain** calm

အမိန့် **a maint** order

ရှုံး **sh'ownn** to lose

ခိုး **khoh** to steal

ဦးလေး **oo layy** uncle

သမင် **tha min** deer

အကူအညီတောင်း **a ku a nyi taungg** to ask for help

အမဲလိုက် **a meh lite** to hunt

ဝါသနာ **war tha nar** hobby

ဖမ်း **phann** to catch, arrest

စောင့်ရှောက် **saungt shout** to look after

အချစ် **a chit** love

ကြိုးစား **kyoh zarr** to try

လက်ခံ **let khan** to accept

စိတ်ရှည်ရှည် **sate shay shay** patiently

ရှာ **shar** to look for

မျောက် **myout** monkey

ရောက် **yout** to reach / arrive

တိုက်ပွဲ **tite pweh** battle

အချိန် **a chain** time

တိုက်ခိုက် **tite khite** to fight

တရားမျှတစွာ **ta yarr mhya ta zwar** fairly

လွှတ် **hlwut** to release

သေချာ **thay char** certain

ကြောက် **kyout** afraid

ဖောက်ပြန် **phout pyan** to have an affair

မီးပုံ **mee b'own** bonfire

ခုန် **kh'own** to jump

မီးလောင် **mee laung** to burn

မှန်ကန် **mhan kan** true

ရုတ်တရက် **yote ta yet** suddenly

လန့် **lant** shocked

ခွင့်လွှတ် **khwint hlwut** to forgive

တောင်းပန် **taungg ban** to apologize

Pre-reading Discussion

1. သင့်ယဉ်ကျေးမှုမှာ ဘီလူးတွေအကြောင်းပုံပြင်တွေရှိလား။ တစ်ခုလောက်ပြောပြပါ။

   Are there stories about ogres in your culture? Can you talk about one of them?

2. မြှားပစ်တာနဲ့ပတ်သက်ပြီး သင်ဘာသိလဲ။

   What do you know about archery?

Comprehension Questions

Find the answers on page 182.

1. သီတာဒေဝီက အသက်ဘယ်လောက်မှာ မင်္ဂလာဆောင်ခဲ့လဲ။
   At what age did Thida Day Wei get married?

2. မိတ္ထီလာဘုရင်ကြီးက သူ့သမီးအတွက် သတို့သားကို �’ဘယ်လိုရွေးချယ်ခဲ့လဲ။
   How did the King of Meikhtila choose the groom for his daughter?

3. ဒဿဂီရိက ဘယ်သူလဲ။
   Who was Dhatha Giri?

4. သီတာဒေဝီက ဘယ်သူနဲ့ လက်ထပ်ခဲ့လဲ။
   Who did Thida Day Wei marry?

5. ရာမနဲ့ သီတာဒေဝီက ဘာဖြစ်လို့ အယုဒ္ဓယ နန်းတော်ထဲက ထွက်သွားလဲ။
   Why did Rama and Thida Day Wei leave the palace in Ayuttaya?

6. ရာမမင်းသားက တောထဲမှာ ဘာကို အမဲလိုက်ခဲ့လဲ။
   What did Prince Rama hunt for in the forest?

7. သီတာဒေဝီကို ဘယ်သူက သီဟိုဠ်ကျွန်းကို ခေါ်သွားခဲ့လဲ။
   Who took Thida Day Wei to Thiho Island?

8. ရာမမင်းသားက သီဟိုဠ်ကိုရောက်တဲ့အခါ ဘာဖြစ်ခဲ့လဲ။
   What happened when Prince Rama reached Thiho Island?

9. သီတာဒေဝီက ဘာဖြစ်လို့ မီးပုံထဲကို ခုန်ချခဲ့လဲ။
   Why did Thida Day Wei jump into the bonfire?

After Reading

Who is your favorite character in this story? What would you do if you were Princess Thida Day Wei? Do you think that the ogre king Dhatha Giri and Prince Yama really loved her? Discuss with a partner or make notes.

Culture Notes

For traditional Burmese families, women are usually expected to live with their husband's family after they get married. As time has passed, these rules have become less strict. These days, most married couples live on their own or may live with either one of their families after getting married.

Maung Po and the Tiger

Once upon a time, there was a boy named Maung Po who lived in a small village. Every day, Maung Po walked through a nearby forest to the fields he ploughed with his neighbors. During his daily walks through the forest he became friends with a tiger. One day, the tiger told Maung Po that he wanted to visit Maung Po's village. Maung Po refused as he was worried that the tiger would eat their cows. The tiger kept asking and Maung Po kept saying no. So, the tiger didn't ask Maung Po anymore and decided to just go to the village anyway.

One night, the tiger took a cow from the village while the villagers were away. The villagers didn't notice as it was only one cow. Becoming more confident, the tiger started taking more cows, one after another. The villagers eventually noticed the missing cows and set up traps to capture the tiger. Maung Po warned the tiger about the traps but the tiger didn't care, and one night, he was captured. The villagers decided they would kill the tiger once it had become starved and weak, so they kept it in the trap. Day by day, the unfed tiger became skinnier and skinnier. Maung Po couldn't bear to see his friend suffering so he waited until no other villagers were around and then released the tiger.

မောင်ပိုနဲ့ ကျား

တစ်ခါတုန်းက ရွာလေးတစ်ရွာမှာ မောင်ပိုဆိုတဲ့ကောင်လေးတစ်ယောက်ရှိတယ်။ မောင်ပိုဟာ သူ့အိမ်နီးချင်း ရွာသားတွေနဲ့အတူ လယ်ထွန်သွားဖို့အတွက် ရွာနားမှာရှိတဲ့ တောထဲကို နေ့တိုင်း ဖြတ်ရတယ်။ အဲ့လိုနဲ့ တောထဲကနေ နေ့တိုင်းဖြတ်သွားရင်း ကျားတစ်ကောင်နဲ့ မိတ်ဆွေဖြစ်တယ်။ တစ်နေ့မှာတော့ ကျားကြီးဟာ မောင်ပိုတို့ရွာထဲကို လိုက်လည်ချင်တယ်လို့ ပြောတယ်။ မောင်ပိုက ကျားကြီး ရွာထဲလိုက်လာရင် သူတို့နွားတွေကို စားမှာစိုးလို့ ရွာထဲကိုမခေါ်သွားဘူး။ ကျားကလည်း မောင်ပိုကို ခဏခဏတောင်းဆိုတယ်။ တောင်းဆိုတိုင်း မောင်ပိုက ငြင်းတယ်။ ဒီတော့ ကျားကလည်း မောင်ပိုကို ဆက်မတောင်းဆိုတော့ဘဲ သူ့ဘာသာ ရွာထဲကိုရအောင်ဝင်မယ်လို့ ဆုံးဖြတ်လိုက်တယ်။

တစ်ညမှာတော့ ကျားဟာ ရွာသားတွေအလစ်မှာ ရွာထဲကိုဝင်ပြီး နွားတစ်ကောင်ကို ဆွဲသွားတယ်။ ရွာသားတွေကလည်း နွားတစ်ကောင်တည်းဆိုတော့ သိပ်သတိမထားမိကြသေးဘူး။ ဒီလိုနဲ့ကျားဟာ တဖြည်းဖြည်းအတင့်ရဲလာပြီး နွားတွေကို တစ်ကောင်ပြီးတစ်ကောင်ဆွဲတော့တယ်။ နောက်ဆုံးမှာ ရွာသားတွေက နွားတွေပျောက်ပျောက်နေတာကို သိသွားပြီး ကျားကိုဖမ်းဖို့ ထောင်ချောက်တွေဆင်ကြတယ်။ ဒီအကြောင်းကို မောင်ပိုက ကျားကိုပြောပြပြီး သတိပေးပေမဲ့ ကျားက ဂရုမစိုက်ဘူး။ အဲ့ဒီညမှာပဲ ရွာသားတွေဆင်ထားတဲ့ ထောင်ချောက်တစ်ခုထဲမှာ ကျားကို မိသွားတယ်။ ရွာသားတွေကတော့ ကျားအစာပြတ်ရေပြတ်ဖြစ်ပြီး အားပြတ်သွားမှ သတ်ကြမယ်ဆိုပြီး ကျားကို ထောင်ချောက်ထဲမှာပဲထည့်ထားတယ်။ တစ်နေ့ပြီးတစ်နေ့ ဘာမှမစားမသောက်ရတဲ့ ကျားဟာ ပိန်ပြီးရင်း ပိန်လာတယ်။ မောင်ပိုက သူ့သူငယ်ချင်းဒီလိုဖြစ်နေတာကို မကြည့်ရက်တာကြောင့် တခြားရွာသားတွေအလစ်ကိုစောင့်ပြီး ကျားကိုထောင်ချောက်ကနေ သွားလွှတ်ပေးလိုက်တယ်။

The tiger jumped over Maung Po and said, "I'm so thankful that you freed me. But I'm weak and tired from not having food for many days. So, I have to eat you." Maung Po was shocked and replied, "I saved your life just now!" To which the tiger responded, "Even if you saved my life, I'm so hungry and weak that I have to eat you." They kept quarreling and the tiger said, "Well then . . . let's ask someone nearby."

They happened to see a rabbit walking their way, and agreed to let the rabbit decide for them. After having the events explained to him, the rabbit said "Where did all this happen? Let me see the trap." When they reached the spot, the rabbit said, "In order for me to understand what actually happened, the tiger needs to get back into the trap. That's when I'll be able to decide the truth." Dutifully the tiger walked back into the trap , telling Maung Po to close the door for him. Then the rabbit said to Maung Po, "Let's go!" and together they quickly walked away. "What's going on?" roared the tiger angrily. The rabbit turned and said, "It's all OK now. As Maung Po didn't free the tiger, the tiger doesn't have to eat Maung Po. Everything is back where it should be." He walked the thankful Maung Po back home, and the boy never befriended another tiger again.

Vocabulary

ရွာ **ywar** village

ကောင်လေး **kaung layy** boy

လယ်ထွန် **lae hton** to plough

ကျား **kyarr** tiger

ခေါ်သွား **khaw thwarr** to take (someone or something)

မိတ်ဆွေ **mate sway** friend

နွား **nwarr** cow

ခဏခဏ **kha na kha na** often

တောင်းဆို **taungg so** to request

ငြင်း **nyinn** to refuse

ဝင် **win** to enter

ဆုံးဖြတ် **s'ownn phyat** to decide

ဆွဲ **sweh** to drag

သတိထားမိ **tha deet htarr meet** to notice

တဖြည်းဖြည်း **ta phyayy phyayy** gradually

ပျောက် **pyout** to lose

ရွာသား **ywar tharr** villager

ထောင်ချောက် **htaung jout** trap

ဖမ်းမိ **phann meet** to catch

ထောင်ချောက်ကနေလွတ်သွားတော့ ကျားက မောင်ပိုကိုခုန်အုပ်ပြီး "ငါ့ကိုလွတ်ပေးလို့ ကျေးဇူးတင်ပါတယ်။ ဒါပေမဲ့ ငါ ရက်တွေအကြာကြီး ဘာမှမစားရလို့ အားပြတ်နေတယ်။ ဒါ ကြောင့် ငါ့မင်းကို စားရလိမ့်မယ်။" လို့ပြောတယ်။ မောင်ပိုက အံ့ဩတုန်လှုပ်သွားပြီး "ငါက မင်းအသက်ကို အခုပဲ ကယ်ပေးထားတာလေကွာ။" လို့ပြောတော့ ကျားက "မင်း ငါ့အသက် ကိုကယ်ပေးထားလည်းပဲ ငါအခု အားပြတ်ပြီး ဗိုက်အရမ်းဆာနေလို့ မင်းကိုစားမှုရမယ်။" လို့ ပြန်ပြောတယ်။ ဒီလိုနဲ့ သူတို့နှစ်ယောက်ဟာ အပြန်အလှန် ငြင်းခုံကြပြီးတော့ ကျားက "ကဲ ... ဒါဆိုရင် ဒီနားမှာရှိတဲ့ တစ်ယောက်ယောက်ကို မေးကြမယ်" လို့ပြောတယ်။

အဲဒီအချိန်မှာ သူတို့ဘက်ကို လမ်းလျှောက်လာနေတဲ့ ယုန်တစ်ကောင်ကို မြင်လိုက်တော့ ယုန်ကို ဆုံးဖြတ်ခိုင်းမယ်လို့ သဘောတူလိုက်တယ်။ အဖြစ်အပျက်တွေကို ယုန်ကိုပြောပြ ပြီးတော့ ယုန်က "ဒါတွေ ဘယ်မှာဖြစ်ခဲ့တာလဲ။ ဖြစ်တဲ့နေရာကို လိုက်ပြပါ။" ဆိုပြီး ကျားရဲ့ ထောင်ချောက်ရှိတဲ့နေရာကို လိုက်ပြခိုင်းတယ်။ ထောင်ချောက်နေရာကိုရောက်တော့ ယုန်က "ဘယ်လိုဖြစ်ခဲ့တာလဲဆိုတာကို မြင်ရဖို့အတွက် ကျားက ထောင်ချောက်ထဲကို ပြန်ဝင်ပြဖို့လို တယ်။ ဒါမှ အမှန်အတိုင်း ဆုံးဖြတ်နိုင်မယ်။" လို့ ပြောလိုက်တယ်။ ယုန်ပြောတဲ့အတိုင်း ကျား က ထောင်ချောက်ထဲ ပြန်ဝင်ပြီး မောင်ပိုကို တံခါးပိတ်ခိုင်းလိုက်တယ်။ အဲဒီနောက်မှာတော့ ယုန်က မောင်ပိုကို "လာ၊ သွားမယ်" ဆိုပြီး သူတို့နှစ်ယောက်ဟာ မြန်မြန်ထွက်သွားတယ်။ ကျားက "ဘယ်သွားကြမလို့လဲ" ဆိုပြီး ဒေါသတကြီးနဲ့ အော်မေးတော့ ယုန်က "အခုဆို ရ ပြီလေ။ မောင်ပိုက ကျားကိုမလွတ်ပေးတဲ့အတွက် ကျားကလည်း မောင်ပိုကို စားစရာမလို တော့ဘူး။ အားလုံးက ရှိသင့်တဲ့နေရာမှာ ပြန်ရှိသွားကြပြီ။" လို့ပြောပြီး မောင်ပိုကို အိမ်ပြန်ပို့ ပေးလိုက်တယ်။ မောင်ပိုလည်း အဲဒီအချိန်ကစပြီး ကျားတွေနဲ့ သူငယ်ချင်းမလုပ်တော့ဘူး။

☆ ☆ ☆

သတိပေး	**tha deet payy** to warn	စား	**sarr** to eat
ဂရုစိုက်	**ga yoot site** to care	လမ်းလျှောက်	**lann shout** to walk
ပိန်	**pain** thin	သဘောတူ	**tha baww tu** to agree
လွတ်	**hlwut** to release	ပြ	**pya** to show
အံ့ဩတုန်လှုပ်	**ant aww t'own hlote** shocked	တံခါး	**da garr** door
အသက်	**a thet** life	ပိတ်	**pate** to close
ကယ်	**kae** to rescue	ဒေါသတကြီး	**daww tha da gyee** angrily
ဗိုက်ဆာ	**bite sar** hungry	အားလုံး	**arr l'ownn** every, all
		ကူညီ	**ku nyi** to help

Pre-reading Discussion

1. သင် အကြိုက်ဆုံး တိရစ္ဆာန်က ဘာလဲ။ ဘာဖြစ်လို့လဲ။
   What is your favorite animal? Why?

2. ကျားကို အပြင်မှာ မြင်ဖူးလား။
   Have you ever seen a tiger in real life?

3. တကယ်လို့ သင်က တောထဲမှာ ကျားတစ်ကောင်ကို တွေ့ရင် ဘာလုပ်မလဲ။
   What would you do if you encountered a tiger in the forest?

Comprehension Questions

Find the answers on page 183.

1. မောင်ပိုက ကျားနဲ့ဘယ်လိုတွေ့ခဲ့လဲ။
   How did Maung Po first meet the tiger?

2. မောင်ပိုက ဘာဖြစ်လို့ ကျားကို ရွာထဲမခေါ်သွားချင်တာလဲ။
   Why didn't Maung Po want to take the tiger into the village?

3. ရွာသားတွေက ကျားကိုဖမ်းဖို့ ဘာလုပ်ကြလဲ။
   What did the villagers do to catch the tiger?

4. ကျားကို လှောင်အိမ်ထဲကနေ ဘယ်သူက လွှတ်ပေးလိုက်လဲ။
   Who released the tiger from the cage?

5. ကျားက ဘာဖြစ်လို့ မောင်ပိုကို စားချင်တာလဲ။
   Why did the tiger want to eat Maung Po?

6. မောင်ပိုနဲ့ကျားက သူတို့ငြင်းခုံနေတာနဲ့ပတ်သက်ပြီး ဘယ်သူ့ဆီက အကြံဉာဏ်တောင်းခဲ့လဲ။
   Who did Maung Po and the tiger consult about their argument?

7. ကျားက ထောင်ချောက်ထဲကို ဘယ်လို ပြန်ရောက်သွားလဲ။
   How was the tiger put back into the trap?

After Reading

Imagine you were asked to solve the argument between Maung Po and the tiger. What would you advise? Discuss with a partner or make notes.

Culture Notes

There is a well-known Burmese proverb that is derived from this story: "ပိုနေမြဲ ကျားနေမြဲ" which literally means "Po stays in his place, as does the tiger." The proverb suggests that it is OK not to help those who might destroy you in the future, and that one should ignore pleas for help from such a person even if they are in danger.

The Tortoise and the Hare

Once upon a time, there were a hare and a tortoise who were really close friends and lived together in the jungle. One day while playing, they came to a creek. "Let's have a swimming race," said the tortoise. But the hare, not confident about his swimming, replied, "No, I don't want to race!" "Are you scared of me or what?" teased the tortoise, over and over again until the hare started to become annoyed. "OK, let's just race!" said the hare, and so they did. The tortoise was used to swimming and very fast, but the hare had never swum before in his life and so he was just trying not to sink by swimming slowly. Naturally, the tortoise reached the shore first and won the race.

The hare wasn't really satisfied with the result and challenged the tortoise to a race on land. The tortoise declined the race at first but eventually gave in and agreed to the hare's challenge. So next, they raced on land. As you can imagine, the hare was a very fast runner and he reached the finish line first. Some time later, the tortoise crossed the finish line too. The tortoise said to the hare, "I couldn't run fast like you just because my shell is so heavy." So, the hare asked the tortoise, "Shall we race again both in the water and on land to be fair?" The tortoise accepted the offer.

ယုန်နဲ့ လိပ်

ဟိုးရှေးရှေးတုန်းက တောအုပ်ကြီးတစ်ခုထဲမှာနေတဲ့ ယုန်နဲ့လိပ်ဟာ အရမ်းခင်တဲ့ သူငယ်ချင်းတွေ ဖြစ်ကြတယ်။ တစ်နေ့မှာတော့ သူတို့ဟာ ကစားရင်းနဲ့ ချောင်းတစ်ခုဆီ ရောက်သွားကြတယ်။ အဲဒီမှာ လိပ်က "ရေကူးပြိုင်ကြမယ်" လို့ပြောတယ်။ ယုန်က ရေကူးမကျွမ်းတဲ့အတွက် "မပြိုင်ချင်ပါဘူး" လို့ပြန်ပြောတယ်။ လိပ်က "မင်းက ကြောက်တာလား" ဆိုပြီး ယုန်ကို စတယ်။ ခဏခဏပြောနေတော့ ယုန်ကလည်း "ဒါဆိုလည်း ပြိုင်မယ်ကွာ" ဆိုပြီး သူတို့နှစ်ကောင် ရေကူးပြိုင်ကြတယ်။ လိပ်က ရေကူးနေကျဖြစ်လို့ ရေကူးမြန်ပေမယ့် ယုန်ကတော့ တစ်ခါမှ ရေမကူးဖူးလို့ ရေမနစ်အောင်ပဲ သတိထားပြီး ဖြည်းဖြည်းချင်း ကူးနေရတယ်။ ဒီလိုနဲ့ လိပ်က တစ်ဖက်ကမ်းကို အရင်ရောက်ပြီး နိုင်သွားတယ်။

ဒါကို မကျေနပ်တဲ့ယုန်က ကုန်းပေါ်မှာ အပြေးပြိုင်ကြမယ်လို့ လိပ်ကိုပြောတယ်။ လိပ်က အစကတော့ မပြိုင်ဘူးဆိုပြီး ငြင်းပေမယ့် နောက်ဆုံးမှာ ကုန်းပေါ်မှာ ပြိုင်ဖို့ကို သဘောတူလိုက်တယ်။ ဒီလိုနဲ့ နောက်တစ်နေ့မှာ ကုန်းပေါ်မှာ အပြေးပြိုင်ကြတယ်။ အားလုံးသိတဲ့အတိုင်း ယုန်က ပြေးတာအရမ်းမြန်တော့ ယုန်နဲ့ ပန်းတိုင်ကို အရင်ရောက်သွားတယ်။ တော်တော်ကြာတော့မှ ပန်းတိုင်ကို လိပ်က ရောက်လာတယ်။ လိပ်က "ငါ့ အခွံကြီးက လေးနေလို့ ငါက မင်းလို မြန်မြန်မပြေးနိုင်တာလေကွာ" ဆိုပြီး ယုန်ကို မကျေမနပ် ပြန်ပြောတယ်။ ဒီတော့ ယုန်က "ဒါဆို ညီတူညီမျှဖြစ်သွားအောင် ရေထဲမှာရော၊ ကုန်းပေါ်မှာပါ ပြန်ပြိုင်ကြမလား" ဆိုပြီး မေးတယ်။ လိပ်ကလည်း သဘောတူလိုက်တယ်။

The hare and the tortoise announced their race to the whole jungle. On race day, jungle animals crowded around at both the start and the finish lines. The race track went from the start line to the creek, then from the creek to the finish line. Before the finish line, there was a pond and they had to pass through that too.

Once they were off from the start line, the hare took the lead right away. But the tortoise, true to his style, was slow and steady. The hare reached the creek first and started swimming across it really slowly. When he had reached the middle of the creek, the tortoise arrived at the water's edge. Then the tortoise passed the hare in a matter of moments. But despite his lead, the tortoise realized that the hare would pass him again on land and reach the finish line first. So he had an idea. To the surprise of everyone watching, he slowed down, waited for the hare to catch up, then whispered something in the hare's ear.

Then, surprising everyone even more, the tortoise put the hare onto his shell and finished swimming across the creek. Back on land, the hare lifted the tortoise up and ran. Then they reached the pond right before the finish line and the tortoise once again put the hare on his back and swam. Over the final stretch of ground, the hare carried the tortoise and ran towards the finish line. All the jungle animals were amazed at seeing the hare reaching the finish line holding the tortoise. After crossing the line, the tortoise said, "We thought that it would be more beneficial to help each other instead of being rivals." The other animals heaped praise upon them and the race between the hare and the tortoise was declared a great success!

☆ ☆ ☆

Vocabulary

တောအုပ် **taww oat** jungle

ယုန် **y'own** hare, rabbit

လိပ် **late** tortoise

ခင် **khin** close (relationship; not distance)

သူငယ်ချင်း **tha ngae jinn** friend

ကစား **ga zarr** to play

ချောင်း **chaungg** creek

ရေကူး **yay koo** to swim

ပြိုင် **pyai** to race

ကြောက် **kyout** scared

စ **sa** to tease

မြန် **myan** fast

နစ် **nit** to sink

သတိထား **tha deet htarr** careful

ဖြည်းဖြည်း **phyayy phyayy** slowly

ယုန်နဲ့ လိပ်ဟာ သူတို့ အပြေးပြိုင်ကြမယ့်အကြောင်းကို တစ်တောလုံးသိအောင် ကြေညာလိုက်တယ်။ ပြိုင်ပွဲနေ့မှာ သူတို့စထွက်မယ့်နေရာမှာရော၊ ပန်းတိုင်မှာပါ တစ်တောလုံးက တိရစ္ဆာန်တွေ ပြည့်နေတယ်။ ပြေးရမယ့်လမ်းကြောင်းကတော့ စထွက်မယ့်နေရာကနေ ချောင်းကိုပြေးရမယ်။ ချောင်းကနေပြီးတော့ ပန်းတိုင်ကိုထပ်ပြေးရမယ်။ ပန်းတိုင်မရောက်ခင်နားမှာ ရေကန်လေးရှိသေးတယ်။ အဲဒါကိုလည်းဖြတ်ရမယ်။

စထွက်ဖို့ အချက်ပေးလိုက်တာနဲ့ ယုန်က လှစ်ခနဲပြေးသွားတယ်။ လိပ်ကတော့ ထုံးစံအတိုင်း နှေးနှေးပဲ။ ယုန်က ချောင်းကို အရင်ရောက်ပြီး ချောင်းထဲမှာ ဖြည်းဖြည်းချင်း ကူးနေတယ်။ သူ ရေလယ်လောက်ရောက်တော့ လိပ်လည်း ချောင်းစပ်ကို ရောက်လာတယ်။ လိပ်က ခဏလေးအတွင်းမှာပဲ ယုန်ကို ကျော်သွားနိုင်ခဲ့တယ်။ ဒါပေမဲ့ ကုန်းပေါ်ပြန်ရောက်ရင် ယုန်က ပြန်ကျော်သွားပြီး ပန်းတိုင်ကို အရင် ရောက်သွားနိုင်တယ်ဆိုတာ လိပ်က စဉ်းစားမိပြီး အကြံတစ်ခုရသွားတယ်။ အားလုံးကြည့်နေတုန်းမှာပဲ အံ့သြစရာကောင်းလောက်အောင် လိပ်က အရှိန်လျှော့ဲလိုက်ပြီး ယုန်မီလာတာကို စောင့်ပြီးတော့ ယုန်ကို တီးတိုးပြောလိုက်တယ်။

ပြီးတော့ လိပ်က ယုန်ကို သူ့ကျောပေါ်တင်ပြီး ချောင်းကိုဖြတ်ကူးတဲ့အခါ အားလုံးက ပိုပြီး တောင် အံ့သြသွားရတယ်။ ကုန်းပေါ်ရောက်တော့ ယုန်က လိပ်ကို ချီပြီးပြေးတယ်။ ပန်းတိုင် မရောက်ခင် ရေကန်ကိုရောက်တော့ လိပ်က ယုန်ကို သူ့ကျောပေါ်တင်ပြီးတော့ ကူးတယ်။ နောက်ဆုံး ကုန်းပေါ်ရောက်တော့ ယုန်ကလိပ်ကို ပြန်ချီပြီးတော့ ပန်းတိုင်ကို ပြေးတယ်။ တစ်တောလုံးက တိရစ္ဆာန်တွေက လိပ်ကိုချီပြီး ပန်းဝင်လာတဲ့ ယုန်ကိုကြည့်ပြီး အံ့သြနေ ကြတယ်။ ပန်းဝင်ပြီးတော့ လိပ်က "ကျွန်တော်တို့ ပြိုင်ဘက်တွေဖြစ်နေမယ့်အစား တစ် ယောက်နဲ့တစ်ယောက် ကူညီလိုက်တာက ပိုအကျိုးရှိနိုင်မယ်လို့ ထင်လို့ပါ" ဆိုပြီး ပြောပြ တယ်။ ကျွန်တဲ့ တိရစ္ဆာန်တွေကလည်း သူတို့နှစ်ကောင်လုံးကို အရမ်းချီးကျူးကြပြီး ယုန်နဲ့ လိပ် ပြိုင်ပွဲက အောင်မြင်စွာ ပြီးဆုံးသွားခဲ့တယ်။

☆ ☆ ☆

ရောက် **yout** to arrive

နိုင် **nai** to win

ကျေနပ် **kyay nat** satisfied

ကုန်း **g'ownn** land, ground

ပြေး **pyayy** to run

ငြင်း **nyinn** to refuse

သဘောတူ **tha baww tu** to agree

ပန်းတိုင် **pann dai** goal, finishing line

အခွံ **a khon** shell

လေး **layy** heavy

ညီတူညီမျှ **nyi tu nyi mhya** fair and square

မေး **mayy** to ask

ကြေညာ **kyay nyar** to announce

ပြိုင်ပွဲ **pyai pweh** race, competition

နေရာ **nay yar** place

တိရစ္ဆာန် **ta rate san** animal

ပြည့် **pyayt** full

လမ်းကြောင်း **lann gyaungg** route
ရေကန် **yay kan** lake
ဖြတ် **phyat** to cross
ထုံးစံအတိုင်း **ht'ownn zan a taii** as usual
နှေး **nhayy** slow
စဉ်းစား **sinn zarr** to think
အကြံ **a kyan** idea
အံ့သြ **ant aww** surprised
အရှိန်လျှော့ **a shain shawt** to slow down
မီ **mi** to catch up
စောင့် **saungt** to wait
တီးတိုးပြော **tee toh pyaww** to whisper
ညှိ **nhyeet** to negotiate
ဆုံးဖြတ် **s'ownn phyat** to decide
ကျော **kyaww** back
ချီ **chi** to carry someone in the arms
အံ့သြ **ant aww** surprised
ကူညီ **ku nyi** to help
အကျိုးရှိ **a kyoh sheet** beneficial
ပြောပြ **pyaww pya** to tell, speak
ချီးကျူး **chee kyoo** to praise
အောင်မြင်စွာ **aung myin zwar** successfully

Pre-reading Discussion

1. သင် သို့မဟုတ် သင်သိတဲ့သူတစ်ယောက်ယောက် အပြေးပြိုင်ဖူးလား။ ပြိုင်ပွဲမှာ ဘယ်လို စွမ်းဆောင်ခဲ့လဲ။
   Have you, or someone else you know, ever taken part in a race? How did you or they perform?

2. သင်က ကုန်းပေါ်မှာ ကစားရတဲ့ အားကစားကိုကြိုက်လား။ ဒါမှမဟုတ် ရေထဲမှာ ကစားရတဲ့ အားကစားကို ကြိုက်လား။ ဘာဖြစ်လို့လဲ။
   Do you prefer land sports or water sports? Give a reason for your answer.

Comprehension Questions

Find the answers on page 184.

1. ယုန်နဲ့လိပ်က ပထမဆုံး ဘာပြိုင်ကြလဲ။
   In what did the hare and the tortoise compete for the first time?

2. ယုန်နဲ့လိပ်က ဒုတိယအကြိမ် ဘယ်မှာ ပြိုင်ကြလဲ။
   Where did the hare and the tortoise race the second time?

3. လိပ်က ကုန်းပေါ်မှာ ဘာလို့ မြန်မြန်မပြေးနိုင်တာလဲ။
   Why couldn't the tortoise run fast on land?

4. ယုန်နဲ့လိပ်က တတိယအကြိမ် ဘယ်မှာ ပြိုင်ကြလဲ။
   Where did the hare and the tortoise race the third time?

5. ဘယ်သူက ချောင်းကို အရင်ရောက်လဲ။
   Who reached the creek first?

6. တတိယအကြိမ်ပြိုင်ပွဲမှာ လိပ်က ယုန်ကို ဘာတီးတိုးပြောခဲ့တယ်လို့ထင်လဲ။
   What do you think the tortoise whispered in the hare's ear during the third race?

7. ပန်းတိုင်ကို ဘယ်သူ အရင်ရောက်ခဲ့လဲ။
   Who reached the finishing line first?

8. လိပ်က ပွဲလာကြည့်တဲ့ တိရစ္ဆာန်တွေကို ဘာပြောခဲ့လဲ။
   What did the tortoise tell the animals who came to watch their race?

After Reading

Have you ever heard a tortoise and hare story before? If so, how was it different from this story you just read? What do you think about the tortoise's plan to win the race along with the hare? Discuss with a partner or make notes.

Culture Notes

Just as in English, there is a proverb in Burmese ဖြည်းဖြည်းမှန်မှန် အောင်ပွဲခံ that means "Slow and steady wins the race." The proverb honors those who are naturally slow but always find a way to win.

The Pill of Immortality

During the time of Gautama Buddha, there was a rich man who had a daughter named Gautami. As her parents were so rich, Gautami lived in great comfort without wanting for anything. But at the age of fifteen, her parents went bankrupt and had to sell every possession they had. As her parents had become poor, they could no longer give Gautami everything she wanted.

In the meantime, another rich man who lived in the same town also became poor—with every block of gold he possessed turning into charcoal!. No one knew exactly why or how that happened, but some had theories. A friend of the rich man told him that it was because of his misdeeds from a past life and the blocks of charcoal would turn back into gold when held by someone worthy. So, he suggested to the rich man that he should sell the charcoal in the bazaar in the hope that a worthy person might come along. So, to everyone's surprise, the rich man opened a stall in the bazaar and sold the charcoal blocks as his friend suggested.

One day, Gautami came to the bazaar to buy groceries. When she walked past the rich man's charcoal stall, she stopped, her eyes wide. "Who could buy that much gold?" she asked the rich man. Realizing he had found someone worthy of the gold, the rich man told Gautami that if she could turn every piece of charcoal

မသေဆေး

ဂေါတမဘုရားလက်ထက်တုန်းက သူဌေးကြီးတစ်ယောက်မှာ သမီးတစ်ယောက်ရှိပြီး ဂေါတမီလို့ခေါ်တယ်။ မိဘတွေကအရမ်းချမ်းသာတော့ ဂေါတမီဟာ ငယ်ငယ်တုန်းက ဘာအတွက်မှ ပူပန်စရာမလိုဘဲ အေးအေးဆေးဆေး နေခဲ့ရတယ်။ ဒါပေမဲ့ သူအသက် ၁၅ နှစ်လောက်မှာ သူ့မိဘတွေဟာ စီးပွားပျက်ပြီး ရှိသမျှပစ္စည်းဥစ္စာတွေကို ရောင်းချလိုက်ရတယ်။ မိဘတွေ ဆင်းရဲသွားတာကြောင့် ဂေါတမီကို လိုချင်တာမှန်သမျှ မဖြည့်ဆည်းပေးနိုင်တော့ဘူး။

အဲဒီအချိန်မှာပဲ တစ်မြို့တည်းမှာနေတဲ့ သူဌေးကြီးတစ်ဦးကလည်း သူပိုင်သမျှရွှေတွေက မီးသွေးတုံးတွေ ဖြစ်သွားပြီး ဆင်းရဲသွားတယ်။ ဘာကြောင့် အဲဒီလို ဖြစ်သွားလဲဆိုတာကို တော့ ဘယ်သူမှ သေချာမသိကြဘူး။ သူဌေးကြီးရဲ့ မိတ်ဆွေတစ်ယောက်ကတော့ ဒါဟာ သူဌေးကြီးရဲ့ အရင်ဘဝက အကုသိုလ်တွေကြောင့် ဖြစ်မယ်လို့ ပြောတယ်။ ပြီးတော့ သူက ထိုက်တန်သူနဲ့ တွေ့တဲ့အခါ ဒီမီးသွေးတုံးတွေဟာ ရွှေတုံးတွေအဖြစ် ပြန်ပြောင်းသွား လိမ့်မယ်။ ဒါကြောင့် ဒီမီးသွေးတွေကို ထိုက်တန်သူတွေ့ လိုတွေ့ငြား ဈေးထဲမှာ ရောင်းဖို့ အကြံပေးတယ်။ သူဌေးကြီးကလည်း သူ့မိတ်ဆွေ အကြံပေးတဲ့အတိုင်း မီးသွေးတုံးတွေကို ဆိုင်ဖွင့်ပြီးရောင်းတော့ အားလုံးက အံ့ဩနေကြတယ်။

တစ်နေ့မှာတော့ ဂေါတမီဟာ ဟင်းချက်စရာတွေဝယ်ဖို့ ဈေးထဲကိုရောက်လာတယ်။ သူဌေး ကြီးရဲ့ မီးသွေးဆိုင်ရှေ့ ရောက်တော့ မျက်လုံးအဝိုင်းသားနဲ့ ရပ်ကြည့်ပြီး "ဒီလောက်များတဲ့ ရွှေတွေကို ဘယ်သူဝယ်နိုင်မှာလဲ။" လို့ သူဌေးကြီးကို မေးလိုက်တယ်။ အဲဒီအခါမှာ သူဌေး ကြီးက ရွှေနဲ့ထိုက်တန်သူကိုတွေ့ပြီဆိုတာ သဘောပေါက်သွားတယ်။ ပြီးတော့ မီးသွေးတွေ ကို ရွှေအဖြစ် ပြန်ပြောင်းပေးနိုင်မယ်ဆိုရင် သူ့ရဲ့ သားအကြီးဆုံးနဲ့ လက်ထပ်ပေးမယ်လို့

back into gold, he would marry her to his eldest son. And every piece of charcoal touched by Gautami's hands turned back into gold. So, Gautami married the rich man's eldest son and lived in comfort again.

However, soon after their marriage it became clear that Gautami's mother-in-law didn't really like her, and did everything she could to make Gautami's life difficult. Then, when Gautami gave birth to a son, he got sick and died at the age of three. Broken-hearted, Gautami carried her son's body with her as she visited house after house asking if anyone had the fabled "pill of immortality." A wise man who couldn't ignore her plight gave her some guidance, "The Gautama Buddha has the pill of immortality. Go and ask him for it." So, taking the wise man's advice, Gautami found the Gautama Buddha and asked him for the pill of immortality.

The Buddha told Gautami that he would give it to her only if she could bring him mustard oil from a house that nobody had ever died in. Gautami, cradling her son's body, searched everywhere for such a house. But everyone told her of someone who had died in their house. Finally, Gautami returned to the Buddha, who asked her if she had been able to find a house nobody had ever died in. Gautami answered that she hadn't, however much she had tried to. Then, the Buddha told Gautami, "There isn't a house in the world that nobody has ever died in. Everyone has to face death one day. And it's impossible to bring a dead person back to life." Finally, Gautami accepted the truth, deciding she must cremate her son's body in order to move on with her own life.

☆ ☆ ☆

Vocabulary

ဘုရား **pha yarr** God

သူဌေး **tha htayy** a rich man

သမီး **tha mee** daughter

ချမ်းသာ **chann thar** rich

စီးပွားပျက် **see bwarr pyet** go bankrupt

ရောင်း **yaungg** to sell

ဆင်းရဲ **sinn yeh** poor

ရွှေ **shway** gold

မီးသွေး **mee thwayy** charcoal

အတုံး **a t'ownn** block, cube

ပြန်ပြောင်း **pyan pyaungg** to change (something) back

တွေ့ **twayt** to meet

မိတ်ဆွေ **mate sway** friend

အကုသိုလ် **a koot tho** misdeed

ထိုက်တန် **htite tan** to deserve

အကြံပေး **a kyan payy** to suggest

ပိုင်ဆိုင် **pai sai** to own

ဂေါတမီ ပြောတယ်။ ဂေါတမီရဲ့ လက်နဲ့ထိတဲ့ မီးသွေးတုံးအားလုံးဟာ ရွှေတုံးတွေ ပြန်ဖြစ်သွားတယ်။ ဒါကြောင့် ဂေါတမီဟာ သူဌေးကြီးရဲ့ သားအကြီးဆုံးနဲ့ လက်ထပ်ရပြီး ချမ်းချမ်းသာသာ ပြန်နေရတယ်။

ဒါပေမဲ့ လက်ထပ်ပြီး မကြာခင်မှာပဲ ယောက္ခမက သူ့ကို မကြည်ဖြူကြတဲ့ ပြဿနာအမျိုးမျိုး ရှာတယ်။ ပြီးတော့ ဂေါတမီက သားလေးတစ်ယောက်မွေးပြီး သုံးနှစ်အရွယ်လောက်မှာ နေ မကောင်းဖြစ်ပြီး သေသွားတယ်။ ဝမ်းနည်းပူဆွေးနေတဲ့ ဂေါတမီဟာ သားလေးအလောင်း ကိုပိုက်ပြီး တစ်အိမ်တက်၊ တစ်အိမ်ဆင်းပြီး "မသေဆေး" လိုက်တောင်းတယ်။ ဒီလိုဖြစ်နေ တာကို မကြည့်ရက်တဲ့ ပညာရှိတစ်ယောက်က "ဂေါတမဘုရားဆီမှာ မသေဆေးရှိတယ်။ သွားတောင်းပါ။" ဆိုပြီး လမ်းညွှန်လိုက်တယ်။ ဒီလိုနဲ့ ဂေါတမီဟာ ဂေါတမဘုရားရှင်ဆီကို ရောက်လာပြီး မသေဆေးတောင်းတယ်။

ဘုရားရှင်က လူမသေဖူးတဲ့အိမ်က မုန်ညင်းဆီကို ယူလာနိုင်မှသာ မသေဆေး ပေးမယ်ဆို ပြီး ဂေါတမီကို ပြောလိုက်တယ်။ ဂေါတမီကလည်း သားအလောင်းကိုပိုက်ပြီး လူမသေဖူးတဲ့ အိမ်ကို လိုက်ရှာတယ်။ ဒါပေမဲ့ လူတိုင်းက သူတို့အိမ်မှာ တစ်ယောက်ယောက်တော့ သေဖူးပါ တယ်လို့ ပြောကြတယ်။ နောက်ဆုံးတော့ ဂေါတမီဟာ ဘုရားရှင်ဆီကို ပြန်ရောက်လာတယ်။ ဘုရားရှင်က လူမသေဖူးတဲ့အိမ်ကို တွေ့ခဲ့လားလို့ မေးတယ်။ ဂေါတမီက ဘယ်လိုရှာရှာ မ တွေ့ခဲ့ဘူးလို့ ဖြေတယ်။ ပြီးတော့ ဘုရားရှင်က "ကမ္ဘာပေါ်မှာ လူမသေဖူးတဲ့အိမ်ဆိုတာ မရှိ ဘူး။ လူတိုင်း တစ်နေ့မှာ သေခြင်းနဲ့ ရင်ဆိုင်ရမယ်။ လူသေကို ပြန်ရှင်အောင် လုပ်ဖို့လည်း မ ဖြစ်နိုင်ဘူး။" လို့ ဂေါတမီကို ပြောတယ်။ နောက်ဆုံးမှာ ဂေါတမီဟာ အမှန်တရားကို လက်ခံ သွားပြီး သူ့ဘဝကို ရှေ့ဆက်ဖို့အတွက် သားရဲ့အလောင်းကို မီးသဂြိုဟ်ရမယ်လို့ ဆုံးဖြတ် လိုက်တယ်။

☆ ☆ ☆

အံ့ဩ **ant aww** surprised	ထိ **hteet** to touch
ဟင်းချက်စရာ **hinn chet sa yar** groceries	ချမ်းချမ်းသာသာ **chann chann thar thar** wealthily
ဝယ် **wae** to buy	ယောက္ခမ **yout kha ma** mother-in-law
မေး **mayy** to ask	မကြည်ဖြူ **ma kyi phyu** rancorous
သဘောပေါက် **tha baww pout** to realize	ပြဿနာ **pya tha nar** problem
လက်ထပ် **let htat** to marry	နေမကောင်းဖြစ် **nay ma kaungg phyit** sick
လက် **let** hand	သေ **thay** to die

ဆုံးရှုံး **s'ownn sh'ownn** to lose

ဝမ်းနည်းပူဆွေး **wann neh pu swayy**
  to pine

အလောင်း **a laungg** dead body

ဆေး **sayy** pill

တောင်း **taungg** to ask for

ပညာရှိ **pyin nyar sheet** a wise person

လမ်းညွှန် **lann nhyon** to guide

ရှာ **shar** to look for (someone or
  something)

ရှာတွေ့ **shar twayt** to find

မုန်ညင်းဆီ **m'own nyinn zi** mustard
  oil

နေရာပေါင်းစုံ **nay yar baungg z'own**
  everywhere

တစ်ယောက်ယောက် **ta yout yout**
  someone

ကမ္ဘာ **ga bar** world

သေခြင်း **thay jinn** death

ရင်ဆိုင် **yin sai** to face

ရှင် **shin** alive

အမှန်တရား **a mhan ta yarr** truth

လက်ခံ **let khan** to accept

ဘဝ **ba wa** life

မီးသဂြိုဟ် **mee tha gyo** to cremate

ဆုံးဖြတ် **s'ownn phyat** to decide

Pre-reading Discussion

1. သင့်အနေနဲ့ သေခြင်းတရားကို ဘယ်လိုသဘောရလဲ။
   What does the word "death" mean to you?

2. သင်ချစ်ရတဲ့ လူတစ်ယောက်ကို ဆုံးရှုံးဖူးလား။
   Have you ever lost a person you love?

3. သင်အရမ်းဝမ်းနည်းတဲ့အခါ ဘာလုပ်လဲ။
   What do you do when you are sad?

Comprehension Questions

Find the answers on page 185.

1. ဂေါတမီရဲ့ မိဘတွေက ဘာဖြစ်လို့ ဆင်းရဲသွားလဲ။
   Why did Gautami's parents become poor?

2. သူဌေးကြီးရဲ့ ရွှေတွေက ဘာဖြစ်သွားလဲ။
   What happened to the rich man's gold?

3. သူဌေးကြီးရဲ့ မိတ်ဆွေက မီးသွေးတုံးတွေကို ရွှေပြန်ဖြစ်အောင် ဘာလုပ်ဖို့အကြံပေးလဲ။
   How could the charcoal be turned back into gold, according to the rich man's
   friend?

4. သူဌေးကြီးနဲ့ ဂေါတမီက ဘယ်မှာတွေ့လဲ။

Where did the rich man and Gautami meet?

5. ဂေါတမီက ဘယ်လိုပြန်ချမ်းသာလာလဲ။

How did Gautami become rich again?

6. ဂေါတမီက ဂေါတမဘုရားဆီကို ဘာဖြစ်လို့သွားခဲ့လဲ။

Why did Gautami go to Gautama Buddha?

7. ဘုရားက ဂေါတမီကို ဘာရှာခိုင်းခဲ့လဲ။

What did the Buddha ask Gautami to look for?

8. ဂေါတမီက ဘုရားရှင် ယူလာခိုင်းတဲ့အရာကို ဘာဖြစ်လို့ ရှာမတွေ့ခဲ့လဲ။

Why couldn't Gautami find what the Buddha had asked her for?

After Reading

Gautami married someone she had never met. What are the pros and cons of arranged marriage? Discuss with a partner or make notes.

Culture Notes

The majority of people in Myanmar are Buddhists, believing that if you carried out misdeeds in a previous life, you will have to pay back that karma no matter how good a person you are in your current life. Likewise, misdeeds in your current life will have consequences in the next life.

Never Give Up

Once upon a time, there was a civil war in a land called Meikhtila and the ruling king was defeated by his brother. After the defeat, his wife, the queen, who was pregnant, disguised herself and fled from the palace. During a stop at a public rest house, she met a teacher who taught at a school in a nearby town. They introduced themselves and the queen, relieved to finally share the story, told the professor everything about herself. The Professor felt pity for the queen who had nowhere to go, so he took her home with him.

Soon, the queen gave birth to a baby boy, who she named Mahar Zanettka. The teacher himself taught Mahar Zanettka. At school, the other students made fun of the boy, calling him "the widow's son." Mahar Zanettka asked his mother what that meant—to which she would reply: "I will tell you later." True to her word, on Mahar Zanettka's eighteenth birthday, his mother told him that his father was the former King of Meikhtila, and that he had been killed by the current king, who was Mahar Zanettka's uncle.

From that moment, Mahar Zanettka knew he was a prince and was determined to take the throne back to honor his dead father. He decided to return to Meikhtila by ocean liner, posing as a trader. But unfortunately, when the liner he was traveling on reached the open ocean, a massive storm approached, and the ship was soon wrecked. As the ship began to sink, those on board jumped into the water, only to be eaten by the sharks and crocodiles circling the stricken vessel.

Clinging to the ship, Mahar Zanettka tried to keep calm and think about what he should do. There was a container of butter nearby, so he ate as much as he could for nourishment. He rubbed his clothes with butter as well, thinking it might help him float. Then he climbed to the top of the mast and jumped to the farthest possible spot away from the sharks and the crocodiles. Then he swam away as fast as he could. For days and nights he swam, navigating by the stars and never stopping.

ဘယ်တော့မှ အရှုံးမပေးနဲ့

တစ်ခါက မိထ္ထီလာမှာ ပြည်တွင်းစစ်တစ်ခုဖြစ်ခဲ့ပြီး အဲဒီနိုင်ငံကို အုပ်ချုပ်နေတဲ့ ဘုရင်ကြီးက သူ့ ညီ့ရဲ့လက်မှာ ကျဆုံးသွားတယ်။ ဘုရင်ကြီး ကျဆုံးသွားတဲ့အခါ ကိုယ်ဝန်ရှိနေတဲ့ မိဖုရား ကြီးလည်း ရုပ်ဖျက်ပြီး နန်းတော်ထဲကနေ ထွက်ပြေးခဲ့ရတယ်။ လမ်းမှာ ပြေးရင်းနဲ့ ဇရပ်တစ် ခုကို ရောက်တော့ ဝင်နားနေတုန်း အနီးအနားမြို့က ကျောင်းမှာ စာသင်ပေးနေတဲ့ ပါမောက္ခ ဆရာကြီး တစ်ယောက်နဲ့ တွေ့ခဲ့တယ်။ သူတို့နှစ်ယောက်ဟာ တစ်ယောက်နဲ့တစ်ယောက် မိတ်ဆက်စကားပြောကြပြီးတော့ မိဖုရားကြီးက သူ့ရဲ့အကြောင်းစုံကို ဆရာကြီးကို ပြောပြ လိုက်တဲ့အခါ ဆရာကြီးက သွားစရာမရှိတဲ့ မိဖုရားကြီးကို သနားပြီး သူ့အိမ်ကို ခေါ်သွားခဲ့ တယ်။

မကြာခင်မှာ မိဖုရားကြီးဟာ သားလေး မွေးခဲ့ပြီး မဟာဇနက္ကလို့ နာမည်ပေးလိုက်တယ်။ မဟာဇနက္ကကို ပါမောက္ခဆရာကြီးကိုယ်တိုင် ပညာသင်ပေးခဲ့တယ်။ ကျောင်းမှာ တခြား ကျောင်းသားတွေက မဟာဇနက္ကကို "မုဆိုးမသား" လို့ခေါ်ပြီး ဝိုင်းစကြတယ်။ ဒီအမိပွါယ်ကို နားမလည်တဲ့ မဟာဇနက္ကဟာ သူ့အမေကို မေးပေမဲ့ သူ့အမေက နောက်မှ ပြောပြမယ်လို့ ပဲ ပြောခဲ့တယ်။ အဲဒီစကားအတိုင်းပဲ မဟာဇနက္က အသက်ဆယ့်ရှစ်နှစ်ပြည့်တဲ့ မွေးနေ့မှာ သူ့ အမေက မဟာဇနက္ကရဲ့အဖေဟာ မိထ္ထီလာပြည့်ရဲ့ အရင်ဘုရင်ဖြစ်ကြောင်း၊ မဟာဇနက္ကရဲ့ အဖေကို လက်ရှိဘုရင်၊ သူ့ ဦးလေးကသတ်လိုက်တဲ့အကြောင်း ပြောပြလိုက်တယ်။

အဲဒီအချိန်ကစပြီး မဟာဇနက္ကဟာ သူ့ကိုယ်သူ မင်းသားတစ်ယောက်ဖြစ်တယ်ဆိုတာ သိပြီး သေသွားတဲ့ သူ့အဖေအတွက် ထီးနန်းကို ပြန်ယူဖို့ ကုန်သည်တစ်ယောက်လို ပင်လယ်ကူးသင်္ဘောနဲ့လိုက်ပြီး မိထ္ထီလာကိုပြန်ဖို့ ဆုံးဖြတ်လိုက်တယ်။ ဒါပေမဲ့ ကံမကောင်း စွာနဲ့ပဲ မဟာဇနက္က စီးလာတဲ့ သင်္ဘောဟာ သမုဒ္ဒရာထဲကို ရောက်တော့ မုန်တိုင်းမိပြီး နစ် တော့မယ့်အခြေအနေကို ရောက်လာတယ်။ သင်္ဘောစပြီးနစ်တဲ့အခါ သင်္ဘောပေါ် ကလူတွေဟာ ရေထဲကိုခုန်ချကြတော့ အနားမှာ ဝိုင်းနေတဲ့ ငါးမန်းတွေ၊ မိကျောင်း တွေအကိုက်ခံရပြီး သေသွားကြတယ်။

သင်္ဘောကို ဖက်တွယ်ထားရင်း မဟာဇနက္ကဟာ စိတ်အေးအေးထားပြီး ဘာလုပ်သင့်လဲဆိုတာ စဉ်းစားနေခဲ့တယ်။ ပြီးတော့ အနားမှာ ထောပတ်ဘူးတွေ့တော့ အဆာခံနိုင်အောင် ထောပတ်တွေ စားနိုင်သလောက် အများကြီး စားလိုက်တယ်။ ရေထဲရောက်တဲ့အခါ မမြုပ်အောင်ဆိုပြီးတော့လည်း သူ့ရဲ့အဝတ်အစားတွေကိုလည်း ထောပတ်တွေ သုတ်လိမ်းတယ်။ ပြီးတော့ ရွက်တိုင်ထိပ်ကို တက်ပြီး ငါးမန်း၊ မိကျောင်းတွေနဲ့ ဝေးနိုင်သမျှ အဝေးဆုံးနေရာကို ခုန်ချတယ်။ ရေထဲရောက်တာနဲ့ မဟာဇနက္က မြန်နိုင်သမျှမြန်မြန်ကူးတယ်။ သမုဒ္ဒရာထဲမှာ မဟာဇနက္ကဟာ နေ့ရောညပါ မရပ်မနား ကြယ်တွေ့ကို ကြည့်ပြီး ကူးခဲ့တယ်။

On the seventh day of swimming, he heard a voice and looked up to see an angel floating above him. The angel asked, "Boy, why have you been swimming in this vast ocean without a rest for seven days and nights?" Mahar Zanettka answered, "Oh Angel, we should persevere until we die. Until now, I have survived without a shark bite simply because I acted with intelligence by not foolishly jumping into the water like the other passengers and since then I have swum with perseverance. And now, I am seeing you, an angel who is so rarely seen by normal people. Isn't this the benefit of perseverance and endeavor without giving up?" The angel praised the intelligence and perseverance of Mahar Zanettka and said "I will take you to wherever you want to be." Mahar Zanettka asked her to take him to Meikhtila if she could. The angel wrapped him in her arms and set off for Meikhtila, with Mahar Zanettka falling asleep within minutes as he was so tired.

When they arrived, the angel put Mahar Zanettka on a big rock in the gardens outside the city, where he continued to sleep. That was the seventh day after the new King of Meikhtila had died. As he did not have an heir, the country's senators decided to use the "King Seeking Chariot," an enchanted chariot with no driver, which is believed to stop before a future king. The chariot circled the palace three times before leaving the city, entering the gardens and stopping at the rock where Mahar Zanettka was sleeping. The senators rejoiced and gave Mahar Zanettka the throne—he was now King of Meikhtila! Mahar Zanettka called his mother back to the palace and ruled Meikhtila fairly and justly forever after.

☆ ☆ ☆

ခုနစ်ရက်မြောက်တဲ့နေ့မှာတော့ ရေကူးနေရင်း သူ့အပေါ်ကနေ စကားသံကြားလို့ ကြည့်
လိုက်တော့ နတ်သမီးတစ်ပါးကို တွေ့တယ်။ နတ်သမီးက "ကောင်လေး၊ ဒီသမုဒ္ဒရာကျယ်
ကြီးထဲမှာ ခုနစ်ရက်၊ ခုနစ်ည ကူးနေတာ ဘာအကြောင်းရှိလို့ပါလဲ" လို့မေးတယ်။ မဟာ
ဇနက္ကက "အို . . . နတ်သမီး၊ ဇွဲလုံ့လဆိုတာ သေတဲ့အခါမှာသာ လျှော့ရမှာဖြစ်ပါတယ်။
ကျွန်တော် အခုထိ ငါးမန်းကိုက်မခံရဘဲ အသက်ရှင်နေနိုင်တာဟာ တခြားသူတွေလို မိုက်ရူးရဲ
ဆန်ဆန် ရေထဲကို ဒီတိုင်းခုန်မချဘဲ စဉ်းစားဆင်ခြင်ပြီး ဇွဲလုံ့လနဲ့ ကူးခဲ့လို့သာ ဖြစ်ပါတယ်။
အခုဆိုရင် သာမန်လူတွေ တွေ့ရခဲတဲ့ နတ်သမီးကိုလည်း တွေ့ရတယ်။ ဒါဟာ
ဇွဲလုံ့လနဲ့ မလျှော့တမ်း ကြိုးစားအားထုတ်မှုတွေကြောင့် မဟုတ်ပါလား" လို့ဖြေတယ်။
နတ်သမီးက မဟာဇနက္ကရဲ့ ဉာဏ်ပညာနဲ့ ဇွဲလုံ့လကို ချီးကျူးပြီး "သွားချင်တဲ့နေရာကို
ပို့ပေးမယ်" လို့ပြောတယ်။ မဟာဇနက္ကက ပို့ပေးနိုင်မယ်ဆိုရင် မိထ္ထိလာကို ပို့ပေးဖို့တောင်း
ဆိုတယ်။ နတ်သမီးက မဟာဇနက္ကကို ပွေ့ချီပြီး မိထ္ထိလာကို ခေါ်သွားတဲ့အချိန်မှာ
မဟာဇနက္ကဟာ ပင်ပန်းလွန်းလို့ မိနစ်ပိုင်းအတွင်းမှာပဲ အိပ်ပျော်သွားတယ်။

မိထ္ထိလာကို ရောက်တဲ့အခါ နတ်သမီးက မြို့ပြင်မှာရှိတဲ့ ဥယျာဉ်ထဲက
ကျောက်တုံးကြီးတစ်ခုပေါ်မှာ မဟာဇနက္ကကို တင်ထားခဲ့တယ်။ မဟာဇနက္ကကတော့
ကျောက်တုံးကြီးပေါ်မှာ ဆက်အိပ်နေတုန်းပဲ။ အဲ့ဒီနေ့ဟာ မိထ္ထိလာဘုရင်အသစ် သေပြီး ၇
ရက်မြောက်နေ့ ဖြစ်တယ်။ ထီးနန်းဆက်ခံဖို့အတွက် လူမရှိတာကြောင့် "ဘုရင်လောင်းရှာတဲ့
ရထား" ကို သုံးဖို့ နန်းတော်ထဲက အမတ်တွေက ဆုံးဖြတ်လိုက်တယ်။ အဲ့ဒီရထားဟာ
မောင်းတဲ့လူမပါဘဲ မှော်ပညာနဲ့ အလိုအလျောက်သွားပြီး ဘုရင်ဖြစ်မယ့်လူရဲ့ရှေ့ကို
ရောက်တဲ့အခါ ရပ်သွားတယ်လို့ လူတွေက ယုံကြည်ကြတယ်။ ဒါကြောင့်
ဘုရင်လောင်းရှာတဲ့ ရထားဟာ နန်းတော်ကို သုံးပတ်ပတ်ပြီးတော့ မြို့ပြင်ကိုထွက်သွားပြီး
မဟာဇနက္ကအိပ်နေတဲ့ ဥယျာဉ်ထဲက ကျောက်တုံးဘေးမှာ ရပ်သွားတယ်။ အမတ်တွေလည်း
ဝမ်းသာသွားပြီး မဟာဇနက္ကကို ထီးနန်းလွှဲအပ်လိုက်တယ်။ ဒီလိုနဲ့ မဟာဇနက္ကဟာ
မိထ္ထိလာရဲ့ဘုရင်ဖြစ်သွားတယ်။ မဟာဇနက္ကလည်း သူ့အမေကို နန်းတော်ထဲ ပြန်ခေါ်ပြီး
မိထ္ထိလာနိုင်ငံကို တစ်သက်လုံး တရားမျှတစွာ အုပ်ချုပ်သွားတယ်။

☆ ☆ ☆

Vocabulary

ပြည်တွင်းစစ် **pyi dwinn sit** civil war

ကျဆုံး **kya s'ownn** to be killed

အုပ်ချုပ် **oat chote** to rule

ဘုရင် **ba yin** king

စစ်ပွဲ **sit pweh** war

ကျဆုံး **kya s'ownn** to be defeated in a war

မိဖုရား **meet ba yarr** queen

ကိုယ်ဝန်ရှိ **ko win sheet** pregnant

မကြာခင် **ma kyar khin** soon

ကလေးမွေး **kha layy mwayy** to give birth

ရုပ်ဖျက် **yote phyet** to disguise

နန်းတော် **nann daw** palace

ထွက်ပြေး **htwet pyayy** to run away

ဇရပ် **za yat** public rest house

နား **narr** to rest

စာသင် **sar thin** to teach

ကျောင်း **kyaungg** school

ပါမောက္ခ **par mout kha** professor

မိတ်ဆက် **mate set** to introduce

စကားပြော **za garr pyaww** to talk

သနား **tha narr** to pity

သား **tharr** son

မုဆိုးမ **mote soh ma** widow

စ **sa** to tease

အဓိပ္ပါယ် **a date pae** meaning

နားလည် **narr lae** to understand

နောက်မှ **nout mha** later

ခဏခဏ **kha na kha na** often

တဖြည်းဖြည်း **ta phyayy phyayy** gradually

ဦးလေး **oo layy** uncle

သတ် **that** to kill

ပြောပြ **pyaww pya** to tell

အမေ **a may** mother

အဖေ **a phay** father

မင်းသား **minn tharr** prince

ထီးနန်း **htee nann** throne

စဉ်းစား **sinn zarr** to think

ဆုံးဖြတ် **s'ownn phyat** to decide

ပင်လယ်ကူးသင်္ဘော **pin lae koo thinn baww** ocean liner

ကုန်ကူး **k'own koo** to trade

ရင်းနှီး **yinn nhee** to invest

ကုန်သည် **k'own thae** merchant

သင်္ဘော **thinn baww** ship

ကြောက် **kyout** to be scared

ခုန်ချ **kh'own cha** to jump down

ငါးမန်း **nga mann** shark

မိကျောင်း **meet gyaungg** crocodile

ကိုက် **kite** to bite

စိတ်အေးအေးထား **sate ayy ayy htarr** to keep calm

ထောပတ် **htaww bat** butter

အဝတ်အစား **a wit a sarr** clothes

ရွက်တိုင် **ywet tai** mast

သတ္တဝါ **tha da war** creature

အဝေးဆုံး **a wayy z'ownn** farthest

နေရာ **nay yar** place

မြန်မြန် **myan myan** quickly

ရေကူး **yay koo** to swim

နတ်သမီး **nat tha mee** angel

ကောင်လေး **kaung layy** boy

ကျယ် **kyae** wide

အကြောင်း **a kyaungg** reason

ဇွဲလုံ့လ **zweh l'ownt la** perseverance

လျှော့ **shawt** to give up

သင်္ဘောသား **thinn baww tharr** sailor

မိုက်ရှူးရဲ့ဆန္ဒဆန် **mite yoo yeh san san** foolishly

အသက်ရှင် **a thet shin** to survive

ကြိုးစားအားထုတ်မှု **kyoh zarr arr htote mhoot** effort

ဉာဏ်ပညာ **nyan pyin nyar** wisdom

ချီးကျူး **chee kyoo** to praise

ပို့ **poht** to send

တောင်းဆို **taungg so** to request

ပွေ့ချီ **pwayt chi** to carry in one's arms

ပင်ပန်း **pin bann** tired

အိပ်ပျော် **ate pyaw** to fall asleep

ရောက် **yout** to arrive, reach a place

ဥယျာဉ် **oo yin** garden

ကျောက်တုံး **kyout t'ownn** stone, rock

အသစ် **a thit** new

ရထား **ya htarr** train

အမတ် **a mat** senator

ဆုံးဖြတ် **s'ownn phyat** to decide

အလိုအလျောက် **a lo a lyout** automatically

ရပ် **yat** to stop

ယုံကြည် **y'own kyi** to believe

တစ်သက်လုံး **ta thet l'ownn** forever

တရားမျှတစွာ **ta yarr mhya ta zwar** fairly

Pre-reading Discussion

1. သင့်ယဉ်ကျေးမှုမှာ ဇွဲလုံ့လနဲ့ပတ်သက်တဲ့ လူသိအများဆုံး ဆိုရိုးတွေ၊ ပုံပြင်တွေက ဘာတွေလဲ။

What are the best-known sayings or stories in your culture related to perserverance?

2. သင်ရော သမုဒ္ဒရာထဲမှာ ရေကူးရတာကိုကြိုက်လား။ ဘာဖြစ်လို့လဲ။

Do you enjoy swimming in the ocean? Why/why not?

Comprehension Questions

Find the answers on page 185.

1. မိတ္ထီလာပြည်တွင်းစစ်မှာ ဘယ်သူ့ကျဆုံးသွားလဲ။
   Who was killed in Meikhtila's civil war?

2. မဟာဇနက္ကကို ကျောင်းမှာ တခြားကျောင်းသားတွေက ဘယ်လိုဝိုင်းစကြလဲ။
   How did the other students tease Mahar Zanettka at school?

3. မဟာဇနက္ကရဲ့ အမေက သူ့ကို အသက်ဘယ်လောက်မှာ သူ့အဖေအကြောင်း ပြောပြခဲ့လဲ။
   At what age did Mahar Zanettka's mother tell him about his father?

4. မဟာဇနက္ကရဲ့အဖေကို ဘယ်သူက သတ်ခဲ့လဲ။
   Who killed Mahar Zanettka's father?

5. မဟာဇနက္ကက မိတ္ထီလာကို ဘယ်လိုသွားဖို့ ဆုံးဖြတ်ခဲ့လဲ။
   How did Mahar Zanettka decide to travel to Meikhtila?

6. သင်္ဘောပေါ်က လူတွေဟာ ဘယ်လိုသေသွားခဲ့လဲ။
   How did the people on the ship die?

7. သင်္ဘောစမြုပ်တော့ မဟာဇနက္ကက အသက်ရှင်အောင် ဘာလုပ်ခဲ့လဲ။
   How did Mahar Zanettka try to increase his chances of survival when the ship began to sink?

8. မဟာဇနက္ကက မိတ္ထီလာကို ဘယ်လိုရောက်သွားခဲ့လဲ။
   How did Mahar Zanettka reach Meikhtila?

9. ဘုရင်လောင်းရှာတဲ့ရထားက ဘယ်လိုအလုပ်လုပ်လဲ။
   How did the "King Seeking Chariot" work?

After Reading

Have you ever taken a long journey by ship? What are the good and bad things about traveling by ship? What would you do if you were shipwrecked? Discuss with a partner or make notes.

Culture Notes

Many Buddhists in Myanmar believe that powerful spirits and angels will look after you if you work hard. Some people offer food, drink and promises to these spirits while making wishes. If their wishes are fulfilled, they will go back to these spirits to honor their promises.

The Wise Woman

Once upon a time, bandits came down to a city and robbed a number of its citizens. So, the king commanded his soldiers to arrest them. The bandits knew they were being pursued and ran quickly into the nearby forest to hide. The soldiers couldn't find them anywhere, either in the city or in the forest. The soldiers feared they would be punished if they went back to the palace empty-handed, so they decided to arrest anyone they came upon on their way back and claim that they were the bandits. And so it was that they arrested three men who were ploughing their fields at the edge of the forest and brought them to the king.

With no reason to doubt his soldiers, the king sentenced the men to death. No sooner had the king made his command than he heard the voice of a woman crying "Give me some clothes, please give me some clothes!" Perplexed, the king ordered his soldiers to check where the voice was coming from and they reported back that they'd found a woman crying in the palace grounds. Hence, the king ordered his servants to give her clothes as she demanded. However, the woman kept crying and said "These aren't the clothes. The ones I'm asking for were taken by the king. Please give them back to me!" The king became intrigued and ordered the woman to be brought to him.

The king asked "Who took your clothes?" and the woman replied bravely, "You

ပညာရှိအမျိုးသမီး

ဟိုးရှေးရှေးတုန်းက မြို့တစ်မြို့မှာ လူဆိုးတွေ အများကြီးရောက်လာပြီး မြို့သူမြို့သားတွေ ဆီကနေ ပစ္စည်းတွေ လုပြီးယူသွားကြတယ်။ ဒါကြောင့် မင်းကြီးက လူဆိုးတွေကို အမိဖမ်းဖို့ အမိန့်ပေးလိုက်တယ်။ ဒီသတင်းကို ကြားတဲ့ လူဆိုးတွေဟာ အနီးအနားက တောထဲကို ထွက်ပြေးသွားကြတယ်။ စစ်သားတွေလည်း မြို့ပေါ်မှာရော၊ တောထဲမှာပါ လူဆိုးတွေကို နေရာအနှံ့ လိုက်ရှာကြပေမယ့် ဘယ်မှာမှ ရှာလို့မတွေ့တော့ဘူး။ စစ်သားတွေဟာ နန်းတော်ကို ဒီတိုင်းပြန်သွားရင် အပြစ်ပေးခံရမှာကြောက်တာကြောင့် အပြန်လမ်းမှာ တွေ့တဲ့လူကို ဖမ်းမယ်လို့ ဆုံးဖြတ်လိုက်ပြီး တောစပ်မှာ လယ်ထွန်နေကြတဲ့ ယောကျ်ားသုံးယောက်ကိုဖမ်း ခေါ်သွားတယ်။

မင်းကြီးကလည်း သူ့ရဲ့စစ်သားတွေကို သံသယဝင်စရာ အကြောင်းမရှိတာကြောင့် ခေါ်လာတဲ့ ယောကျ်ားသုံးယောက်ကို သေဒဏ်ပေးလိုက်တယ်။ မင်းကြီးအမိန့်ပေးပြီး သိပ်မကြာခင်မှာပဲ "ကျွန်မကို အဝတ်ပေးပါ။ ကျွန်မကို အဝတ်ပေးကြပါရှင်။" ဆိုပြီး အော်ငိုနေတဲ့ အမျိုးသမီးတစ်ယောက်ရဲ့ အသံကို ကြားလိုက်ရတယ်။ အသံ ဘယ်ကလာလဲဆိုတာကိုသိရဖို့ စစ်သားတွေကို သွားကြည့်ခိုင်းတော့ စစ်သားတွေက အဲဒီအမျိုးသမီးကို နန်းတော်ရင်ပြင်မှာ တွေ့လိုက်ရတယ်။ ဒါကြောင့် မင်းကြီးက သူတောင်းဆိုတဲ့အတိုင်း အဝတ်ပေးခိုင်းလိုက်တယ်။ ဒါပေမယ့် အမျိုးသမီးက "ဒီအဝတ် မဟုတ်ပါဘူး။ ကျွန်မတောင်းတဲ့ အဝတ်တွေကို မင်းကြီးက ယူထားပါတယ်။ ပြန်ပေးပါ။" ဆိုပြီး ဆက်ငိုနေတယ်။ မင်းကြီးက ဒါကို စိတ်ဝင်စားသွားပြီး အဲဒီအမျိုးသမီးကို သူ့ဆီ ခေါ်လာခိုင်းလိုက်တယ်။

မင်းကြီးက "မင်းရဲ့ အဝတ်တွေကို ဘယ်သူယူတာလဲ။" လို့မေးတယ်။ အမျိုးသမီးက "မင်းကြီးယူထားပါတယ်" လို့ မကြောက်မရွံ့ ပြန်ဖြေလိုက်တယ်။ မင်းကြီးက "ဒီမိန်းမဟာ

took them." The king thought to himself: "This woman doesn't seem mentally ill, yet she dares to answer me so directly. There must be a reason," and so he inquired further, "When did I take them?" The woman replied, "The soldiers took them this morning and gave them to you. You yourself ordered the soldiers to keep them." The king asked her to explain again more clearly and the woman answered, "My younger brother, my husband, and my son were arrested while farming. The soldiers accused them of being bandits but they are just simple farmers. The whole village knows that they are innocent. But you are still detaining them and that's why I'm asking you to give them back to me."

The king finally understood but he still wanted to test the wisdom of the woman and so he asked: "What is the connection between asking for clothes and my soldiers' arrest of your family?" So, the woman explained, "The husband is like cloth to the wife. If I were naked, I wouldn't be safe and in the same way, I'm not safe without my husband. That's why I came to ask for my husband, who is like clothes to me." The king called in the three detained men and asked the woman "Who is your younger brother, your husband and your son?" The lady distinguished each by pointing them out individually and then the king released her husband.

Then the woman said, "Even though I have my clothes back, they won't look nice without some jewelry." "What do you mean, you want jewelry too?" asked the king. The woman said that the jewelry she wanted was her younger brother and son. To which the king replied "You asked for clothes and I gave them to you. But now you are asking for jewelry. I can't give it to you. I will only release one of the three you ask for. Just choose the one you want me to release." The woman thought seriously while staring at her husband, her son and her younger brother. The three men looked back at her with great expectation in their eyes.

The king, along with the audience who had been following the conversation with great interest, watched and wondered who she would choose. At long last, the woman chose her younger brother. The king knew the reason but asked her anyway, as he wanted the audience to get the point: "Why did you decide not to

အရှုံးလည်းမဟုတ်ဘဲ ငါ့ကို ဒီလိုပြောရဲတယ်။ အကြောင်းရင်းတစ်ခုခုတော့ ရှိရမယ်။” လို့ တွေးမိပြီး “ငါ ဘယ်တုန်းကယူလို့လဲ။” လို့ ထပ်မေးတယ်။ အမျိုးသမီးက “ဒီမနက်မှာ စစ်သားတွေကယူပြီး မင်းကြီးကိုပေးလို့ မင်းကြီးကိုယ်တိုင် သိမ်းဖို့အမိန့်ပေးခဲ့ပါတယ်။” လို့ ထပ်ပြောတယ်။ မင်းကြီးက အားလုံးကို ပွင့်ပွင့်လင်းလင်း သေချာပြောခိုင်းတဲ့အခါမှာတော့ အမျိုးသမီးက “ဒီမနက်က ကျွန်မရဲ့မောင်၊ အမျိုးသားနဲ့ သားတို့ လယ်ထွန်နေတုန်း အဖမ်းခံလိုက်ရပါတယ်။ စစ်သားတွေက သူတို့ကို လူဆိုးဓားပြတွေလို့ စွပ်စွဲပြီး ဖမ်းသွားတာပါ။ ဒါပေမယ့် သူတို့က သာမန်လယ်သမားတွေပါ။ သူတို့မှာ အပြစ်မရှိတာကို တစ်ရွာလုံးသိပါတယ်။ ဒါပေမယ့် မင်းကြီးက သူတို့ကိုဖမ်းထားလို့ ပြန်ပေးဖို့တောင်းတာ ဖြစ်ပါတယ်။” လို့ ပြောပြလိုက်တယ်။

မင်းကြီးက သဘောပေါက်သွားပေမယ့် အမျိုးသမီးရဲ့ ဉာဏ်ပညာကို စမ်းသပ်ချင်သေးတာကြောင့် “အဝတ်တောင်းတာနဲ့ ငါ့ရဲ့စစ်သားတွေက နင့်မိသားစုကိုဖမ်းတာနဲ့ ဘာဆိုင်လဲ။” လို့မေးတယ်။ ဒီတော့ အမျိုးသမီးက “အမျိုးသားဆိုတာ အမျိုးသမီးတို့အတွက် အဝတ်ဖြစ်ပါတယ်။ ကျွန်မဟာ အဝတ်မရှိဘဲနေရင် မလုံခြုံသလို အမျိုးသားမရှိဘဲနေရင်လည်း မလုံခြုံပါဘူး။ ဒါကြောင့် ကျွန်မအတွက် အဝတ်နဲ့တူတဲ့ ကျွန်မယောကျ်ားကို ပြန်တောင်းရတာပါ။” လို့ ရှင်းပြတယ်။ မင်းကြီးက ဖမ်းထားတဲ့ ယောကျ်ားသုံးယောက်ကိုခေါ် ပြီး အမျိုးသမီးကို “ဘယ်သူက နင့်မောင်၊ ဘယ်သူက ယောကျ်ား၊ ဘယ်သူက သားလဲ” လို့မေးတယ်။ အမျိုးသမီးက တစ်ယောက်ချင်းကို လက်ညှိုးထိုးပြီး ခွဲပြတော့ မင်းကြီးက သူ့ရဲ့အမျိုးသားကို လွှတ်ပေးလိုက်တယ်။

ပြီးတော့ အဲဒီအမျိုးသမီးက ဆက်ပြောတယ်။ “အဝတ်ရှိပေမယ့် တန်ဆာမရှိရင် မတင့်တယ်ပါဘူး။” လို့ ပြောတယ်။ မင်းကြီးက “ဘာကိုဆိုလိုတာလဲ။ နင်က တန်ဆာကိုလည်း လိုချင်တာလား။” လို့ ထပ်မေးတယ်။ အမျိုးသမီးက မောင်နဲ့သားဆိုတဲ့ တန်ဆာကို လိုချင်တယ်လို့ ပြောတော့ မင်းကြီးက “အဝတ်ကို တောင်းလို့ ပေးပြီးပြီ။ ဒါပေမဲ့ အခု တန်ဆာကိုပါ တောင်းတယ်ဆိုတော့ မပေးနိုင်ဘူး။ မင်းတောင်းဆိုတဲ့ သုံးယောက်ထဲက တစ်ယောက်ကိုပဲ လွှတ်ပေးနိုင်မယ်။ ကြိုက်တာရွေး။” လို့ ပြောလိုက်တယ်။ အမျိုးသမီးက သူ့ရဲ့အမျိုးသား၊ သားနဲ့ မောင် သုံးယောက်လုံးကို တစ်ယောက်ချင်း သေချာကြည့်ပြီး စဉ်းစားနေတယ်။ သူတို့သုံးယောက်ကလည်း အမျိုးသမီးကို အားကိုးတကြီးနဲ့ ပြန်ကြည့်နေကြတယ်။

မင်းကြီးနဲ့ အဲဒီအမျိုးသမီးရဲ့ အမေးအဖြေကို စိတ်ဝင်တစား စောင့်ကြည့်နေကြတဲ့ ပရိသတ်ကလည်း သူ ဘယ်သူ့ကို ရွေးမလဲဆိုတာကို စိတ်လှုပ်ရှားစွာ စောင့်နေကြတယ်။ နောက်ဆုံးမှာ အမျိုးသမီးက သူ့ရဲ့မောင်ကို ရွေးလိုက်တယ်။ မင်းကြီးက အကြောင်းရင်းကို သိပေမယ့် စောင့်ကြည့်နေကြတဲ့ ပရိသတ်နားလည်အောင် “ဘာလို့ မင်း ပထမဦးဆုံးတောင်းတဲ့ အဝတ်နဲ့တူတဲ့ ယောကျ်ားကို မရွေးဘဲ မောင်ကိုရွေးတာလဲ။”

choose your husband, and instead choose your younger brother?" The woman explained, "As long as I'm living, I can remarry a man at any time and as long as I have a husband, I can have a son anytime, too. But, my younger brother is my own blood and I can't get that back, as my parents are dead already. That's why I chose him." The audience were so impressed with her wise response that they asked the king to release all three men. The king, who had actually been thinking of releasing them all from the beginning anyway, did as the audience asked and freed all three men into the arms of their loving wise woman.

☆ ☆ ☆

Vocabulary

လူဆိုး **lu zoh** bandit

မြို့သူမြို့သား **myoht thu myoht tharr** residents of a city

လု **loot** to rob

ယူ **yu** to take

ဒါကြောင့် **dar gyaungt** that's why

မင်းကြီး **minn gyee** king

ဖမ်း **phann** to arrest

အမိန့်ပေး **a maint payy** to give an order

သတင်း **tha dinn** news

တော **taww** forest

ထွက်ပြေး **htwet pyayy** to flee

စစ်သား **sit tharr** soldier

လိုက်ရှာ **lite shar** to search for something

နန်းတော် **nann daw** palace

အပြစ်ပေး **a pyit payy** to punish

ကြောက် **kyout** afraid

လယ်ထွန် **lae hton** to plough

ယောက်ျား **yout kyarr** man

တင်ပြ **tin pya** to report

သေဒဏ် **thay dan** death sentence

အဝတ် **a wit** clothes

အော်ငို **aw ngo** to cry out

အမျိုးသမီး **a myoh tha mee** woman

အသံ **a than** sound, voice

ကြား **kyarr** to hear

ရင်ပြင် **yin byin** square (an open area)

တောင်းဆို **taungg so** to request

စိတ်ဝင်စား **sate win zarr** to be interested

မကြောက်မရွံ့ **ma kyout ma yont** without fear

အရှူး **a yoo** crazy person

အကြောင်းရင်း **a kyaungg yinn** reason

သိမ်း **thainn** to keep

ပွင့်ပွင့်လင်းလင်း **pwint pwint linn linn** openly

မောင် **maung** little brother

အမျိုးသား **a myoh tharr** man, husband

သား **tharr** son

သာမန် **thar man** ordinary

လို့ မေးတယ်။ "ကျွန်မအသက်ရှင်နေသရွေ့ ယောကျ်ားဆိုတာ အချိန်မရွေး ပြန်ယူလို့ရနိုင်ပါတယ်။ ယောကျ်ားရှိနေသရွေ့လည်း သားရနိုင်ပါတယ်။ မောင်ကတော့ ကျွန်မမိဘတွေ သေသွားတာကြောင့် ပြန်မရနိုင်တော့လို့ မောင်ကိုရွေးလိုက်တာပါ။" လို့ အမျိုးသမီးက ရှင်းပြလိုက်တယ်။ စောင့်ကြည့်နေကြတဲ့ ပရိသတ်တွေက အမျိုးသမီးရဲ့ ပညာရှိပုံကို အရမ်း သဘောကျလေးစားသွားပြီး သုံးယောက်လုံးကို လွှတ်ပေးဖို့ မင်းကြီးကို တောင်းဆိုကြတယ်။ အစတည်းက လွှတ်ပေးဖို့ စဉ်းစားထားပြီးတဲ့ မင်းကြီးကလည်း အားလုံး တောင်းဆိုတဲ့အတိုင်း ယောကျ်ားသုံးယောက်လုံးကို သူတို့ချစ်ရတဲ့ ပညာရှိအမျိုးသမီးဆီ ပြန်သွားနိုင်ဖို့ လွှတ်ပေးလိုက်တယ်။

☆ ☆ ☆

လယ်သမား **lae tha marr** farmer
အပြစ် **a pyit** fault
ပညာရှိ **pyin nyar sheet** a wise person
သဘောပေါက် **tha baww pout** to understand
ဉာဏ်ပညာ **nyan pyin nyar** intelligence
စမ်းသပ် **sann that** to test
တောင်း **taungg** to ask for something
ဆိုင် **sai** to be related
လုံခြုံ **l'own ch'own** to be secure
လက်ညှိုးထိုး **let nhyoh htoh** to point something out with a finger
လွှတ် **hlwut** to release
တန်ဆာ **da zar** jewelry
တင့်တယ် **tint tae** beautiful

လိုချင် **lo chin** to want
ရွေး **ywayy** to choose
စဉ်းစား **sinn zarr** to think
အားကိုးတကြီး **arr koh da gyee** with great expectation
အမေးအဖြေ **a mayy a phyay** Q&A
စိတ်ဝင်တစား **sate win da zarr** with great interest
စောင့်ကြည့် **saungt kyeet** to watch out
ပရိသတ် **pa rate that** audience
အချိန်မရွေး **a chain ma ywayy** anytime
မိဘတွေ **meet ba dway** parents
ရှင်းပြ **shinn pya** to explain
သဘောကျ **tha baww kya** to like
လေးစား **layy zarr** to respect

Pre-reading Discussion

1. သင့်မှာ မောင်နှမတွေ ရှိလား။
   Do you have any siblings?

2. သင်အချစ်ဆုံး မိသားစုဝင်က ဘယ်သူလဲ။
   Who is the family member you love the most?

3. သင့်မိသားစုက သင့်အတွက် ဘယ်လိုအဓိပ္ပါယ်ရလဲ။
   What does your family mean to you?

Comprehension Questions

Find the answers on page 186.

1. စစ်သားတွေက ဘာဖြစ်လို့ ယောက်ျားသုံးယောက်ကို ဖမ်းသွားခဲ့လဲ။
   Why did the soldiers arrest the three men?

2. မင်းကြီးက အဖမ်းခံရတဲ့သုံးယောက်ကို ဘယ်လိုအပြစ်ပေးဖို့ အမိန့်ပေးခဲ့လဲ။
   What punishment did the king order for the arrested men?

3. မင်းကြီးက နန်းတော်ရင်ပြင်ကလာတဲ့ ဘယ်လိုထူးဆန်းတဲ့ အသံကို ကြားလိုက်ရလဲ။
   What unusual sound did the king hear coming from the palace grounds?

4. အမျိုးသမီးက မင်းကြီးကို ဘာတောင်းဆိုခဲ့လဲ။
   What did the woman request from the king?

5. အမျိုးသမီးပြောပုံအရ အမျိုးသားကို ဘာနဲ့နှိုင်းယှဉ်လို့ရလဲ။ ဘာဖြစ်လို့လဲ။
   According to the woman, what can the husband be compared to? Why?

6. အမျိုးသမီးပြောပုံအရ မောင်နဲ့သားကို ဘာနဲ့နှိုင်းယှဉ်လို့ရလဲ။
   According to the woman what can the younger brother and the son be compared to?

7. အမျိုးသမီးက သုံးယောက်ထဲက ဘယ်သူ့ကိုကယ်ဖို့ ရွေးခဲ့လဲ။ ဘာဖြစ်လို့လဲ။
   Who did the woman choose to save among the three? Why?

8. မင်းကြီးက ဘာဖြစ်လို့ သုံးယောက်လုံးကို လွှတ်ပေးလိုက်လဲ။
   Why did the king release all three men?

After Reading

Do you agree with the woman in the story that a woman needs a husband to feel secure? Who would you choose if you were in the shoes of the woman in the story, and why? Discuss with a partner or make notes.

Culture Notes

Traditionally in Myanmar, the husband is the head of the household and earns a living for the whole family. There was even a saying for traditional Burmese women to "Treat your husband as a god." However, these days this culture is gradually changing and it is more common for women to work too, and to be head of the household.

The Unfaithful Wife

Once upon a time, a king commanded his six sons to live their lives outside of the palace, for the purpose of increasing their independence. All of the princes were married, so they took their wives with them and left the palace as instructed by their father.

The princes, having lived in the palace for their entire lives, couldn't think of where to go or what to do. So, they just started wandering across the country and eventually reached a desert. They kept moving forward and gradually got lost in the desert. There was no one nearby to ask the way out. After they had been lost for about a week, all the food and water they'd brought had run out. As there was nothing to eat or drink in the desert, the princes realized that they would all die sooner or later if they did nothing. So the six princes secretly decided to kill their wives, one per day, and eat them in order to survive.

On the first day, they killed the youngest brother's wife and the meat was divided into eleven shares. The oldest brother, Prince Paduma, and his wife ate only one of their two shares together and dried the other to save for later. They did the same on the following days too, only eating one of their shares and keeping the other one. On the sixth day, it was the turn of the wife of Prince Paduma to be killed. When the time came, Prince Paduma gave the five shares which they'd kept on previous days to his brothers and asked them to kill his wife tomorrow instead. That night, while the other princes were asleep, Prince Paduma and his wife secretly ran away.

As she hadn't eaten, Prince Paduma's wife quickly became weak and could no longer run, so the prince had to carry her on his shoulders. Finally, they made their way out of the desert and reached a riverbank. They bathed in the river and searched for food. As they were able to find food easily, they decided to make a shelter and live there. As the prince was worried about his wife's health, he let her stay in the shelter and he went outside by himself to look for food and water each day.

သစ္စာမရှိတဲ့မိန်းမ

တစ်ချိန်က ဘုရင်ကြီးတစ်ပါးဟာ သူ့ရဲ့ သားခြောက်ယောက်ကို ကိုယ့်ခြေထောက်ပေါ်
ကိုယ်ရပ်နိုင်အောင် နန်းတော်ကနေ ထွက်သွားခိုင်းပြီး အပြင်မှာ သွားနေနိုင်ခဲ့တယ်။
မင်းသားခြောက်ယောက်လုံးက အိမ်ထောင်ရှိပြီးဖြစ်တယ်။ ဒါကြောင့် သူတို့ဟာ သူတို့
ရဲ့အမျိုးသမီးတွေကိုခေါ်ပြီး အဖေဖြစ်သူ ဘုရင်ကြီး ပြောတဲ့အတိုင်း နန်းတော်ကနေ
ထွက်သွားကြတယ်။

တစ်သက်လုံး နန်းတော်ထဲမှာပဲ နေလာခဲ့ကြတဲ့ မင်းသားတွေဟာ ဘယ်ကိုသွားရမလဲ၊
ဘာအလုပ်လုပ်ရမလဲဆိုတာ စဉ်းစားလို့မရခဲ့ဘူး။ ဒါကြောင့် နိုင်ငံအနှံ့ လျှောက်သွားရင်းနဲ့
ကန္တာရတစ်ခုအလယ်ကို ရောက်လာကြတယ်။ သူတို့ဟာ ရှေ့ကို ဆက်သွားရင်းနဲ့
တဖြည်းဖြည်း ကန္တာရထဲမှာ လမ်းပျောက်သွားတယ်။ လမ်းမေးဖို့ အနီးအနားမှာလည်း
ဘယ်သူမှ မရှိခဲ့ဘူး။ ဒီလိုနဲ့ ကန္တာရထဲမှာ တစ်ပတ်လောက် ကြာသွားပြီး ယူလာတဲ့
အစားအစာတွေ၊ ရေတွေ ကုန်သွားတယ်။ ကန္တာရထဲမှာလည်း ဘာမှ စားစရာ သောက်စရာ
မရှိ၊ ဒီတိုင်း ဆက်နေရင် သေတော့မယ်ဆိုတာကို သိလိုက်တဲ့ မင်းသားခြောက်ယောက်ဟာ
အသက်ရှင်ဖို့အတွက် သူတို့ရဲ့ အမျိုးသမီးတွေကို တစ်ရက်တစ်ယောက်စီ
သတ်ပြီးမျှဝေစားကြဖို့ တိတ်တဆိတ် တိုင်ပင်ဆုံးဖြတ်လိုက်ကြတယ်။

ပထမဆုံးရက်မှာ ညီအငယ်ဆုံးရဲ့ အမျိုးသမီးကို သတ်လိုက်ကြပြီး ရလာတဲ့အသားတွေ
ကို၁၁ ပုံပုံပြီး စားလိုက်ကြတယ်။ အစ်ကိုအကြီးဆုံး ပဒုမမင်းသားနဲ့ သူ့အမျိုးသမီးကတော့
သူတို့ရတဲ့ ဝေစုထဲက ၁ ပုံကိုပဲ အတူတူစားလိုက်ကြပြီး ကျန်တဲ့ ၁ ပုံကို အခြောက်လှန်း
ပြီး သိမ်းထားလိုက်တယ်။ နောက်နေ့တွေမှာလည်း သူတို့ရတဲ့ ဝေစုကို ၁ ပုံပဲ စားပြီး ကျန်
တဲ့ ၁ ပုံကို သိမ်းထားတယ်။ ခြောက်ရက်မြောက်နေ့မှာတော့ ပဒုမမင်းသားရဲ့အမျိုးသမီး
ကို သတ်စားရမယ့် အလှည့်ရောက်လာပြီ။ အဲဒီအချိန်မှာ ပဒုမမင်းသားက သူတို့စုထားတဲ့
အသား ၅ ပုံကို သူ့ညီလေးတွေကိုပေးလိုက်ပြီး မနက်ဖြန်မှ သူ့အမျိုးသမီးကို သတ်ဖို့တောင်း
ဆိုလိုက်တယ်။ အဲဒီညမှာပဲ ကျန်တဲ့ မင်းသားငါးယောက် အိပ်နေတဲ့အချိန်မှာ ပဒုမမင်းသားနဲ့
သူ့အမျိုးသမီးဟာ တိတ်တဆိတ် ထွက်ပြေးသွားကြတယ်။

ညစာ မစားခဲ့ရတဲ့အတွက် ပဒုမမင်းသားရဲ့ အမျိုးသမီးဟာ ခဏလေးနဲ့ အားနည်းလာပြီး
သိပ်မပြေးနိုင်တော့လို့ မင်းသားက ပခုံးပေါ် ထမ်းပြီး ပြေးခဲ့ရတယ်။ နောက်ဆုံးတော့ သူတို့
နှစ်ယောက်ဟာ ကန္တာရက ထွက်လာနိုင်ပြီး မြစ်ကမ်းတစ်နေရာကို ရောက်လာကြတယ်။
မြစ်ထဲမှာ ရေချိုးပြီး အစားအစာ ရှာစားကြတယ်။ အဲဒီနေရာမှာ အစားအစာ ရှာဖွေရတာ
လွယ်လို့ သူတို့နှစ်ယောက်ဟာ တဲဆောက်ပြီး အဲဒီမှာပဲနေဖို့ ဆုံးဖြတ်လိုက်တယ်။
မင်းသားက သူ့အမျိုးသမီးရဲ့ ကျန်းမာရေးအတွက် စိတ်ပူလို့ တဲထဲမှာပဲ နေခိုင်းပြီး
သူတစ်ယောက်တည်း နေ့တိုင်း အစားအစာနဲ့ ရေထွက်ရှာခဲ့တယ်။

One day, a group of furious citizens from the town by the other side of the river set a thief adrift in a little boat after cutting off one of his legs. The thief cried out loud from the boat, begging for help. His boat floated close to Prince Paduma's tent, so when the prince heard him, he took him into the shelter. The prince washed the thief's wounds with water. The thief's name was Aung Gyi.

Prince Paduma washed the thief's wounds very carefully every day, and Aung Gyi gradually began to recover. In the meantime, feelings began to develop between the thief and the prince's wife. Whenever the prince went outside searching for food, his wife and Aung Gyi took the opportunity to consummate their newfound love. Gradually she became obsessed with Aung Gyi and planned to kill the prince. One day, she took Prince Paduma to a nearby mountain and told him that she wanted to eat an apple which was hanging from a tree by the cliff edge. When the prince was climbing the tree to pick it for her, she pushed him off the branch and over the cliff edge. She went back to Aung Gyi and they lived together as husband and wife. She searched for food for him by herself each day.

Although he fell off the cliff, the lucky Prince Paduma didn't die. He stayed in a village near the mountain while he recovered from his injuries. About a year later, he heard that his father, the king, had passed away. So he returned to the palace and became king. One day, he announced that he would hold a donation ceremony to provide free food to the poor living in the city. When his ex-wife heard about this, she took Aung Gyi and joined those asking for food there.

တစ်နေ့မှာ မြစ်တစ်ဘက်ကမ်းမြို့က သူခိုးတစ်ယောက်ကို စိတ်ဆိုးဒေါသထွက်နေတဲ့ မြို့သူ မြို့သားတွေက ခြေထောက်တစ်ဘက်ဖြတ်ပြီး လှေလေးတစ်စီးနဲ့ မြစ်ထဲကို မျှောလိုက်တယ်။ သူခိုးဟာ လှေပေါ်မှာ အော်ငိုပြီး အကူအညီတောင်းနေခဲ့တယ်။ သူ့ရဲ့လှေက ပဒုမမင်းသားတို့ နေတဲ့ တဲနားကို ရောက်တော့ မင်းသားက သူခိုးငိုသံကြားလို့ သူခိုးကို တဲထဲခေါ်လာခဲ့တယ်။ မင်းသားက သူခိုးရဲ့ဒဏ်ရာတွေကို ရေနဲ့ဆေးပေးတယ်။ သူခိုးရဲ့နာမည်က အောင်ကြီးလို့ ခေါ်တယ်။

ပဒုမမင်းသားက ဒဏ်ရာတွေကို နေ့တိုင်း ဂရုတစိုက်ဆေးကြောပေးလို့ အောင်ကြီးဟာ တဖြည်းဖြည်း သက်သာလာတယ်။ တစ်ချိန်တည်းမှာပဲ မင်းသားရဲ့အမျိုးသမီးနဲ့ သူခိုးနဲ့ ကြားမှာ သံယောဇဉ် ဖြစ်လာခဲ့တယ်။ မင်းသားအစာရှာထွက်တိုင်း သူတို့နှစ်ယောက်ဟာ အခွင့်အရေးယူပြီး ဖောက်ပြန်နေခဲ့တယ်။ တဖြည်းဖြည်းနဲ့ သူမဟာ အောင်ကြီးကို စွဲမက်လာပြီး မင်းသားကိုသတ်ဖို့ ကြံစည်ခဲ့တယ်။ တစ်နေ့မှာ သူမက ပဒုမမင်းသားကို တောင်ပေါ်ခေါ်သွားပြီး ချောက်ကမ်းပါးအစွန်းမှာ ပေါက်နေတဲ့အပင်က ပန်းသီးကို စားချင်ပါတယ်လို့ ပြောတယ်။ မင်းသားက သူမအတွက် ပန်းသီးတက်ခူးပေးဖို့ အပင်ပေါ်ကို တက်နေတုန်း သစ်ကိုင်းပေါ်ကနေ တွန်းချလိုက်တယ်။ သူမကတော့ အောင်ကြီးဆီကို ပြန်သွားပြီး လင်မယားအဖြစ် အတူတူနေကြတယ်။ နေ့တိုင်း သူကိုယ်တိုင် အောင်ကြီးအတွက် အစားအစာ ရှာကျွေးခဲ့တယ်။

ကံကောင်းတဲ့ ပဒုမမင်းသားဟာ ချောက်ကမ်းပါးပေါ်က ကျသွားပေမယ့် မသေခဲ့ဘူး။ သူ့ရဲ့ ဒဏ်ရာတွေကို ကုသရင်း တောင်နားက ရွာလေးတစ်ရွာမှာပဲ နေခဲ့တယ်။ တစ်နှစ်လောက်ကြာတော့ သူ့ရဲ့အဖေ ဘုရင်ကြီး သေသွားပြီဆိုတာ ကြားလိုက်ရတယ်။ ဒါကြောင့် သူဟာ နန်းတော်ကိုပြန်သွားပြီး ဘုရင်ဖြစ်လာခဲ့တယ်။ ဘုရင်ကြီးဖြစ်လာတဲ့ ပဒုမဟာ တစ်နေ့မှာ မြို့ကဆင်းရဲသားတွေအတွက် အလှူလုပ်ပေးမယ်လို့ ကြေညာလိုက်တယ်။ ဒီအကြောင်းကို ပဒုမရဲ့ အရင်အမျိုးသမီးက ကြားတဲ့အခါ အောင်ကြီးကို ခေါ်သွားပြီး အစားအစာ သွားတောင်းတယ်။ ပဒုမမင်းကြီးဟာ အလှူလုပ်နေတဲ့နေရာကို ရောက်လာတဲ့ သူ့အရင်အမျိုးသမီးနဲ့ အောင်ကြီးတို့ကို တွေ့တော့ သူ့ကို သစ္စာဖောက်ခဲ့ကြတဲ့ အဖြစ်ကို သတိရသွားပြီး နှစ်ယောက်လုံးကို

When King Paduma saw his ex-wife and Aung Gyi, he recalled their betrayal of him. He ordered their immediate expulsion from the city. He returned to his palace and lived a rich life, while his ex-wife and Aung Gyi were left to roam the lands in search of food from that day on.

☆ ☆ ☆

Vocabulary

ဘုရင် **ba yin** king

နန်းတော် **nann daw** palace

မင်းသား **minn tharr** prince

ထွက်သွား **htwet thwarr** to leave

အိမ်ထောင်ရှိ **eain htaung sheet** married

အမျိုးသမီး **a myoh tha mee** wife, woman

အဖေ **a phay** father

တစ်သက်လုံး **ta thet l'ownn** forever

စဉ်းစား **sinn zarr** to think

လျှောက်သွား **shout thwarr** to wander

ကန္တာရ **gan dar ya** desert

အလယ် **a lae** middle

တဖြည်းဖြည်း **ta phyayy phyayy** gradually

လမ်းပျောက်သွား **lann pyout thwarr** to get lost

အနီးအနားမှာ **a nee a narr mhar** nearby

ကုန်သွား **k'own thwarr** to run out of

သေ **thay** to die

သတ် **that** to kill

မျှဝေ **mhya way** to share

တိတ်တဆိတ် **tate ta sate** secretly

တိုင်ပင် **tai bin** to discuss

ဆုံးဖြတ် **s'ownn phyat** to decide

ညီ **nyi** little brother

အငယ်ဆုံး **a ngae z'ownn** youngest

အစ်ကို **a ko** older brother

အကြီးဆုံး **a kyee z'ownn** eldest

အခြောက်လှန်း **a chout hlann** to make something (food) dried

သိမ်း **thainn** to keep

အသား **a tharr** meat

ဝေစု **way zoot** share

အလှည့် **a hlaet** turn

မနက်ဖြန် **ma net phyan** tomorrow

တောင်းဆို **taungg so** to request

ထွက်ပြေး **htwet pyayy** to run away

နေ **nay** to live / stay somewhere

ညစာ **nya sar** dinner

အားနည်း **arr neh** weak

ပခုံး **pa kh'ownn** shoulder

မြစ် **myit** river

မြစ်ကမ်း **myit kann** riverbank

ရေချိုး **yay choh** to take a bath

တဲ **teh** tent, hut

ကျန်းမာရေး **kyann mar yayy** health

မြို့ **myoht** town, city

သူခိုး **tha khoh** thief

ချက်ချင်း ပြည်နှင်ဒဏ်ပေးလိုက်တယ်။ ပဒုမဘုရင်ကြီးဟာ နန်းတော်ကို ပြန်လာပြီး ချမ်းသာကြွယ်ဝတဲ့ဘဝကို နေရပေမဲ့ သူ့ရဲ့အရင်အမျိုးသမီးနဲ့၊ အောင်ကြီးကတော့ အဲဒီနေ့ကစပြီး အစားအစာရှာဖို့အတွက် နေရာအနှံ့ လှည့်ပြီး လျှောက်သွားနေရတော့တယ်။

☆ ☆ ☆

စိတ်ဆိုးဒေါသထွက် **sate soh daww tha htwet** furious

လူတွေ **lu dway** people (residents of a city)

တစ်ဘက်ကမ်း **ta bet kann** other side

ခြေထောက် **chay dout** leg

ဖြတ် **phyat** to cut

လှေ **hlay** boat

မျှော **mhyaww** to set adrift

အော်ငို **aw ngo** to cry out loud

အကူအညီတောင်း **a ku a nyi taungg** to ask for help

ကယ် **kae** to rescue

ဒဏ်ရာ **dan yar** wound

ဆေး **sayy** to wash

နေ့တိုင်း **nayt daii** every day

ဂရုတစိုက် **ga yoot ta site** carefully

ဖောက်ပြန် **phout pyan** to cheat

စွဲမက် **sweh met** to obsess

ကြံစည် **kyan si** to plot

ချောက်ကမ်းပါး **jout kann** barr cliff

အစွန်း **a sonn** edge

ပန်းသီး **pann thee** apple

ခူး **khoo** to pick up a flower/fruit

တက် **tet** to climb

သစ်ကိုင်း **thit kaii** branch

တွန်း **tonn** to push

ဆင်းရဲသား **sinn yeh tharr** poor people

အလှူ **a hlu** donation ceremony

သစ္စာဖောက် **thit sar phout** to betray

သတိရ **tha deet ya** to remember, to recall

ကြိုးစား **kyoh zarr** to try

အပြစ်ပေး **a pyit payy** to punish

ပြည်နှင်ဒဏ်ပေး **pyi nhin dan payy** to expel

ချမ်းသာကြွယ်ဝ **chann thar kywae wa** rich

ဘဝ **ba wa** life

Pre-reading Discussion

1. သားသမီးတွေ ကိုယ့်ခြေထောက်ပေါ်ကိုယ်ရပ်နိုင်အောင် မိဘတွေက ဘယ်လိုအားပေး သင့်လဲ။

   How can parents encourage their children to be independent?

2. သူခိုးတွေကို ဘယ်လိုအပြစ်ပေးသင့်တယ်လို့ထင်လဲ။

   How do you think thieves should be punished?

Comprehension Questions

Find the answers on page 187.

1. မင်းသားခြောက်ယောက်က ဘာဖြစ်လို့ နန်းတော်ကနေ ထွက်သွားခဲ့လဲ။

    Why did the six princes leave the palace?

2. မင်းသားတွေက ဘယ်မှာ လမ်းပျောက်သွားလဲ။

    Where did the princes get lost?

3. ဘာဖြစ်လို့ မင်းသားတွေက သူတို့ရဲ့အမျိုးသမီးတွေကို သတ်ဖို့ ဆုံးဖြတ်ခဲ့လဲ။

    Why did the princes decide to kill their wives?

4. ပဒုမမင်းသားနဲ့ သူ့အမျိုးသမီးက ဘာလို့ အသားတစ်ဝက်ကိုပဲ စားခဲ့လဲ။

    Why did Prince Paduma and his wife only eat half their meat?

5. ပဒုမမင်းသားနဲ့ သူ့အမျိုးသမီးက ထွက်ပြေးပြီး ဘယ်မှာနေခဲ့လဲ။

    Where did Prince Paduma and his wife live after running away?

6. ပဒုမမင်းသားရဲ့အမျိုးသမီးက ဘာဖြစ်လို့ မင်းသားကို သတ်ဖို့ကြံစည်ခဲ့လဲ။

    Why did the wife of Prince Paduma plot to kill him?

7. ပဒုမမင်းသားက ဘယ်အချိန်မှာ ဘုရင်ဖြစ်လာခဲ့လဲ။

    When did Prince Paduma become king?

8. ပဒုမက သူ့အရင်အမျိုးသမီးနဲ့ အောင်ကြီးတို့ကို ဘယ်လိုအပြစ်ပေးခဲ့လဲ။

    How did Prince Paduma punish his ex-wife and Aung Gyi?

After Reading

How would you try to survive if you were lost in the desert? Discuss with a partner or make notes.

Culture Notes

In Myanmar, donation ceremonies are held quite often to provide food for the poor or anyone else who comes to the ceremony. They are held on the occasion of a birthday, anniversary or memorial for someone who has passed away, among others. Donation ceremonies can be held at the monastery, home, or at public venues. All are welcome at the donation ceremony, with or without invitation.

The Two Siblings of Mount Zwegabin

Once there was a couple who lived in a small village in Karen State. They had a son named Sat Sayt Phoh and a daughter named Naw Moo Phan and they loved them very dearly. The husband worked hard and saved all that he earned to put towards the ceremony for his son Sat Sayt Phoh to become a novice monk. But unfortunately, just a week before the novitiation ceremony was to be held, Sat Sayt Phoh's father was attacked by a tiger in the forest on his way to work and died of his wounds. His widow, now with two children to look after by herself, was encouraged by her neighbors to remarry. She took their advice and married a widower who lived in the same village for the sake of an easier life.

The new family seemed happy in the beginning, but a few months later, daily life with their stepfather became torture for the two siblings. He drank alcohol every day and their home constantly echoed with his swearing and abuse. He could not hide his hatred and jealousy of his stepchildren. One day the stepfather said that he needed Sat Sayt Phoh and Naw Moo Phan's help on his farm. But while crossing a mountain on the way, he pushed the children over the edge of a steep cliff and turned back for home alone. As they were falling from the mountain, the two siblings conjured up the famous pagoda located on top of Mount Zwegabin in their minds, and prayed for survival. As a result of their prayers, they didn't fall all the way to the bottom but were instead caught in a bamboo grove and did not die!

ဇွဲကပင်မောင်နှမ

တစ်ခါတုန်းက ကရင်ပြည်နယ်က ရွာလေးတစ်ရွာမှာနေတဲ့ လင်မယားနှစ်ယောက်ရှိတယ်။ သူတို့မှာ စပ်စုဖိုးလို့ခေါ်တဲ့ သားလေးတစ်ယောက်နဲ့ နော်မူးဖန်လို့ခေါ်တဲ့ သမီးလေးတစ်ယောက်ရှိတယ်။ ဇနီးမောင်နှံနှစ်ယောက်ဟာ သူတို့ရဲ့ သားသမီးနှစ်ယောက်ကို အရမ်းချစ်ကြတယ်။ ယောက်ျားဖြစ်သူဟာ အလုပ်ကြိုးစားပြီး သား စပ်စုဖိုးကို ရှင်ပြုပေးဖို့ ရွာလို့ရသမျှ ပိုက်ဆံအားလုံးကို စုထားခဲ့တယ်။ ဒါပေမဲ့ ကံမကောင်းစွာနဲ့ပဲ ရှင်ပြုပွဲလုပ်ဖို့ တစ်ပတ်အလိုမှာ အလုပ်လုပ်ဖို့သွားရင်း တောထဲမှာ ကျားကိုက်ခံရပြီး ဒဏ်ရာတွေနဲ့ သေသွားခဲ့တယ်။ ယောက်ျားသေပြီး မုဆိုးမဖြစ်သွားတဲ့ ကလေးနှစ်ယောက်အမေကို အိမ်နီးချင်း ရွာသူရွာသားတွေက နောက်အိမ်ထောင်ပြုဖို့ တိုက်တွန်းကြတယ်။ နော်ဖေဝ့ယာဟာ သူတို့အကြံဉာဏ်အတိုင်း စားဝတ်နေရေး အဆင်ပြေလွယ်ကူအောင်ဆိုပြီး တစ်ရွာတည်းနေ မုဆိုးဖိုတစ်ယောက်နဲ့ လက်ထပ်လိုက်တယ်။

အစမှာတော့ သူတို့မိသားစုဟာ အဆင်ပြေတယ်လို့ထင်ရပေမယ့် လအနည်းငယ် ကြာလာတဲ့အခါမှာ မောင်နှမနှစ်ယောက်ဟာ ပထွေးရဲ့ နှိပ်စက်မှုကို ခံရတော့တယ်။ ပထွေးဟာ နေ့တိုင်း အရက်သောက်ပြီး အိမ်မှာလည်း ဆဲဆိုသံတွေနဲ့ အမြဲဆူညံနေခဲ့တယ်။ သူ့ရဲ့ မနာလိုမုန်းထားမှုတွေကို ကွယ်ဝှက်လို့မရတော့ဘူး။ တစ်နေ့မှာ ပထွေးဟာ ကလေးနှစ်ယောက်ကို ယာခင်းမှာ အလုပ်ဝိုင်းကူပေးပါဆိုပြီး ခေါ်သွားတယ်။ ဒါပေမဲ့ ယာခင်းကို သွားတဲ့လမ်းမှာ မြင့်ပြီးမတ်စောက်တဲ့ တောင်ကမ်းပါးကြီးပေါ်ကနေ ကလေးနှစ်ယောက်ကို တွန်းချလိုက်တယ်။ ပြီးတော့ သူကတော့ တစ်ယောက်တည်း အိမ်ကို ပြန်လာတယ်။ မောင်နှမနှစ်ယောက်ဟာ တောင်ပေါ်က အကျမှာ ဇွဲကပင်တောင်ထိပ်မှာရှိတဲ့ တန်ခိုးကြီးဘုရားကို စိတ်ထဲမှာ အာရုံပြုပြီး သူတို့ကို ကယ်တင်ဖို့ ဆုတောင်းလိုက်တယ်။ သူတို့နှစ်ယောက်ဟာ အောက်ဆုံးအထိမကျဘဲ ဝါးရုံတစ်ခုပေါ်မှာ တင်သွားလို့ မသေခဲ့ဘူး။

Sat Sayt Phoh and Naw Moo Phan stayed at a nearby pagoda until dawn and then made the journey back home. When their mom heard their terrible story she shook with anger and sadness, and hugged her two children tightly. She realized that it would not be possible to keep her children at home, so she hid them in a cave on Mount Zwegabin for their safety.

Living on the mountain with no one else around, the children were scared and missed their mom terribly. But they pulled themselves together, as they knew that their stepfather was even scarier than life on the mountain. They were able to survive by eating the vegetables and fruits that grew nearby. One day the weather was very cold so the children made a bonfire. Upon seeing the smoke, an old hermit arrived. He gave them each three golden pills and instructed them to step into the bonfire. Despite their fear, they followed the monk's command. To their astonishment, they experienced no pain. Even more incredible was that when Sat Sayt Phoh and Naw Moo Phan emerged, each had aged to become young adults and also wielded unlimited powers! In gratitude for their transformation, the siblings promised the hermit that they would use their powers to help the pilgrims who came to Mount Zwegabin have good health and increase their income.

From that day, the two siblings Sat Sayt Phoh and Naw Moo Phan lived on Zwegabin and looked after the mountain, the pagoda on top of it, and the pilgrims. If you go to Mount Zwegabin today, the statues of these two siblings will be waiting to greet you at the foot of the mountain.

စပ်စေ့ဖိုး နဲ့ နော်မူးဖန်တို့ မောင်နှမနှစ်ယောက်ဟာ မနက်မိုးလင်းခါနီးအထိ
အနီးအနားက ဘုရားမှာနေပြီး အိမ်ကိုပြန်လာကြတယ်။ သူတို့ရဲ့အမေက အားလုံးသိသွား
တဲ့အခါ ဝမ်းနည်းဒေါသထွက်ပြီး ကလေးနှစ်ယောက်ကို တင်းတင်းဖက်ထားလိုက်တယ်။
ကလေးနှစ်ယောက်လုံး အိမ်မှာနေဖို့ လုံးဝမဖြစ်နိုင်တော့ဘူးဆိုတာကိုလည်း သူနားလည်
လိုက်တယ်။ ဒါကြောင့် ကလေးနှစ်ယောက်ကို လုံခြုံအောင် အိမ်နားမှာရှိတဲ့ ဇွဲကပင်တောင်
ပေါ်က လိုဏ်ဂူတစ်ခုထဲမှာ ဖွက်ထားခဲ့တယ်။

ကလေးနှစ်ယောက်ဟာ ဘယ်သူမှမရှိတဲ့ တောထဲမှာနေရတာ ကြောက်ပြီး အမေကို
အရမ်းလွမ်းပေမယ့် ပထွေးက ပိုကြောက်စရာကောင်းတာကြောင့် အားတင်းပြီး
နေခဲ့တယ်။ သူတို့ဟာ အနီးအနားမှာရှိတဲ့ အသီးအရွက်တွေ နဲ့ သစ်သီးတွေကိုပဲစားပြီး
နေရတယ်။ တစ်နေ့မှာ ရာသီဥတုက အရမ်းအေးလို့ ကလေးနှစ်ယောက်ဟာ မီးပုံဖိုနေတုန်း
အဖွေ့တွေနဲ့အတူ ရသေ့ကြီးတစ်ပါး ရောက်လာတယ်။ ရသေ့ကြီးက ကလေးနှစ်ယောက်ကို
ရွှေရောင် ဆေးသုံးလုံးစီ သောက်ခိုင်းပြီး မီးပုံထဲကို ဆင်းခိုင်းလိုက်တယ်။ စပ်စေ့ဖိုး နဲ့
နော်မူးဖန်တို့ဟာ ကြောက်နေပေမယ့် ရသေ့ကြီးပြောသလို လိုက်လုပ်လိုက်တယ်။
အံ့သြစရာကောင်းတာက သူတို့က နာကျင်မှုကို လုံးဝမခံစားရဘူး။ ဒါ့အပြင်
မီးပုံထဲကထွက်လာတဲ့အခါ ကလေးနှစ်ယောက်လုံးဟာ လူငယ်လေးတွေ ဖြစ်သွားကြပြီး
သုံးမကုန်နိုင်တဲ့ အစွမ်းတွေလည်း ရသွားကြတယ်။ သူတို့ကို ဒီလိုပြောင်းလဲပေးလိုက်တဲ့
ရသေ့ကြီးကို ကျေးဇူးအရမ်းတင်လို့ စပ်စေ့ဖိုး နဲ့ နော်မူးဖန်တို့ဟာ ရထားတဲ့အစွမ်းတွေကို
သုံးပြီး ဇွဲကပင်တောင်ကို လာတဲ့ ဘုရားဖူးတွေ ကျန်းမာအောင်၊ ဝင်ငွေတိုးအောင်
ကူညီစောင့်ရှောက်ပါမယ်လို့ ရသေ့ကြီးကို ကတိပေးလိုက်တယ်။

အဲဒီနေ့ကစပြီး စပ်စေ့ဖိုး နဲ့ နော်မူးဖန်တို့ မောင်နှမနှစ်ယောက်ဟာ ဇွဲကပင်တောင်မှာပဲနေပြီး
ဇွဲကပင်တောင်၊ တောင်ထိပ်မှာရှိတဲ့ ဘုရားနဲ့၊ ဘုရားဖူးလာတဲ့သူတွေကို စောင့်ရှောက်ပြီး
နေသွားတယ်။ အခုလက်ရှိမှာတော့ ဇွဲကပင်တောင်ကိုသွားရင် တောင်ခြေမှာ
သူတို့မောင်နှမနှစ်ယောက်ရဲ့ ရုပ်တုတွေကို တွေ့ရပါလိမ့်မယ်။

☆ ☆ ☆

Vocabulary

ပြည်နယ် **pyi nae** state

ရွာ **ywar** village

လင်မယား **lin ma yarr** a married couple

သား **tharr** son

သမီး **tha mee** daughter

သားသမီး **tharr tha mee** children

ချစ် **chit** to love

ယောက်ျား **yout kyarr** man, husband

အဖေ **a phay** father

အလုပ်ကြိုးစား **a lote kyoh zarr** hardworking

ရှင်ပြု **shin pyoot** to novitiate (into the monkhood)

ပိုက်ဆံစု **pet san soot** to earn money

ရှင်ပြုပွဲ **shin pyoot pweh** novitiation ceremony

တော **taww** forest

ကျား **kyarr** tiger

ကိုက် **kite** to bite

ဒဏ်ရာ **dan yar** wound

သေ **thay** to die

မုဆိုးမ **mote soh ma** widow

အိမ်ထောင်ပြု/လက်ထပ် **eain htaung pyoot/let htat** to get married

တိုက်တွန်း **tite tonn** to encourage

အကြံဉာဏ် **a kyan nyan** advice

စားဝတ်နေရေး **sarr wit nay yayy** living

အဆင်ပြေ **a sin pyay** convenient

မုဆိုးဖို **mote soh pho** widower

မောင်နှမ **maung nha ma** sibling

ပထွေး **pa htwayy** stepfather

ခေါ်သွား **khaw thwarr** to take (someone or something somewhere)

နှိပ်စက်မှု **nhate set mhoot** torture

အရက် **a yet** alcohol

ဆဲဆို **seh so** to swear

ဆူညံ **su nyan** to be noisy

မနာလိုမုန်းထားမှု **ma nar lo m'ownn htarr mhoot** hatred and jealousy

ကွယ်ဝှက် **kwae whet** to hide

ယာခင်း **yar ginn** farm

မြင့် **myint** high

မတ်စောက် **met sout** steep

တောင်ကမ်းပါး **taung kann barr** mountainside

တွန်းချ **tonn cha** to push off (a high place)

တောင်ထိပ် **taung htate** top of the mountain

အာရုံပြု **ar y'own pyoot** to conjure up

ကယ်တင် **kae tin** to rescue

ဆုတောင်း **soot taungg** to make a wish

ဝါးရုံ **warr y'own** a bamboo grove

သိသွား **theet thwarr** to find out

ဝမ်းနည်း **wann neh** to be sad

ဒေါသထွက် **daww tha htwet** to be angry

တင်းတင်း **tinn tinn** tightly

ဖက် **phet** to hug

လုံခြုံ **l'own ch'own** to be safe

လိုဏ်ဂူ **lai gu** cave

ဖွက် **phwet** to hide

ကြောက် **kyout** to be scared

လွမ်း **lwann** to miss

ကြောက်စရာကောင်း **kyout sa yar kaungg** to be scary

အားတင်း **arr tinn** to pull oneself together

အသီးအရွက် **a thee a ywet** vegetable

သစ်သီး **thit thee** fruit

ရာသီဥတု **yar thi oot doot** weather

မီးပုံ **mee b'own** bonfire

ရသေ့ **ya thayt** hermit

ဆေး **sayy** pill, medicine

နာကျင်မှု **nar kyin mhoot** pain

ခံစား **khan zarr** to feel

လူငယ် **lu ngae** young adult

အစွမ်း **a swann** power (usually magical)

ဘုရားဖူး **pha yarr phoo** pilgrim

ကျန်းမာ **kyann mar** to be healthy

ဝင်ငွေ **win ngway** income

တိုး **toh** to increase

ကူညီ **ku nyi** to help

စောင့်ရှောက် **saungt shout** to look after someone/something

ကတိပေး **ga deet payy** to promise

တွေ့ **twayt** to see

တောင်ခြေ **taung jay** foot of the mountain

ရုပ်တု **yote htoot** statue

Pre-reading Discussion

1. ဇွဲကပင်တောင်ကို ရောက်ဖူးလား။ ဘယ်ပြည်နယ်မှာရှိလဲ သိလား။
   Have you ever been to Zwegabin mountain? Do you know which state it is in?

2. သင့်မှာ မောင်နှမ ဘယ်နှစ်ယောက်ရှိလဲ။
   How many siblings do you have?

3. သင်ရော ဘုရားဖူး သွားဖူးလား။ ဘယ်ကို သွားဖူးလဲ။
   Have you ever been on a pilgrimage? Where did you go?

Comprehension Questions

Find the answers on page 188.

1. ကရင်ဇနီးမောင်နှံမှာ သားသမီး ဘယ်နှစ်ယောက်ရှိလဲ။
   How many children did the Karen couple have?

2. ကလေးတွေရဲ့အဖေဟာ ဘယ်လိုသေသွားခဲ့လဲ။
   How did the father of the children die?

3. ပထွေးက ကလေးနှစ်ယောက်ကို ဘယ်ကိုခေါ်သွားလဲ။

Where did the stepfather take the children?

4. မောင်နှမနှစ်ယောက်ဟာ ဘယ်လိုအသက်ရှင်ခဲ့လဲ။

How did the two siblings survive?

5. ကလေးတွေအမေက အားလုံးသိသွားတဲ့အခါ ဘာလုပ်ခဲ့လဲ။

What did their mother do when she found out what had happened?

6. ကလေးနှစ်ယောက်ဟာ ရသေ့ကြီးပေးတဲ့ ဆေးကိုသောက်ပြီး ဘာဖြစ်သွားလဲ။

What happened after the children took the pills the hermit gave them?

7. စပ်စေ့ဖိုးနဲ့ နော်မူးဖန်တို့က ရသေ့ကြီးကို ဘာကတိပေးခဲ့လဲ။

What did Sat Sayt Phoh and Naw Moo Phan promise the hermit?

8. အခု ဇွဲကပင်တောင်ကိုသွားရင် ဘာကိုတွေ့နိုင်လဲ။

What can you see when you go to Mount Zwegabin these days?

After Reading

Think of a pilgrimage site you have been to or heard of. Where is it, and why did it become a place of pilgrimage? Discuss with a partner or make notes.

Culture Notes

Most Myanmar visitors to Mount Zwegabin stop by the statues of Sat Sayt Phoh and Naw Moo Phan right before they climb the mountain. There they wish for the siblings to look after them and for their hike to be safe. They also pray for an increase in their wealth. Pilgrims make offerings of flowers along with small amounts of money for the statues' maintenance.

The Story of Queen Panhtwar

Once upon a time in a small village in the Magway Region of Myanmar, a monk opened a school for the village children, where he taught lessons himself. Among the children who came to his classes was a very intelligent girl. Her name was Panhtwar and she was so talented that her fame reached nearby villages. The villagers all saw something quite special in Panhtwar, and when she grew up they made her their leader. Panhtwar unified all the small villages in the region under her leadership and together they established the land of Beikthano, of which Panhtwar became queen.

In order to protect her land, Queen Panhtwar made good use of its stream, which was named the Yan Pae. The queen made her people build dam gates along the Yan Pae stream. When enemies invaded, the palace would send a signal by banging a big drum, and the dam gates would be opened one after another. The whole city would become gradually flooded, meaning the well-prepared soldiers of Beikthano could easily fight their invading enemies. In this way, the land of Beikthano under Queen Panhtwar won every battle and no army could conquer it.

ပန်ထွာဘုရင်မ

ဟိုးရှေးရှေးတုန်းက မြန်မာနိုင်ငံ မကွေးတိုင်းဒေသကြီးထဲက ရွာလေးတစ်ရွာမှာ ဘုန်းကြီး တစ်ပါးက ကျောင်းဖွင့်ပြီး ရွာထဲက ကလေးတွေကို ပညာသင်ပေးခဲ့တယ်။ အဲဒီဘုန်းကြီး ဆီမှာ ပညာလာသင်တဲ့ ကလေးတွေထဲမှာ အရမ်းထက်မြက်တဲ့ မိန်းကလေးတစ်ယောက်ရှိ တယ်။ သူ့ရဲ့နာမည်က ပန်ထွာလို့ခေါ်ပြီး သူဟာ ပညာအရမ်းတော်တာကြောင့် အနီးအနား က ရွာတွေအထိပါ နာမည်ကျော်ကြားခဲ့တယ်။ ဒါကြောင့် ရွာသူရွာသားတွေက ပန်ထွာဟာ ခေါင်းဆောင်အရည်အချင်းတွေနဲ့ ပြည့်စုံတယ်ဆိုပြီး အရွယ်ရောက်လာတဲ့အခါ ပန်ထွာကို ခေါင်းဆောင်တင်လိုက်တယ်။ ဘုရင်မ ဖြစ်လာတဲ့ ပန်ထွာဟာ အနီးအနားက ရွာတွေကို စုစည်းပြီး ဗိဿနိုးနိုင်ငံ တည်ထောင်လိုက်တယ်။

ပန်ထွာဘုရင်မဟာ နိုင်ငံကို ကာကွယ်ဖို့အတွက် ဗိဿနိုးမှာရှိတဲ့ ရန်ပယ်ချောင်းကို စနစ်တကျ အသုံးပြုခဲ့တယ်။ ဘုရင်မက ရန်ပယ်ချောင်းတစ်လျှောက်မှာ ရေတားတံခါးတွေ အများကြီး ဆောက်ခိုင်းခဲ့တယ်။ ရန်သူတွေ ကျူးကျော်လာတဲ့အခါ နန်းတော်က စည်တီးပြီး အချက်ပြတာနဲ့ ရေတံခါးတွေကို တစ်ခုပြီးတစ်ခု အဆင့်ဆင့် ဖွင့်ချရတယ်။ ဒီလိုနဲ့ တစ်မြို့ လုံး တဖြည်းဖြည်း ရေလွှမ်းမိုးသွားတဲ့အခါ ကောင်းကောင်းပြင်ဆင်လေ့ကျင့်ထားတဲ့ ဗိဿနိုး စစ်သားတွေက ကျူးကျော်လာတဲ့ ရန်သူတွေကို အလွယ်တကူ တိုက်ခိုက်လို့ရသွားတယ်။ ဒါ ကြောင့် ပန်ထွာဘုရင်မရဲ့ ဗိဿနိုးနိုင်ငံဟာ တိုက်ပွဲတိုင်းမှာ နိုင်ပြီး သူ့နိုင်ငံကိုလည်း ဘယ် သူကမှ မသိမ်းပိုက်နိုင်ခဲ့ဘူး။

King Duttabaung of the Srikhetra Kingdom heard this and could not believe it, so he decided to attack Beikthano himself. When Duttabaung and his soldiers reached Beikthano, the gate to the city closed and they could not see any soldiers. But before long, they heard a drumming sound as if a demon was yelling and suddenly the whole area was flooded. Some of Srikhetra's soldiers were carried away in the water and some were stuck on small islands which had formed in the stream. In the meantime, the Beikthano soldiers—who had been watching from the tower of the palace—shot everyone they saw with arrows. With his soldiers being slaughtered around him, Duttabaung ordered a hasty retreat.

Reflecting on his defeat, Duttabaung realized that there must have been a connection between the demon-sounding drumming they'd heard and the flooding that followed. Without the drum being sounded, perhaps the dam gates would not be opened during an attack. So, Duttabaung sent a spy to destroy the drum. Upon his arrival in Beikthano, Srikhetra's spy pretended to be a traveling monk, first approaching the mentor-monk of Queen Panhtwar to earn his trust. The spy monk also sent men to steal gold, silver and money from the wealthier villagers of Beikthano, and then hide the stolen goods in various places around the city. When the villagers who had lost their belongings came to the palace to seek help, the so-called monk pretended to use magical powers to predict where the lost treasures would be found. When the belongings were indeed found in the places which he predicted, the spy monk gradually gained the villagers' trust and respect for his powers.

Word of the spy monk's powers spread across the land. When it reached Queen Panhtwar, she liked what she heard and called him to see her. Queen Panhtwar requested that the spy monk help her build reinforcements to protect the drum, which was so critical to the defense of the land. But the following day two large holes were discovered on the drum and Srikhetra's spy had fled the city. Queen Panhtwar was very shocked and angry, and she sent her soldiers across the land to track down the spy. However, he was nowhere to be found.

ဒီအကြောင်းကို သရေခေတ္တရာနိုင်ငံက ဒွတ္တဘောင်မင်းကြီးက သိသွားပြီး
မယုံနိုင်တာကြောင့် သူကိုယ်တိုင် ဗိဿနိုးနိုင်ငံကို သွားတိုက်ခိုက်ဖို့ ဆုံးဖြတ်လိုက်တယ်။
ဒွတ္တဘောင်မင်းကြီးနဲ့ သရေခေတ္တရာ စစ်သားတွေ ဗိဿနိုးနိုင်ငံကို ရောက်တဲ့အခါ
မြို့တံခါးပိတ်ထားပြီး ဗိဿနိုး စစ်သားတွေကို မတွေ့ခဲ့ရဘူး။ ဒါပေမဲ့ ခဏကြာတဲ့အခါ
နတ်ဆိုးအော်သလို အသံကြီးကြားလိုက်ရပြီး ရုတ်တရက်ဆိုသလိုပဲ တစ်မြို့လုံး
ရေကြီးသွားတယ်။ သရေခေတ္တရာစစ်သားတချို့က ရေနဲ့မြောပါပြီး တချို့ကတော့
ချောင်းထဲမှာရှိတဲ့ ကျွန်းသေးသေးလေးတွေပေါ်ကို ရောက်သွားတယ်။ အဲဒီအချိန်မှာ
နန်းတော်ရဲ့ မျှော်စင်ပေါ်ကနေ စောင့်ကြည့်နေတဲ့ ဗိဿနိုးစစ်သားတွေက တွေ့သမျှကို
မြားနဲ့ ပစ်လိုက်ပြီး သရေခေတ္တရာ စစ်သားတွေ အများကြီး သေသွားခဲ့တယ်။ ဒါကြောင့်
ဒွတ္တဘောင်မင်းကြီးဟာ နောက်ပြန်ဆုတ်သွားခဲ့တယ်။

တပ်ပြန်ဆုတ်လာရတဲ့အပေါ် ပြန်သုံးသပ်ပြီးတဲ့အခါမှာတော့ နတ်ဆိုးအော်သလို
စည်သံနဲ့ နောက်ဆက်တွဲ ရောက်လာတဲ့ ရေကြီးမှုဟာ ဆက်စပ်နေတယ်ဆိုတာကို
ဒွတ္တဘောင်မင်းကြီးက သိသွားတယ်။ ဒီစည်သံမကြားရင် တိုက်ခိုက်နေတဲ့အချိန်မှာ
ရေတံခါးတွေကို မဖွင့်နိုင်တော့ဘူး။ ဒါကြောင့် ဒွတ္တဘောင်မင်းကြီးဟာ အဲဒီစည်ကို
ဖျက်ဆီးဖို့ သူလျှိုတစ်ယောက်ကို လွှတ်လိုက်တယ်။ သရေခေတ္တရာ သူလျှိုဟာ
ဘုန်းကြီးယောင်ဆောင်ပြီး ဗိဿနိုးနိုင်ငံကို ရောက်လာခဲ့တယ်။ သူလျှိုဘုန်းကြီးဟာ
ပန်ထွာဘုရင်မရဲ့ ဆရာဘုန်းကြီးဆီကို ချဉ်းကပ်ပြီး ယုံကြည်မှုရဖို့ အရင် ကြိုးစားခဲ့တယ်။
ပြီးတော့ သူလျှိုဘုန်းကြီးဟာ သူတပည့်တွေကို ဗိဿနိုးက ချမ်းသာတဲ့ရွာသားတွေဆီကနေ
ရွှေ ငွေနဲ့ ပိုက်ဆံတွေကို ခိုးခိုင်းပြီး မြို့ထဲက နေရာအနှံ့မှာ ဖွက်ထားခဲ့တယ်။
ပစ္စည်းပျောက်သွားတဲ့ရွာသားတွေက နန်းတော်ကိုလာပြီး အကူအညီတောင်းတဲ့အခါ
သူလျှိုဘုန်းကြီးက မှော်အစွမ်းရှိချင်ယောင်ဆောင်ပြီး ပျောက်နေတဲ့ရတနာတွေ
ဘယ်မှာရှိတယ်ဆိုတာကို ဟောလိုက်တယ်။ ဒီလိုနဲ့ သူဟောလိုက်တဲ့နေရာတွေမှာ
ပျောက်သွားတဲ့ပစ္စည်းတွေကို တကယ်ပြန်တွေ့တဲ့အတွက် သူလျှိုဘုန်းကြီးဟာ
ရွာသားတွေဆီကနေ တဖြည်းဖြည်း ယုံကြည်မှုရလာခဲ့တယ်။

သူလျှိုဘုန်းကြီးရဲ့ သတင်းဟာ တစ်နိုင်ငံလုံး ပျံ့နှံ့သွားတယ်။ ပန်ထွာဘုရင်မလည်း
သူ့အကြောင်းကို ကြားတဲ့အခါ သဘောကျပြီး ခေါ်တွေ့လိုက်တယ်။ ပန်ထွာဟာ
နိုင်ငံကာကွယ်ရေးအတွက် အရေးအကြီးဆုံးဖြစ်တဲ့ စည်ကို အကာအကွယ်တွေလုပ်ပေးဖို့
သူလျှိုဘုန်းကြီးကို တောင်းဆိုလိုက်တယ်။ ဒါပေမဲ့ နောက်တစ်နေ့မှာတော့ နန်းတော်ရှေ့က
စည်မှာ အပေါက်ကြီးနှစ်ခု ဖြစ်နေတယ်။ ဘုန်းကြီးယောင်ဆောင်ထားတဲ့ သရေခေတ္တရာ
သူလျှိုကတော့ ထွက်ပြေးသွားပါပြီ။ ပန်ထွာဘုရင်မဟာ အရမ်း အံ့ဩတုန်လှုပ်
ဒေါသထွက်ပြီး၊ ဗိဿနိုး တစ်နိုင်ငံလုံးအနှံ့ သူလျှိုကို ချက်ချင်း လိုက်ရှာခိုင်းပေမယ့်
မတွေ့တော့ပါဘူး။

Not long after her discovery and now back in the palace, Queen Panhtwar heard the trumpeting of elephants, neighing of horses, and a general commotion. She went up to the palace tower to have a look and realized that Duttabaung and the soldiers of Srikhetra had returned to fight. As usual, Panhtwar ordered for the drum to be beaten as a signal to her soldiers. However, with its two holes, the drum would no longer make any sound. And without the drum's signal, the water gates of the Yan Pae stream were not opened in time! Duttabaung had even more troops this time and scores of Queen Panhtwar's soldiers were killed during the battle. Corpses and blood were spread right across Beikthano.

When the battle finally came to an end, King Duttabaung arrived at the entrance of Beikthano Palace on his elephant. He approached Queen Panhtwar, who was in visible pain as she looked out over her conquered land. "Sister Panhtwar, my land Srikhetra is bigger than Beikthano and a pleasant land. Come with me," said the king. Queen Panhtwar, having clearly lost the war, could see no other choice. She left for Srikhetra with King Duttabaung and she became his wife. After some time they had a son—yet Panhtwar's hatred for King Duttabaung had not faded.

One day Panhtwar decided she could take it no more and brought a glass of poisoned juice to King Duttabaung. The king was suspicious as his queen did not usually show him such courtesy, so he asked Panhtwar to drink a sip first. Panhtwar raised the glass and vowed to herself: "Although I justly ruled my land Beikthano, this King of Srikhetra invaded in a cowardly manner and conquered the land. My plan to assassinate him is not going to succeed in this life, so I will try to take my revenge in the next life. Until I can take vengeance on King Duttabaung with my own hand, may the talipot palms around Srikhetra not grow from their current size." She drank the juice and promptly died. From that day on, the talipot palms of Srikhetra stopped growing due to the curse of Queen Panhtwar and remain that size even today.

ခဏကြာတော့ ပန်ထွာဘုရင်မ နန်းတော်ကို ပြန်ရောက်လာတဲ့အခါ ဆင်သံ၊ မြင်းသံ၊ ဆူညံ သံတွေကို ကြားလိုက်ရတယ်။ ဒါကြောင့် နန်းတော်မျှော်စင်ပေါ်ကို တက်ပြီး ကြည့်လိုက်တဲ့ အခါမှာတော့ ဒွတ္တဘောင်မင်းကြီးနဲ့ သရေခေတ္တရာက စစ်သားတွေဟာ ဗိဿနီးကို ပြန်လာ ပြီးတိုက်ခိုက်နေပြီဆိုတာ သိလိုက်ရတယ်။ ပန်ထွာဘုရင်မက ထုံးစံအတိုင်း အချက်ပြဖို့ စည် တီးခိုင်းပေမယ့် အပေါက်ကြီးနှစ်ခုနဲ့စည်ဟာ အသံမထွက်တော့ပါဘူး။ စည်သံမကြားရတဲ့ အတွက် ရန်ပယ်ချောင်းက ရေတံခါးတွေကိုလည်း အချိန်မီ မဖွင့်နိုင်တော့ဘူး။ ဒီတစ်ခါမှာ ဒွတ္တဘောင်မင်းကြီးရဲ့ စစ်သားအင်အား ပိုတော်များလာပြီး တိုက်ပွဲမှာ ပန်ထွာဘုရင်မရဲ့ စစ်သားတွေ အများကြီး သေသွားတယ်။ ဗိဿနီးတစ်နိုင်ငံလုံး အလောင်းတွေ၊ သွေးတွေ ပြန့်ကျနေခဲ့တယ်။

တိုက်ပွဲပြီးသွားတဲ့အခါမှာတော့ ဒွတ္တဘောင်မင်းကြီးဟာ ဆင်စီးပြီး ဗိဿနီးနန်းတော်ရှေ့ ကို ရောက်လာတယ်။ ရန်သူ့ရဲ့လက်အောက်မှာ ကျဆုံးသွားတဲ့ ဗိဿနီးနိုင်ငံကို ကြည့်ပြီး ဝမ်းနည်းဒေါသထွက်နေတဲ့ ပန်ထွာဘုရင်မကို ဒွတ္တဘောင်မင်းကြီးက ပြောလိုက်တယ်။ "အစ်မပန်ထွာ ကျွန်တော့်ရဲ့ သရေခေတ္တရာနိုင်ငံဟာ ဗိဿနီးထက် ပိုကြီးပြီး သာယာတဲ့နိုင်ငံ တစ်ခုပါ။ ကျွန်တော်နဲ့အတူ လိုက်ခဲ့ပါ။" စစ်ရှုံးသွားတဲ့ ပန်ထွာဘုရင်မှာ တခြား ရွေးချယ် စရာ မရှိတော့။ ဒါကြောင့် ဒွတ္တဘောင်မင်းကြီးနဲ့အတူတူ သရေခေတ္တရာကို လိုက်သွားပြီး သူ့ ရဲ့ မိဖုရားဖြစ်လာခဲ့တယ်။ နောက်တော့ သူတို့မှာ သားတစ်ယောက် ရှိလာခဲ့တယ်။ ဒါပေမယ့် ပန်ထွာဘုရင်မကတော့ ဒွတ္တဘောင်မင်းကြီးကို ဆက်မုန်းနေတုန်းပါပဲ။

တစ်နေ့မှာ ပန်ထွာဟာ ဆက်သည်းမခံတော့ဘူးလို့ ဆုံးဖြတ်လိုက်ပြီး ဒွတ္တဘောင်မင်းကြီးကိုတိုက်ဖို့ အဆိပ်ခတ်ထားတဲ့ ဖျော်ရည်တစ်ခွက် ယူလာပါတယ်။ ပုံမှန်ဆိုရင် ပန်ထွာဟာ ဒီလိုလုပ်ပေးလေ့မရှိတာကြောင့် ဒွတ္တဘောင်မင်းကြီးက မသက္ကာဖြစ်ပြီး ပန်ထွာဘုရင်မကို အရင်တစ်စင်သောက်ပြခိုင်းလိုက်တယ်။ ပန်ထွာဟာ ဖျော်ရည်ခွက်ကို မြှောက်လိုက်ပြီး "ကျွန်မဟာ ဗိဿနီးနိုင်ငံကို တရားမျှတစွာ အုပ်ချုပ်ခဲ့ပေမယ့် သရေခေတ္တရာမင်းက မတရား လာရောက်တိုက်ခိုက်ပြီး သိမ်းပိုက်ခဲ့ပါတယ်။ အခု သူ့ကို ကျွန်မ လုပ်ကြံမယ့်အစီအစဉ်လည်း ဒီဘဝမှာ မအောင်မြင်တော့ပါဘူး။ ဒါကြောင့် နောက်ဘဝမှာ လက်စားချေဖို့ ကြိုးစားပါမယ်။ ဒွတ္တဘောင်မင်းကို ကျွန်မလက်နဲ့ လက်စားမချေရသေးခင်အထိ သရေခေတ္တရာနားမှာရှိတဲ့ ပေပင်ငယ်တိုင်း အခုအရွယ်ကနေ ဆက်မကြီးပါစေနဲ့။" လို့ ကျိန်လိုက်ပြီး လက်ထဲက ဖျော်ရည်ကိုသောက်ပြီး ချက်ချင်းသေဆုံးသွားခဲ့ပါတယ်။ အဲဒီနေ့ကစပြီး သရေခေတ္တရာနားမှာရှိတဲ့ ပေပင်တွေဟာ ပန်ထွာဘုရင်မရဲ့ အမုန်းကျိန်စာကြောင့် ဒီနေ့အထိ ဆက်မကြီးတော့ဘဲ ဒီအရွယ်မှာပဲ ရပ်နေပါတော့တယ်။

Vocabulary

တိုင်းဒေသကြီး **taii day tha gyee** region

ရွာ **ywar** village

ဇာတိ **zar teet** hometown

ဘုန်းကြီး **ph'ownn gyee** monk

ကျောင်း **kyaungg** school

ထက်မြက် **htet myat** intelligent

မိန်းကလေး **main kha layy** girl

ကျော်ကြား **kyaw kyarr** famous

ခေါင်းဆောင် **gaungg zaung** leader

အရည်အချင်း **a yay a chinn** skill

စုစည်း **soot zee** to unify

တည်ထောင် **ti htaung** to establish

ဘုရင်မ **ba yin ma** queen

ကာကွယ် **kar kwae** to protect

ချောင်း **chaungg** stream

အသုံးပြု **a th'ownn pyoot** to use

ရေတားတံခါး **yay tarr da garr** dam gate

ရန်သူ **yan thu** enemy

ကျူးကျော် **kyoo kyaw** to invade

နန်းတော် **nann daw** palace

စည် **si** a big drum used in ancient times

တီး **tee** to play an instrument

အချက်ပြ **a chet pya** to signal

တဖြည်းဖြည်း **ta phyayy phyayy** gradually

စစ်သား **sit tharr** soldier

တိုက်ခိုက် **tite khite** to fight

တိုက်ပွဲ **tite pweh** battle

နိုင် **nai** to win

သိမ်းပိုက် **thainn pite** to conquer

မင်းကြီး **minn gyee** king

ဆုံးဖြတ် **s'ownn phyat** to decide

နတ်ဆိုး **nat soh** demon

ရေကြီး **yay kyee** to flood

မျှော်စင် **myaw zin** tower

ဖျက်ဆီး **phyet see** to destroy

သူလျှို **tha sho** spy

ချဉ်းကပ် **chinn kat** to approach

ယုံကြည်မှု **y'own kyi mhoot** trust

ကြိုးစား **kyoh zarr** to try

ချမ်းသာ **chann thar** to be rich

ခိုး **khoh** to steal

ဖွက် **phwet** to hide

ပျောက် **pyout** to lose something

ဟော **haww** to predict someone's future

သဘောကျ **tha baww kya** to like

အရေးကြီး **a yayy kyee** critical

တောင်းဆို **taungg so** to request

အပေါက် **a pout** hole

ထွက်ပြေး **htwet pyayy** to flee

အံ့သြတုန်လှုပ် **ant aww t'own hlote** to be shocked

ဒေါသထွက် **daww tha htwet** to get angry

ဆူညံသံ **su nyan than** noise

အချိန်မီ **a chain mi** on time

ပြန့်ကျဲ **pyant kyeh** to scatter

သာယာ **thar yar** to be pleasant

မိဖုရား **meet ba yarr** the king's wife

လုပ်ကြံ **lote kyan** to assassinate

အဆိပ်ခတ် **a sate khat** to poison something

ဖျော်ရည် **phyaw yay** juice

မသင်္ကာ **ma thin gar** to suspect

လက်စားချေ **let zarr chay** to revenge

အရွယ် **a ywae** size

ကျိန် **kyain** to vow

သေ **thay** to die

ကျိန်စာ **kyain zar** curse

Pre-reading Discussion

1. နိုင်ငံတစ်နိုင်ငံမှာ အောင်မြင်တဲ့ခေါင်းဆောင်တစ်ယောက်ဖြစ်ဖို့အတွက် ဘယ်လို အရည်အချင်းတွေ လိုအပ်လဲ။

   What qualities do you need to be a successful leader of a country?

2. လူပြန်ဝင်စားတယ်ဆိုတာကို သင် ယုံကြည်လား။ ဘာဖြစ်လို့လဲ။

   Do you believe in reincarnation? Why/why not?

Comprehension Questions

Find the answers on page 189.

1. ပန်ထွာဘုရင်မက ဘယ်မှာကြီးပြင်းခဲ့လဲ။

   Where did Queen Panhtwar grow up?

2. ဘာဖြစ်လို့ ဗိဿနိုးကို ရန်သူတွေ အလွယ်တကူ တိုက်ခိုက်လို့မရတာလဲ။

   Why was Beikthano difficult to attack?

3. သရေခေတ္တရာနိုင်ငံရဲ့ မင်းကြီးက ဘယ်သူလဲ။

   Who was the King of Srikhetra?

4. သရေခေတ္တရာက ဗိဿနိုးကို ပထမအကြိမ် သွားတိုက်တုန်းက အောင်မြင်ခဲ့လား။

   What happened the first time King Duttabaung attacked Beikthano?

5. ဒွတ္တ�‌�‌ဘောင်မင်းကြီးရဲ့ သူလျှိုက ဗိဿနိုးကလူတွေရဲ့ ယုံကြည်မှုကို ဘယ်လိုရခဲ့လဲ။

   How did Duttabaung's spy earn trust from the people of Beikthano?

6. ဗိဿနိုးနန်းတော်ရှေ့က စည်က ဘာဖြစ်လို့ အသံမထွက်တော့တာလဲ။

   Why did the drum in front of Beikthano Palace not make a sound anymore?

7. ပန်ထွာဘုရင်မက ဘယ်လိုသေသွားခဲ့လဲ။

   How did Queen Panhtwar die?

After Reading

Imagine you are the ruler of a country. What would you do to protect it from your enemies? Discuss with a partner or make notes.

Culture Notes

As a country with a Buddhist majority, most people in Myanmar believe in reincarnation. They often wish for things they cannot complete in their current life to be done in their next life. Similarly, those who built the Buddhist temples in Bagan would often put a protective curse on their monuments, hoping to ensure that their legacy of good deeds would remain long after they passed away. The protective curses made at the time of the Bagan Empire (around the ninth century) are still believed by many Myanmar Buddhists to remain in effect, adding to the respect accorded to these spectacular temples.

Bagan Love Story

During the reign of King Anawrahta in Bagan, there were four clever heroes. It was said that when they fought in a war, their strength was equal to that of four hundred thousand soldiers. So when the King of Bago asked Anawrahta for help with a battle in the city of Bago, Anawrahta sent his four heroes.

The four Bagan heroes, always very skillful in battles, defeated the king's enemies in Bago without concern. The King of Bago was very thankful to King Anawrahta and so offered his daughter Manisanda as Anawratha's wife. The four heroes were put in charge of escorting Manisanda from Bago to Bagan. They took great care of her during the long journey. The most handsome of the heroes was named Kyansittha. And as fate would have it, Kyansittha and Manisanda fell deeply for each other on the way and became lovers.

When King Anawrahta heard about this, he was furious. When the four heroes and Manisanda arrived in Bagan, King Anawrahta ordered Kyansittha's arrest. The next day he had Kyansittha tied and brought in front of him. Then King Anawrahta hurled a spear directly at the hero. But thanks to Kyansittha's unbelievable luck, the spear missed its mark and instead hit and cut the rope that tied him. As the rope fell to the ground, Kyansittha immediately fled the room.

ပုဂံက ချစ်ပုံပြင်

အနော်ရထာမင်းလက်ထက်က ပုဂံမှာ အရမ်းတော်တဲ့ သူရဲကောင်း ၄ ယောက်ရှိတယ်။ သူတို့ ၄ ယောက်ဟာ စစ်တိုက်တဲ့အခါမှာ စစ်သည် ၄ သိန်းအင်အားနဲ့ ညီမျှတယ်လို့ ပြောကြတယ်။ ပဲခူးမှာ တိုက်ပွဲဖြစ်တော့ ပဲခူးဘုရင်က အနော်ရထာမင်းကို အကူအညီတောင်းတယ်။ ဒါကြောင့် အနော်ရထာမင်းက သူ့ရဲ့ သူရဲကောင်း ၄ ယောက်ကို လွှတ်လိုက်တယ်။

စစ်တိုက်တာ အရမ်းကျွမ်းကျင်တဲ့ ပုဂံသူရဲကောင်း ၄ ယောက်ဟာ ပဲခူးမှာ ရန်သူတွေကို အောင်အောင်မြင်မြင် တိုက်ခိုက်နိုင်ခဲ့တယ်။ ပဲခူးဘုရင်က အနော်ရထာမင်းကို အရမ်းကျေးဇူးတင်ပြီး သမီးတော် မဏိစန္ဒာကို အနော်ရထာမင်းဆီ ဆက်သခဲ့တယ်။ ဒါကြောင့် သူရဲကောင်း ၄ ယောက်က မဏိစန္ဒာကို ပဲခူးကနေ ပုဂံအထိ လမ်းခရီးမှာ တာဝန်ယူပြီး ခေါ်သွားရတယ်။ သူရဲကောင်း ၄ ယောက်ထဲက အခန့်ညားဆုံး ၁ ယောက်ရဲ့နာမည်က ကျန်စစ်သားလို့ခေါ်တယ်။ ကျန်စစ်သားနဲ့ မဏိစန္ဒာတို့ဟာ လမ်းခရီးမှာ တစ်ယောက်နဲ့တစ်ယောက် ချစ်ကြိုက်ပြီး ချစ်သူတွေဖြစ်သွားကြတယ်။

ဒီအကြောင်းကို အနော်ရထာမင်း ကြားသိသွားတော့ အရမ်းစိတ်ဆိုးသွားတယ်။ သူရဲကောင်း ၄ ယောက်နဲ့ မဏိစန္ဒာတို့ ပုဂံကို ရောက်တဲ့အခါ အနော်ရထာမင်းက ကျန်စစ်သားကို ဖမ်းဖို့ အမိန့်ပေးလိုက်တယ်။ နောက်တစ်နေ့မှာ အနော်ရထာမင်းက ကျန်စစ်သားကို ကြိုးနဲ့ချည်ပြီး သူ့ရဲ့ရှေ့ ကို ခေါ်လာခိုင်းတယ်။ ကျန်စစ်သားရောက်လာတော့ အနော်ရထာမင်းက ကျန်စစ်သားကို လှံနဲ့ပစ်လိုက်တယ်။ ဒါပေမဲ့ မယုံနိုင်လောက်အောင် ကျန်စစ်သား အရမ်းကံကောင်းသွားတယ်။ အနော်ရထာမင်းပစ်လိုက်တဲ့ လှံက ကျန်စစ်သားကို မထိဘဲ ကြိုးကိုပဲထိပြီး ကြိုးပြတ်သွားတယ်။ ကြိုးပြတ်သွားတာနဲ့ ကျန်စစ်သားဟာ ချက်ချင်း အမြန်ထွက်ပြေးသွားတယ်။

Kyansittha ran as far as possible from King Anawrahta and found himself wandering around the countryside. One day he arrived in a village called Kyaungbyu. He was very hungry and thirsty so he stopped at the first small hut he saw. When he entered the hut there was no one inside, but Kyansittha saw a water pot in the corner of the room. The thirsty hero drank gallons of water, one cup after another. He was so busy drinking that he didn't even notice when a girl entered the hut.

The girl was the owner of the hut, by the name of Thanbula. She was shocked when she saw the strange man drinking water in her home. "Who are you? Why did you enter my hut without permission and drink my water?" Thanbula asked with surprise.

"I was very thirsty. I apologize for not asking your permission," Kyansittha replied. Then he continued, "Give me a meal." Thanbula was even more surprised! "What? What did you say?" So Kyansittha said it again, slowly and clearly, "I'm hungry. Please give me a meal."

"What a surprise! He let himself into my home and now he's asking me for a meal. This man is so strange!" Thanbula thought to herself. When she didn't reply to his request, Kyansittha realized that he had no hope for the meal. So he got up to leave the hut and find another one where he might have better luck. But having not eaten anything in the three days since he'd left Bagan, Kyansittha was very weak. He collapsed to the ground as soon as he stepped out of the house.

"Oh..." Thanbula looked down at the fallen hero and felt pity for him. Kyansittha forced himself to get up and leaned against the wall of the hut. Thanbula came as close to him as she dared and asked, "Where did you come from?"

"From Bagan" Kyansittha replied.

"What do you do?"

"I'm a soldier."

"Oh . . . really? What's your name?"

"Kyansittha."

အနော်ရထာမင်းနဲ့၊ ဝေးနိုင်သမျှအဝေးဆုံးကို ထွက်ပြေးခဲ့တဲ့ ကျန်စစ်သားဟာ နယ်တကာ လှည့်လည်လျှောက်သွားနေခဲ့တယ်။ ဒီလိုနဲ့၊ တစ်နေ့မှာ ကြောင်ဖြူရွာလို့ခေါ်တဲ့ ရွာလေးတစ်ရွာကို ရောက်သွားတယ်။ ကျန်စစ်သားဟာ အရမ်းပင်ပန်းပြီး ဗိုက်လည်းဆာ၊ ရေလည်းဆာနေတာကြောင့် ပထမဆုံးတွေ့တဲ့ တဲအိမ်လေးတစ်အိမ်ရှေ့မှာ ရပ်လိုက်တယ်။ ဒါပေမဲ့ အိမ်ထဲကို ဝင်ကြည့်တော့ အိမ်ထဲမှာ ဘယ်သူ့ကိုမှ မတွေ့ဘဲ အခန်းထောင့်လေးမှာ သောက်ရေအိုးတစ်လုံးပဲ တွေ့ရတယ်။ အရမ်းရေဆာနေတဲ့ ကျန်စစ်သားဟာ ရေကို တစ်ခွက်ပြီးတစ်ခွက် အများကြီးသောက်လိုက်တယ်။ အဲဒီအချိန်မှာ မိန်းကလေးတစ်ယောက် အိမ်ထဲဝင်လာတာကို သူ သတိမထားမိသေးဘူး။

တကယ်တော့ အဲဒီမိန်းကလေးဟာ အိမ်ပိုင်ရှင် သမ္ဗူလဖြစ်တယ်။ သမ္ဗူလဟာ သူ့ရဲ့ အိမ် ထဲမှာ ရေသောက်နေတဲ့ သူစိမ်းယောက်ျားတစ်ယောက်ကို တွေ့တော့ လန့်သွားတယ်။ "ရှင် ဘယ်သူလဲ . . . အိမ်ရှင်မရှိတုန်း ဘာဖြစ်လို့ သူများအိမ်ထဲဝင်ပြီး ရေသောက်နေတာလဲ။" သ မ္ဗူလက တအံ့တသြ မေးလိုက်တယ်။

"အရမ်းရေဆာလို့ ဝင်သောက်တာပါဗျာ။ ခွင့်မတောင်းဘဲ သောက်မိတဲ့အတွက် တောင်းပန်ပါတယ်။" လို့ ကျန်စစ်သားက ပြန်ဖြေလိုက်တယ်။ ပြီးတော့ ဆက်ပြောလိုက်တယ်။ "ကျွန်တော့်ကို ထမင်းကျွေးပါ။" သမ္ဗူလ ပိုအံ့သြသွားတယ်။ "ဘာရှင့်။ ဘာပြောတယ်။" ကျန်စစ်သားကလည်း "ဗိုက်ဆာတယ်။ ကျွန်တော့်ကို ထမင်းကျွေးပါ။" လို့ ဖြည်းဖြည်းနဲ့ ရှင်းရှင်းလင်းလင်း ထပ်ပြောလိုက်တယ်။

"အံ့သြစရာပဲ။ အခုမှ သူများအိမ်ကို ရောက်လာပြီး ထမင်းကျွေးခိုင်းနေတယ်။ ဒီလူ တော်တော် ထူးဆန်းတာပဲ။" ဆိုပြီး သမ္ဗူလက တစ်ယောက်တည်း စဉ်းစားနေတယ်။ ကျန်စစ်သားကလည်း သူ့ကို ဘာမှ ပြန်မပြောတဲ့ သမ္ဗူလကို ကြည့်ပြီး ထမင်းစားဖို့ မျှော်လင့်ချက်မရှိတော့ဘူးလို့ သိလိုက်တယ်။ ဒါကြောင့် သမ္ဗူလရဲ့အိမ်က ထွက်ပြီး နောက်တစ်အိမ်သွားရှာဖို့ ပြင်လိုက်တယ်။ တကယ်တော့ ကျန်စစ်သားဟာ ပုဂံက ထွက်လာပြီး သုံးရက်တိတိ ဘာမှမစားမသောက်ရသေးတာမို့လို့ အားနည်းနေတယ်။ ဒါကြောင့် အိမ်ပေါ်က ဆင်းလိုက်တဲ့အချိန်မှာ ကြမ်းပြင်ပေါ် လဲကျသွားတယ်။

"အို…" သမ္ဗူလလည်း ကျန်စစ်သားကိုကြည့်ပြီး သနားသွားတယ်။ ကျန်စစ်သားဟာ ကုန်းရုန်းထလိုက်ပြီး နံရံမှာမှီနေလိုက်တယ်။ ကျန်စစ်သားနားကို သမ္ဗူလရောက်လာပြီး မေးလိုက်တယ်။ "ရှင် ဘယ်ကလာလဲ။" "ပုဂံကပါ။" ကျန်စစ်သားက ပြန်ဖြေလိုက်တယ်။

"ဘာအလုပ်လုပ်လဲ။" "စစ်သား။"

"သြော် . . . ဟုတ်လား။ ရှင့်နာမည်ကရော။"

"ကျန်စစ်သား။"

"Who…?" Thanbula was surprised. Then she asked, "So you are the hero Kyansittha who serves King Anawrahta?"

"Correct . . . I'm Kyansittha." He continued, "I'm not a soldier anymore. I left the palace. Please just let me stay here . . . Will you give me that meal?"

Thanbula quickly prepared a meal. Kyansittha was very happy as he finished his plate. "By the way, where are your parents?" Kyansittha asked.

"I don't have parents anymore. I live here alone."

"Then don't worry . . . now you're not alone. We will live together." said Kyansittha. "Oh my . . . what is the stranger who just arrived talking about?" Thanbula thought to herself, very surprised. Kyansittha held Thanbula's right hand and said it again: "All right? You and I—we will live in this house together."

Then, as it fate would have it, Kyansittha and Thanbula fell in love. Kyansittha spent his days as a farmer with his love in Kyaungbyu village. After a while they heard that King Anawrahta had passed away. This news made Thanbula worried that Kyansittha might be called back to Bagan when the new king took the throne. She was soon expecting a child and would be heartbroken if the new king's men came to call her lover Kyansittha away from her.

One day Kyansittha and Thanbula went to the monastery in their village and paid homage to the master monk, who also happened to be Thanbula's uncle. After a while some soldiers came in. Thanbula was very worried and held her lover's hand tightly. The captain of the soldiers read an order from the new king, Saw Lu: "Kyansittha will be recruited into his former position. He must come back to Bagan and serve the country."

Actually this order was good news for Kyansittha: he was no longer an enemy of the king and would be a hero once again. But he couldn't be happy at that moment. He couldn't turn down the king's order either . . . he would have to leave his love Thanbula, the mother of his baby. Kyansittha looked at Thanbula sadly and said, "My dear . . . I have to go with them to Bagan." Thanbula was in shock and couldn't speak a word. Kyansittha removed a brilliant ruby ring from his left ring finger and took hold of Thanbula's hand. "If you gave birth to a baby

"ဘယ်သူ…" သမ္မူလက တအံ့တသြ ပြောလိုက်တယ်။ ပြီးတော့ သမ္မူလက ဆက်မေးတယ်။ "ဒါဆို ရှင်က အနော်ရထာမင်းကြီးရဲ့ သူ့ရဲ့ကောင်း ကျန်စစ်သားလား။" "ဟုတ်ပါတယ် . . . ကျွန်တော် ကျန်စစ်သားပါ။"

သူက ဆက်ပြောတယ်။ "ကျွန်တော်က အခု စစ်သားမဟုတ်တော့ဘူး။ နန်းတော်ကနေ ထွက် လာတာ။ ဒီလောက်ပဲ ဖြေပါရစေဗျာ . . . ကဲ၊ ကျွန်တော့်ကို ထမင်းကျွေးပါဦး။"

သမ္မူလက ထမင်းပွဲတစ်ပွဲ အမြန်ပြင်ဆင်ကျွေးလိုက်တယ်။ ကျန်စစ်သားလည်း အားရပါးရ စားလိုက်တယ်။ "ဒါနဲ့ ညီမ အဖေ၊ အမေတွေရော။" ကျန်စစ်သားက မေးလိုက်တယ်။

"ကျွန်မ အဖေ၊ အမေတွေ မရှိတော့ဘူး။ ဒီအိမ်မှာ ကျွန်မတစ်ယောက်တည်းနေတာ။"

"ဒါဆို မပူနဲ့တော့ . . . အခု ညီမ တစ်ယောက်တည်း မဟုတ်တော့ဘူး။ အစ်ကိုနဲ့ နှစ် ယောက် အတူနေကြမယ်။" ဆိုပြီး ကျန်စစ်သားက ပြောလိုက်တယ်။ "အမလေး . . . အခုမှ ရောက်လာတဲ့ သူစိမ်းက ငါ့ကို ဘာတွေပြောနေတာလဲ။" သမ္မူလ အံ့သြသွားတယ်။ ကျန် စစ်သားက သမ္မူလရဲ့ ညာဘက်လက်ကို ဆုပ်ကိုင်လိုက်ပြီး ထပ်ပြောလိုက်တယ်။ "နော် . . . ညီမ၊ ဒီအိမ်မှာ ညီမနဲ့အစ်ကို အတူနေကြမယ်။"

ဒီလိုနဲ့ ကျန်စစ်သားနဲ့ သမ္မူလဟာ ချစ်ကြိုက်သွားကြတယ်။ ကျန်စစ်သားဟာ ချစ်သူ သမ္မူလနဲ့အတူ ကျောင်းဖြူရွာမှာ လယ်အလုပ်လုပ်ပြီး အချိန်အတော်ကြာ နေနေတယ်။ မကြာခင်မှာပဲ အနော်ရထာမင်း ဆုံးသွားပြီဆိုတဲ့ သတင်းကိုကြားလိုက်ရတယ်။ ဒီသတင်းကို ကြားတဲ့ သမ္မူလဟာ ဘုရင်အသစ် နန်းတက်ရင် ကျန်စစ်သားကို ပြန်ခေါ်မလားလို့ တွေးပြီး စိတ်ပူသွားတယ်။ သူ့မှာလည်း ကိုယ်ဝန်ရှိနေပြီဖြစ်ပြီး သူအရမ်းချစ်တဲ့ ချစ်သူ ကျန်စစ်သားကို ပုဂံနေပြည်တော်က လာခေါ်ရင်တော့ သူအရမ်းဝမ်းနည်းရတော့မယ်။

တစ်နေ့မှာ ကျန်စစ်သားနဲ့ သမ္မူလတို့ဟာ ရွာကဘုန်းကြီးကျောင်းကို သွားပြီး သမ္မူလရဲ့ ဦးလေးဖြစ်သူ ရှင်မထီးကို ကန်တော့ကြတယ်။ ခဏကြာတော့ ဘုန်းကြီးကျောင်းထဲကို စစ်သားတစ်ချို့ ဝင်လာတယ်။ သမ္မူလဟာ ချစ်သူရဲ့ လက်ကို ဆုပ်ကိုင်ပြီး စိတ်ပူနေခဲ့တယ်။ စစ်သားတွေထဲက ခေါင်းဆောင်ဖြစ်သူက ဘုရင်အသစ်ဖြစ်တဲ့ စောလူးမင်းအမိန့်ကို ဖတ်ပြလိုက်တယ်။ "ကျန်စစ်သားကို မူလရာထူးအတိုင်း ပြန်ခန့်လိုက်တယ်။ ပုဂံနေပြည်တော်ကို အမြန်ဆုံးပြန်လာပြီး တာဝန်ထမ်းဆောင်ရမယ်။"

တကယ်တော့ ဘုရင့်ရန်သူမဟုတ်တော့ဘဲ သူ့ရဲ့ကောင်းတစ်ဖန် ပြန်ဖြစ်လာတော့မယ့် ကျန် စစ်သားအတွက် ဒီအမိန့်က ဝမ်းသာစရာကောင်းပါတယ်။ ဒါပေမဲ့ အခုအချိန်မှာတော့ မပျော် နိုင်။ ဘုရင့်အမိန့် ကိုလည်း ငြင်းခွင့်မရှိ . . . သူ့ရင်သွေးလေးကို လွယ်ထားရပြီဖြစ်တဲ့ ချစ်သူ သမ္မူလကို ထားခဲ့ရတော့မယ်။ ကျန်စစ်သားက သမ္မူလကို ဝမ်းနည်းစွာ ကြည့်ပြီး ပြောလိုက် တယ်။ "ညီမ . . . အစ်ကို ပုဂံနေပြည်တော်ကို လိုက်သွားရတော့မယ်။" သမ္မူလက ဘာမှပြန် မပြောနိုင်ဘဲ ကျန်စစ်သားကိုပဲ ကြည့်နေခဲ့တယ်။ ကျန်စစ်သားက သူ့ရဲ့ ဘယ်ဘက်လက်မှာ ဝတ်ထားတဲ့ အရောင်တလက်လက် ပတ္တမြားလက်စွပ်ကို ချွတ်လိုက်ပြီး သမ္မူလရဲ့ လက်ကို

boy, bring this ring to Bagan and meet me there," he said as he slid the ring onto Thanbula's finger.

"I'm leaving dear..." Kyansittha kissed Thanbula's hand and said goodbye for one last time. Stricken with grief, Thanbula still couldn't speak a word, and just nodded slowly. Kyansittha and the soldiers then set out on the long journey back to Bagan.

After a few lonely months had passed, Thanbula gave birth to a baby boy. She named him Yazakumar. When Yazakumar had reached the age of seven, word reached their village that his father Kyansittha had taken over the throne in Bagan. Thanbula knew then that it was time to make the journey to Bagan and introduce Kyansittha to their son. When they finally reached Bagan, Thanbula showed the ruby ring to King Kyansittha, who was very surprised to see them. After the initial shock, Kyansittha overcome with joy at being reunited with Thanbula and meeting their son. A family once again, the three of them happily lived in the palace together from that day on.

☆ ☆ ☆

Vocabulary

သူ့ရဲ့ကောင်း **thu yeh gaungg** hero

စစ်တိုက် **sit tite** to fight in a war

စစ်သည်/ စစ်သား **sit thi/ sit tharr** soldier

တိုက်ပွဲ **tite pweh** battle

ဘုရင် **ba yin** king

အကူအညီတောင်း **a ku a nyi taungg** to ask for help

လွှတ် **hlwut** to send (a person)

ကျွမ်းကျင် **kywann kyin** skillful

ရန်သူ **yan thu** enemy

အောင်အောင်မြင်မြင် **aung aung myin myin** successfully

တိုက်ခိုက် **tite khite** to fight, to attack

ဆက်သ **set tha** to offer to a king

လမ်းခရီး **lann kha yee** journey

တာဝန်ယူ **tar win yu** to take responsibility

ချစ်ကြိုက် **chit kyite** to fall in love

ချစ်သူ **chit thu** lover

စိတ်ဆိုး **sate soh** to be angry

ဖမ်း **phann** to arrest

အမိန့်ပေး **a maint payy** to give an order

ကြိုး **kyoh** rope

ချည် **chi** to tie

လှံ **hleh** spear

ချက်ချင်း **chet chinn** immediately

ထွက်ပြေး **htwet pyayy** to run away

ပြန်လာ **pyan lar** to return

ကိုင်လိုက်တယ်။ "သားလေးမွေးရင် ဒီလက်စွပ်ကိုယူပြီး ပုဂံနေပြည်တော်ကို လိုက်ခဲ့ပါ။" လို့ပြောပြီး လက်စွပ်ကို သမ္ဘူလရဲ့လက်မှာ ဝတ်ပေးလိုက်တယ်။

"သွားတော့မယ် ညီမရေ..." ကျန်စစ်သားက သမ္ဘူလရဲ့ လက်ကိုနမ်းပြီး နောက်ဆုံး နှုတ်ဆက်လိုက်တယ်။ အရမ်းဝမ်းနည်းနေတဲ့ သမ္ဘူလဟာ ခေါင်းပဲ ဖြည်းဖြည်းလေး ညိတ်ပြလိုက်တယ် . . . ဘာမှမပြောနိုင်။ ကျန်စစ်သားဟာ သူ့ကိုလာခေါ်တဲ့ စစ်သားတွေနဲ့အတူ ပုဂံကို ပြန်သွားတယ်။

လအနည်းငယ်ကြာတော့ သမ္ဘူလဟာ သားလေးမွေးခဲ့တယ်။ သားလေးနာမည်က ရာဇကုမာရ်လို့ခေါ်တယ်။ ရာဇကုမာရ် အသက်ခုနစ်နှစ်ပြည့်တဲ့အခါ ကျန်စစ်သားက ပုဂံမှာ ဘုရင်ဖြစ်နေပြီဆိုတဲ့ သတင်းကို ကြားလိုက်ရတယ်။ သမ္ဘူလလည်း ကျန်စစ်သားရှိရာ ပုဂံကို လိုက်သွားပြီး သားတော်လေးကို ပြဖို့ အချိန်တန်ပြီလို့ သိလိုက်တယ်။ ဒီလိုနဲ့ ပုဂံကိုရောက်တော့ ပတ္တမြားလက်စွပ်ကိုပြလိုက်တဲ့အခါ ကျန်စစ်သားမင်းကြီးဟာ အရမ်းကို အံ့သြသွားတယ်။ ပြီးတော့ ချစ်သူ သမ္ဘူလနဲ့ ပြန်ဆုံစည်းရပြီး သားကိုလည်း တွေ့လိုက်ရတဲ့အတွက် အရမ်းပျော်သွားတယ်။ အဲဒီနေ့ကစပြီး သူတို့သုံးယောက်ဟာ နန်းတော်ထဲမှာ အတူတူ ပျော်ပျော်ရွှင်ရွှင် နေသွားကြတယ်။

☆ ☆ ☆

လျှောက်သွား **shout thwarr** to wander around
ပင်ပန်း **pin bann** to be exhausted
ဗိုက်ဆာ **bite sar** to be hungry
ရေဆာ **yay sar** to be thirsty
တဲအိမ် **teh eain** hut
သောက်ရေအိုး **thout yay oh** water pot
မိန်းကလေး **mainn kha layy** girl
ဝင် **win** to enter
ပိုင်ရှင် **pai shin** owner
သူစိမ်း **tha sainn** stranger
ယောကျ်ား **yout kyarr** man
လန့် **lant** to be shocked
တအံ့တသြ **ta ant ta aww** surprisingly
ခွင့်တောင်း **khwint taungg** to ask for permission
တောင်းပန် **taungg ban** to apologize
ထူးဆန်း **htoo sann** to be strange
တစ်ယောက်တည်း **ta yout hteh** alone
စဉ်းစား **sinn zarr** to think
မျှော်လင့်ချက် **myaw lint chet** hope
အားနည်း **arr neh** to be weak
ကြမ်းပြင် **kyann byin** floor
လဲကျ **leh kya** to fall down
နံရံ **nan yan** wall
မှီ **mhi** to lean
နန်းတော် **nann daw** palace
ပြင်ဆင် **pyin sin** to prepare
ဆုပ်ကိုင် **sote kai** to hold something firmly
လယ်အလုပ် **lae a lote** farming
မကြာခင် **ma kyar khin** soon

ဆုံး **s'ownn** to pass away

သတင်း **tha dinn** news

စိတ်ပူ **sate pu** to be worried

ကိုယ်ဝန်ရှိ **ko win sheet** to be pregnant

မွေး **mwayy** to give birth

ဝမ်းနည်း **wann neh** to be sad

ဘုန်းကြီးကျောင်း **ph'ownn gyee kyaungg** monastery

ကန်တော့ **ga dawt** to pay homage

ခေါင်းဆောင် **gaungg zaung** leader

ရာထူး **yar htoo** job position

ခန့် **khant** to recruit

ဝမ်းသာ **wann thar** to be glad

ငြင်း **nyinn** to deny

ပတ္တမြား **ba da myarr** ruby

လက်စွပ် **let swut** ring

ချွတ် **chut** to take off (clothes, rings)

ဝတ် **wit** to wear

နမ်း **nann** to kiss

ပြော **pyaww** to say

ခေါင်းညိတ့် **gaungg nyaint** to nod

ပျော်ပျော်ရွှင်ရွှင် **pyaw pyaw shwin shwin** happily

အသက်ဘယ်လောက်လဲ။ **a thet bae lout leh?** how old?

Pre-reading Discussion

1. ပုဂံဟာ မြန်မာနိုင်ငံမှာ ထင်ရှားတဲ့မြို့ တစ်မြို့ဖြစ်ပါတယ်။ ဒီမြို့ (သို့) မြန်မာနိုင်ငံက တခြားထင်ရှားတဲ့မြို့တွေအကြောင်း သင် ဘာသိထားလဲ။

Bagan is a famous Myanmar city. What do you know about this city or any other famous city in Myanmar?

2. သင့်နိုင်ငံသမိုင်းမှာ ထင်ရှားတဲ့ သူ့ရဲ့သူရဲ့သူလဲ။

Who is a well-known hero in your country's history?

Comprehension Questions

Find the answers on page 189.

1. အနော်ရထာမင်းက သူ့ရဲ့ သူ့ရဲ့ကောင်းလေးယောက်ကို ဘယ်ကိုလွှတ်လိုက်လဲ။

Where did King Anawrahta send his four heroes?

2. ပဲခူးဘုရင်က သမီးတော် မဏိစန္ဒာကို အနော်ရထာမင်းဆီ ဘာလို့ ဆက်သခဲ့လဲ။

Why did the King of Bago offer his daughter Manisanda to King Anawrahta?

3. မဏိစန္ဒာက ဘယ်သူနဲ့ ချစ်ကြိုက်သွားလဲ။

Who did Manisanda fall in love with?

4. ပုဂံကို ပြန်ရောက်တော့ အနော်ရထာမင်းက ကျန်စစ်သားကို ဘာလုပ်လဲ။

What did King Anawrahta do to Kyansittha when he returned to Bagan?

5. ကျန်စစ်သားဟာ ကြောင်ဖြူ့ရွာကို စရောက်တော့ ဘာလုပ်ခဲ့လဲ။

What did Kyansittha do when he first arrived in Kyaungbyu village?

6. ပုဂံကိုမပြန်ခင် ကျန်စစ်သားက သမ္ဘူလကို ဘာပြောလဲ။

What did Kyansittha say to Thanbula before he left for Bagan?

7. ရာဇကုမာရ် အသက်ဘယ်လောက်မှာ ကျန်စစ်သားက ပုဂံမှာ မင်းဖြစ်လဲ ။

How old was Yazakumar when Kyansittha took over the throne in Bagan?

After Reading

Kyansittha was faced with a difficult decision in this story. If you were Kyan-sittha, would you have returned to the palace? Why/why not? Discuss with a partner or make notes.

Culture Notes

Anawrahta Road in Myanmar's capital city of Yangon is named after King Anawrahta. It is one of the main avenues in the city. Both King Anawrahta and Kyansittha are very well-known in Myanmar as the founders of the Burmese Empire in ancient Bagan. They were very close comrades and there are rumors that Anawrahta intentionally missed Kyansittha with the spear because he didn't really want him to die. In that time, anyone found to be flirting with the king's wife or his wife-to-be would otherwise face certain death.

Ma Pheh War, Guard of the Graveyard

About two hundred years ago, there were two siblings who lived in the city of Pyay. The elder brother's name was Ko San Mhaet and the younger sister was called Ma Pheh War. Their parents had passed away so Ko San Mhaet took care of his little sister Ma Pheh War as a father would. Ko San Mhaet also worked in service of the king.

But Ko San Mhaet developed a habit of drinking alcohol almost all the time and often got into fights. Eventually he joined a band of thieves and robbers who were plotting to rebel against the mayor of Pyay. When the mayor heard about this, he put out a warrant for the arrest of Ko San Mhaet and his gang. "Little sister, we have to run away. If we keep living here in Pyay we will be killed," said Ko San Mhaet to Ma Pheh War. Then on the very same night they fled across the Ayeyarwady river in a small boat.

After abandoning the boat and running all night along the opposite shore of the river, at dawn the two siblings came upon a sparsely populated village rich in streams, ponds and trees, so they decided to hide out there. They survived by joining the villagers in their fishing work. Because of the simple and cheap life the siblings lived in the village, combined with the large number of fish in the streams and ponds, they gradually became quite rich. But the richer that they became, the more Ko San Mhaet drank. Although the other villagers admired Ma Pheh War for her beauty and gentle nature, they dared not go close to her because they were afraid of her elder brother.

သုသာန်စောင့် မဖဲဝါ

လွန်ခဲ့တဲ့နှစ်ပေါင်း ၂၀၀ ခန့်က ပြည်မြို့ မှာ မောင်နှမနှစ်ယောက်ရှိတယ်။ အစ်ကိုဖြစ်သူ နာမည်က ကိုစံမဲ့ဖြစ်ပြီး၊ ညီမဖြစ်သူနာမည်ကတော့ မဖဲဝါလို့ ခေါ်တယ်။ သူတို့မှာ မိဘတွေမရှိတော့ဘူး။ ဒါကြောင့် ကိုစံမဲ့ဟာ ညီမလေး မဖဲဝါကို မိဘတစ်ယောက်လို ပြုစုစောင့်ရှောက်ပေးခဲ့တယ်။ ကိုစံမဲ့ဟာ မင်းမှုထမ်းတစ်ယောက်ဖြစ်တယ်။

ဒါပေမဲ့ ကိုစံမဲ့ဟာ အမြဲလိုလို အရက်သောက်တတ်ပြီး၊ မကြာခဏ ရန်ဖြစ်တတ်တယ်။ နောက်တော့ သူဟာ သူခိုး၊ ဓားပြတွေနဲ့ပေါင်းပြီး ပြည်မြို့စားကို ပုန်ကန်ဖို့ ကြံစည်ကြတယ်။ ဒီအကြောင်းကို ပြည်မြို့စား သိသွားတဲ့အခါမှာ ကိုစံမဲ့တို့အဖွဲ့ ကို ဖမ်းဝရမ်း ထုတ်လိုက်တယ်။ "ညီမလေးရေ . . . အစ်ကိုတို့ ထွက်ပြေးမှ ဖြစ်တော့မယ် . . . ပြည်မှာဆက်နေရင် အသတ် ခံရတော့မှာ။" လို့ ကိုစံမဲ့က ညီမဖြစ်သူကို ပြောတယ်။ ပြီးတော့ သူတို့ဟာ ညတွင်းချင်းပဲ လှေငယ်လေးတစ်စီးနဲ့ ရေဝတီမြစ်ကိုဖြတ်ပြီး ထွက်ပြေးကြတယ်။

မောင်နှမနှစ်ယောက်ဟာ ရေဝတီမြစ်တစ်လျှောက် တစ်ညလုံး ထွက်ပြေးပြီး ချောင်း၊ အင်းအိုင်၊ သစ်ပင်တွေ ပေါများပြီး လူနေနည်းတဲ့ ရွာလေးတစ်ရွာကို ရောက်တော့ အဲဒီမှာ ပုန်းရှောင်နေဖို့ ဆုံးဖြတ်လိုက်ကြတယ်။ ဒီလိုနဲ့ ကိုစံမဲ့ မဖဲဝါတို့ မောင်နှမနှစ်ယောက်ဟာ ရွာသူရွာသားတွေနဲ့အတူ တံငါအလုပ်လုပ်ပြီး ဆက်နေကြတယ်။ ရွာမှာ လူနေမှုဘဝကလည်း ရိုးရှင်းပြီး ချောင်းမြောင်းအင်းအိုင်တွေမှာလည်း ငါးတွေပေါများတာကြောင့် သူတို့နှစ်ယောက်ဟာ တံငါအလုပ်လုပ်ရင်း တဖြည်းဖြည်း ချမ်းသာလာကြတယ်။ ဒါပေမဲ့ ကိုစံမဲ့ဟာ ချမ်းသာလာလေ၊ အရက်ပိုသောက်ပြီး ပိုဆိုးလာလေ ဖြစ်လာတယ်။ မဖဲဝါဟာ ချောလှပြီး သဘောကောင်းသူဖြစ်တာကြောင့် ရွာသူရွာသားတွေက သူ့ကို ချစ်ခင်လေးစားကြပေမယ့် အစ်ကိုဖြစ်သူ့ကိုကြောက်လို့ ဘယ်သူမှ အနားမကပ်ရဲကြဘူး။

One day, misfortune arrived unexpectedly. It was raining heavily and Ma Pheh War said to herself: "Oh, my brother has been staying in the guard hut near the pond for three days and hasn't been home! I wonder if he's all right. I have to go and check on him. I'll also bring the baskets to collect some fish." Ma Pheh War then paddled their small boat down a stream towards the main fishing pond.

When she arrived there was no sign of Ko San Mhaet, only a table showing signs of a drinking session. Ma Pheh War sighed: "Where has my brother gone in this rain . . . ? I'll have to catch today's fish by myself." So she went fishing alone.

Recently, Ko San Mhaet had noticed there were fewer fish in the pond and was sure a thief was at work. When he returned from the ditch he'd fallen asleep in, drunk and confused, he saw someone fishing by the dark pond and thought he'd caught the thief. He struck out wildly with his knife until the thief was dead.

When he eventually sobered up and realized he had killed his own sister, Ko San Mhaet sank into a deep depression. Overwhelmed by sadness, he drank even more than before. His fellow fisherman and neighbors invited him to join them on a trip to the Shwedagon Pagoda for spiritual relief.

After arriving at the magnificent Shwedagon Pagoda, Ko San Mhaet simply stood and looked around blankly. "Brother, we have arrived at the pagoda," said his friends, "Aren't you going to pay homage?" "What pagoda? Where?" said Ko San Mhaet. His friends were shocked that he couldn't see the pagoda at all. A crowd gathered round, and soon everyone realized that Ko San Mhaet couldn't see the Shwedagon Pagoda because of his life of misdeeds. Ko San Mhaet was so embarrassed and scared that he returned to his village right away.

By now, all the villagers had heard the sad story of Ko San Mhaet and his little sister Ma Pheh War, and felt very sorry for them. Unfortunately, because of the way she died Ma Pheh War couldn't pass on to the next life and instead became a ghost. She visited the village's head monk in a dream and told him that she had nowhere to live, and nothing to eat or wear. The monk, who already knew the siblings' story, gave permission for Ma Pheh War to live in the village graveyard.

တစ်နေ့မှာ မမျှော်လင့်ဘဲ ကံဆိုးတဲ့နေ့တစ်နေ့ကို ရောက်လာခဲ့တယ်။ အဲဒီနေ့မှာ မိုးတွေ သည်းသည်းမဲမဲ ရွာနေတယ်။ မဖဝါက "ဩော် . . . ငါ့အစ်ကို အိမ်ပြန်မလာဘဲ အင်းစောင့်တဲ့ လေးထဲမှာ နေနေတာ သုံးရက်တောင်ရှိသွားပြီ . . . အဆင်ပြေရဲ့လားမသိဘူး။ ငါ လိုက်သွား ကြည့်ရမယ်။ တစ်ခါတည်း ငင်းထည့်ဖို့ ခြင်းတွေပါ ယူသွားမယ် . . . " ဆိုပြီး အစ်ကိုရှိတဲ့ အင်း ထဲကို လှေလေးနဲ့ ထွက်သွားတယ်။

အင်းထဲရောက်တော့ အစ်ကိုဖြစ်သူ ကိုစံမွဲ့ကို မတွေ့ဘဲ သောက်လက်စ အရက်ပိုင်းကိုပဲ တွေ့ ရတာကြောင့် မဖဝါ သက်ပြင်းတစ်ချက်ချလိုက်တယ်။ "ငါ့အစ်ကို မိုးရွာထဲ ဘယ်သွားနေလဲ မသိဘူး . . . သူ ပြန်မလာခင် ငါးတွေ ဖမ်းထားရမယ်။" ဆိုပြီး ငင်းသွားဖမ်းတယ်။

အဲဒီရက်ပိုင်းမှာ ကိုစံမွဲ့က သူ့ရဲ့ အင်းထဲက ငါးတွေနည်းသွားတာ သူခိုးရှိလို့ဆိုပြီး ဒေါသ ထွက်နေတယ်။ အရက်သောက်ပြီး မူးနေတဲ့ ကိုစံမွဲ့ ပြန်ရောက်လာတော့ မှောင်မှောင်မဲမဲ အင်းထဲမှာ ငါးဖမ်းနေတဲ့ မဖဝါကို တွေ့လိုက်တော့ သူခိုးထင်ပြီး ဓားနဲ့ခုတ်လိုက်တယ်။

အမူးပြေသွားတဲ့အချိန်မှာ ကြည့်လိုက်တော့ သူ့ ညီမကို သတ်လိုက်မိပြီဆိုတာ သိသွားတော့ အရမ်းကို စိတ်ထိခိုက်သွားတယ်။ စိတ်ဓာတ်ကျနေတဲ့ ကိုစံမွဲ့ဟာ အဲဒီနောက်ပိုင်းမှာ အရက် ကို အရင်ကထက်တောင် ပိုပြီးသောက်လာတယ်။ အဲဒီနားမှာနေတဲ့ သူ့ရဲ့ လုပ်ဖော်ကိုင်ဖက် တွေ၊ သူငယ်ချင်းတွေက စိတ်သက်သာရာရအောင်ဆိုပြီး ရွှေတိဂုံဘုရားကိုသွားဖို့ ခေါ်တယ်။

သပွယ်လှတဲ့ ရွှေတိဂုံဘုရားကို ရောက်တဲ့အခါ ကိုစံမွဲ့က ဘာမှမလုပ်ဘဲ ဒီတိုင်း ဟိုကြည့်ဒီ ကြည့်လုပ်နေတယ်။ "ညီလေး၊ ဘုရားရောက်ပြီလေ။" လို့ သူ့ သူငယ်ချင်းတွေက ပြောလိုက် တယ်။ "ဘုရား မကန်တော့ဘူးလား။" "ဘာဘုရားလဲ။ ဘယ်မှာလဲ။" ဆိုပြီး ကိုစံမွဲ့က ပြန် မေးတယ်။ ကိုစံမွဲ့ ဘုရားကို လုံးဝမမြင်ရဘူးဆိုတာကို သူ့ သူငယ်ချင်းတွေသိတော့ အံ့ဩ တုန်လှုပ်သွားကြတယ်။ ကိုစံမွဲ့နားကို လူတွေဝိုင်းလာကြပြီးတော့ သူ့အကူအသိုလ်ကြောင့် ရွှေတိဂုံဘုရားကို မမြင်ရဘူးဆိုတာ အားလုံးသဘောပေါက်သွားကြတယ်။ ကိုစံမွဲ့ဟာ အရမ်း ရှက်၊ အရမ်းကြောက်ပြီး သူ့ ရွာကို ချက်ချင်းပြန်သွားတယ်။

ရွာသူရွာသားတွေဟာ ကိုစံမွဲ့နဲ့ မဖဝါတို့ မောင်နှမနစ်ယောက်အကြောင်းကိုကြားပြီး အရမ်း သနားကြတယ်။ ကံမကောင်းစွာနဲ့ပဲ ညီမဖြစ်သူ မဖဝါဟာ အစိမ်းသေဖြစ်လို့ နောက်ဘဝကို မကူးနိုင်ဘဲ သရဲဖြစ်နေခဲ့တယ်။ မဖဝါဟာ ရွာက ကျောင်းတိုက်ဘုန်းကြီးကို အိပ်မက်ပေးပြီး သူ့မှာ နေစရာမရှိ၊ စားစရာမရှိ၊ ဝတ်စရာမရှိဘူးလို့ ပြောပြတယ်။ သူတို့မောင်နှမအကြောင်း ကို သိထားတဲ့ ဆရာတော်ဟာ မဖဝါကို သူတို့ရွာက သုသာန်မှာ နေခွင့်ပြုလိုက်တယ်။

From that night on, Ma Pheh War lived in the village graveyard as its guard. Whenever the villagers caught a glimpse of her, she was always wearing the same yellow dress—her favorite from when she was young. When a new king took the throne in nearby Thayarwaddy, he heard the sad story of Ma Pheh War and allowed her to guard all the graveyards of his kingdom. Since then, Ma Pheh War has become known across the land as the Guard of the Graveyard.

✫ ✫ ✫

Vocabulary

မောင်နှမ **maung nha ma** sibling

မိဘ **meet ba** parent

ပြုစုစောင့်ရှောက် **pyoot zoot saungt shout** to look after someone

မင်းမှုထမ်း **minn mhoot htann** someone who serves the king (used for government staff these days)

အမြဲ **a myeh** always

မကြာခဏ **ma kyar kha na** often

ရန်ဖြစ် **yan phyit** to fight

သူခိုး **tha khoh** thief

ဓားပြ **da mya** robber

မြို့စား **myoht zarr** head of the city / mayor (old-fashioned)

ပုန်ကန် **p'own kan** to rebel

ကြံစည် **kyan si** to plot

ဖမ်းဝရမ်း **phann wa yann** warrant

ထွက်ပြေး **htwet pyayy** to run away

သတ် **that** to kill

လှေ **hlay** boat

ချောင်း **chaungg** stream

အင်းအိုင် **inn ai** pond, natural lake

သစ်ပင် **thit pin** tree

လူနေနည်း **lu nay neh** sparsely populated

ရွာ **ywar** village

ပုန်း **p'ownn** to hide

ရှောင် **shaung** to avoid

ဆုံးဖြတ် **s'ownn phyat** to decide

အလုပ် **a lote** job

တံငါအလုပ် **ta ngar a lote** fishing (as an occupation)

တဖြည်းဖြည်း **ta phyayy phyayy** gradually

ချမ်းသာ **chann thar** to be rich

သူ့ဌေးသူကြွယ် **tha htayy tha kywae** rich people

ကြောက် **kyout** afraid

အနားကပ် **a narr kat** to come close, to approach

မမျှော်လင့်ဘဲ **ma myaw lint beh** unexpectedly

ကံဆိုး **kan soh** unlucky

မိုးသည်းသည်းမဲမဲရွာ **moh theh theh meh meh ywar** to rain heavily

ရာသီဥတု **yar thi oot doot** weather

အဲဒီအချိန်ကစပြီး မဖဲဝါဟာ ရွာသုသာန်မှာ သုသာန်စောင့်အဖြစ် နေခွင့်ရသွားတယ်။ သူဟာ ငယ်ငယ်တည်းက အရမ်းကြိုက်ခဲ့တဲ့ အဝါရောင်ဝတ်စုံကို အမြဲဝတ်တယ်။ တစ်ခါတစ်လေ ရွာသူရွာသားတွေက မဖဲဝါကို အဝါရောင်ဝတ်စုံနဲ့ တွေ့ ရတယ်။ သာယာဝတီမင်းလက်ထက်ရောက်တော့ သူဟာ ဒီအကြောင်းကို ကြားသိပြီး မဖဲဝါကို သုသာန်အားလုံး စောင့်ခွင့်ပြုလိုက်တယ်။ အဲဒီအချိန်ကစပြီး မဖဲဝါဟာ သုသာန်စောင့်အဖြစ် လူသိများလာတယ်။

☆ ☆ ☆

ပြန်လာ **pyan lar** to come back	ဘုရား **pha yarr** pagoda
တဲ **teh** hut	ကန်တော့ **ga dawt** to pay homage
ထည့် **htaet** to put	လန့် **lant** to be shocked
ခြင်း **chinn** basket	အကုသိုလ် **ah koot tho** misdeed
သက်ပြင်းချ **thet pyinn cha** to sigh	ဘုရားဖူး **pha yarr phoo** pilgrim
ဒေါသထွက် **daww tha htwet** to be angry	အံ့သြတုန်လှုပ် **ant aww t'own hlote** to be surprised and scared
မူး **moo** to get drunk	ရှက် **shet** embarrassed
မှောင်မှောင်မဲမဲ **mhaung mhaung meh meh** dark	ချက်ချင်း **chet chinn** immediately
ဓား **darr** knife	ရွာသူရွာသား **ywar thu ywar tharr** villager
ခုတ် **khote** to cut off	သနား **tha narr** to sympathize
သေ **thay** to die	သရဲ **tha yeh** ghost
အမူးပြေ **a moo pyay** to become sober after being drunk	ပြော **pyaww** to tell, say
ဝမ်းနည်းပက်လက် **wann neh pet let** mournfully	ဘုန်းကြီး **ph'ownn gyee** monk
စိတ်ထိခိုက် **sate hteet khite** to be vulnerable emotionally	အိပ်မက် **eain met** dream
စိတ်သက်သာရာရ **sate thet thar yar ya** to be relieved	သုသာန် **thote than** graveyard
	ခွင့်ပြု **khwint pyoot** to allow
သပ္ပါယ် **that pae** magnificent (for pagodas only)	ဝတ်စုံ **wit s'own** dress
	တစ်ခါတစ်လေ **ta khar ta lay** sometimes
	လက်ထက် **let htet** reign
	လူသိများ **lu theet myarr** to be well-known

Pre-reading Discussion

1. သုသာန်မှာ သရဲခြောက်တယ်ဆိုတာ ယုံလား။ ဘာဖြစ်လို့လဲ။

   Do you believe that spirits haunt graveyards? Give a reason for your answer.

2. သင့်နိုင်ငံမှာ အရေးပါတဲ့ ဘာသာရေးနေရာတစ်ခုအကြောင်း ပြောပြပါ။ အဲဒီနေရာကို ဘာ အတွက် သွားကြလဲ။

   Describe an important religious site in your country. Why do people go there?

Comprehension Questions

Find the answers on page 190.

1. ကိုစံမှဲ့နဲ့ မဖဲဝါတို့က ဘာဖြစ်လို့ ပြည်မြို့ကနေ ထွက်ပြေးခဲ့လဲ။

   Why did Ko San Mhaet and Ma Pheh War run away from Pyay?

2. မောင်နှမနှစ်ယောက်ဟာ ရွာမှာ ဘာအလုပ်လုပ်ခဲ့လဲ။

   What work did the two siblings do in the village?

3. မဖဲဝါ အင်းထဲကို သွားတဲ့နေ့မှာ ရာသီဥတုအခြေအနေက ဘယ်လိုလဲ။

   How was the weather on the day when Ma Pheh War went to the pond?

4. မဖဲဝါက ဘယ်လိုသေသွားလဲ။

   How did Ma Pheh War die?

5. ကိုစံမှဲ့က ရွှေတိဂုံဘုရားကို ဘာဖြစ်လို့ မကန်တော့ခဲ့လဲ။

   Why didn't Ko San Mhaet pay homage at the Shwedagon Pagoda?

6. မဖဲဝါက ဆရာတော်ကို အိပ်မက်ထဲမှာ ဘာပြောခဲ့လဲ။

   What did Ma Pheh War tell the monk when she came to him in a dream?

7. မဖဲဝါကို လူတွေက ဘယ်လိုအသိများလဲ။

   What name is used to refer to Ma Pheh War today?

After Reading

How do you feel after reading about Ma Pheh War and Ko San Mhaet? What would you do if you were Ko San Mhaet? Do you think that Ma Pheh War still exists as a ghost? Discuss with a partner or make notes.

Culture Notes

In Burmese Buddhism, both the way you live and the way you die can affect your afterlife. If you commit too many misdeeds in your current life, it is believed that your soul will be reborn in a lower form, as an animal for example. If you die a particularly violent death, you are at risk of becoming a ghost, trapped in between lives and haunting the living.

Answer Key

Meeting New People

Comprehension Questions page 15

1. နီလာက အသက် ၁၄ နှစ်ရှိပါပြီ။
   Nilar is fourteen years old.

2. နီလာက ဒဂုံမြို့နယ်မှာ နေတယ်။
   Nilar lives in Dagon Township.

3. နီလာက မိသားစုနဲ့ အတူတူနေတယ်။
   Nilar lives with her family.

4. လွန်ခဲ့တဲ့ဆယ်နှစ်အတွင်း နီလာနေတဲ့ပတ်ဝန်းကျင်ကို လူသစ်အများကြီး ပြောင်းလာတယ်။
   A lot of new people have moved to Nilar's neighborhood in the last ten years.

5. လစ်ဇဘက်က နီလာရဲ့ အိမ်နီးချင်းအသစ် နိုင်ငံခြားသားပါ။
   Lisbeth is Nilar's new foreign neighbor.

6. လစ်ဇဘက်က ဂျာမနီနိုင်ငံကပါ။
   Lisbeth is from Germany.

7. လစ်ဇဘက်က အသက် ၂၇ နှစ်ရှိပါပြီ။
   Lisbeth is twenty-seven years old.

8. လစ်ဇဘက်က ဂျာမနီသံရုံးမှာ အလုပ်လုပ်ပါတယ်။
   Lisbeth works at the German Embassy.

9. လစ်ဇဘက်က မြန်မာနိုင်ငံက ဘယ်တော့မှ မပြန်ရဘူးလို့ မျှော်လင့်တယ်။
   Lisbeth hopes that she never has to leave Myanmar.

My Favorite Foods

Comprehension Questions page 19

1. လားရှိုးမြို့က ရှမ်းပြည်နယ်မှာ ရှိတယ်။
   Lashio is in Shan State.

2. လားရှိုးမြို့က တရုတ်နိုင်ငံနဲ့ နီးတယ်။
   Lashio is close to China.

3. ဈေးမှာ ရှမ်းခေါက်ဆွဲစစ်စစ် စားလို့ရပါတယ်။
   You can eat a really authentic bowl of Shan noodles at the market.

4. ဆိုင်းက အရည်နဲ့ ဆန်စီး ရှမ်းခေါက်ဆွဲကို ကြိုက်ပါတယ်။
   Hseng likes her Shan noodles as a soup, with sticky noodles.

5. ကချင်အစားအစာနဲ့အတူတူ ချိုချိုချဉ်ချဉ် အရသာရှိတဲ့ ကချင်ဝိုင် ခေါင်ရည်လည်း သောက်လို့ရပါတယ်။
   You can drink a slightly sweet, slightly sour Kachin wine with Kachin food.
6. ဆိုင်းက လားရှိုးမြို့မှာ ဘာဘီကျူးအကင်တွေ စားတယ်။
   Hseng eats the BBQ in Lashio.
7. အကင်နဲ့ အချဉ်နဲ့လိုက်တယ်။
   Dipping sauce goes well with BBQ.
8. လားရှိုးမြို့မှာ မုန့်ဟင်းခါး၊ လက်ဖက်သုပ်၊ အမဲသားဟင်းတွေ စားလို့ရတယ်။
   You can eat mohinga, tea leaf salad, and beef curry in Lashio.

My Daily Routine

Comprehension Questions page 23

1. အောင်ကျော်က ၆ နာရီခွဲလောက်မှာ အိပ်ရာထတယ်။
   Aung Kyaw gets up at about half-past six.
2. မနက်မှာ အောင်ကျော်က အပြင်မှာ လမ်းလျှောက်တယ်။
   Aung Kyaw walks outside in the morning.
3. အောင်ကျော်က လက်ဖက်ရည်ဆိုင်မှာ မနက်စာစားတယ်။
   Aung Kyaw has his breakfast at the tea shop.
4. အောင်ကျော်က မနက်စာ စားပြီး အိမ်ရောက်ရင် ရေချိုးတယ်။
   Aung Kyaw takes a shower when he arrives home after breakfast.
5. အောင်ကျော်က အလုပ်မှာ လုပ်ဖော်ကိုင်ဖက်တွေနဲ့ ကော်ဖီ သောက်တယ်။
   Aung Kyaw drinks coffee with his colleagues at work.
6. အောင်ကျော်ရဲ့ လုပ်ဖော်ကိုင်ဖက်တွေက အရမ်း သဘောကောင်းတယ်။
   Aung Kyaw's colleagues are very kind.
7. အောင်ကျော်က အိမ်ရောက်ရင် အရမ်းမောလို့ ဟင်းမချက်ဘူး။
   Aung Kyaw doesn't cook because he feels very tired when he arrives home.
8. အောင်ကျော်က သူငယ်ချင်းတွေနဲ့ စားသောက်ဆိုင်မှာ တွေ့တယ်။
   Aung Kyaw meets up with his friends at the restaurant.
9. အောင်ကျော်က မအိပ်ခင် ရေချိုးတယ်။
   Aung Kyaw takes a shower before he goes to bed.

A Trip to the Market

Comprehension Questions page 27

1. မန္တလေးက မြန်မာနိုင်ငံရဲ့ ယဉ်ကျေးမှုမြို့တော်အဖြစ် ထင်ရှားတယ်။
   Mandalay is famous for being the "cultural capital" of Myanmar.

2. ကိုကိုသန်းက ငါးနာရီလောက် အိပ်ရာထတယ်။
   Ko Ko Than gets up around 5 a.m.

3. ကိုကိုသန်းအိမ်နားက ဈေးမှာ သစ်သီး၊ ဟင်းသီးဟင်းရွက်နဲ့ ဆန် ဝယ်လို့ရတယ်။
   You can buy fruits, vegetables and rice at Ko Ko Than's local market.

4. ကိုကိုသန်းက သားငါးတန်းက အနံ့ကို မကြိုက်ဘူး။
   Ko Ko Than doesn't like the smell of the meat section.

5. ကိုကိုသန်းက တစ်ခါတစ်လေ ခေါက်ဆွဲတစ်ပွဲ ဝယ်စားပါတယ်။
   Ko Ko Than sometimes buys a bowl of noodles for himself.

6. ကိုကိုသန်းက ဈေးသည်တွေနဲ့ ပတ်ဝန်းကျင်အကြောင်း၊ နိုင်ငံတစ်ဝန်းက
   သတင်းတွေအကြောင်း ပြောတယ်။
   Ko Ko Than talks about news from the neighborhood and around the country with
   the stall holders.

7. စတော်ဘယ်ရီရာသီက အေးတဲ့ရာသီမှာပါ။ ပြင်ဦးလွင်က လာတယ်။
   Strawberry season is in the cold season and they come from Pyin Oo Lwin.

8. ကိုကိုသန်းအကြိုက်ဆုံးအသီးက သရက်သီးပါ။
   Ko Ko Than's favorite fruit is mango.

Weather and the Seasons

Comprehension Questions page 31

1. နော်ဖော်ထူးကို ကရင်ပြည်နယ်မှာ မွေးတယ်။
   Naw Phaw Htoo was born in Karen State.

2. သူက ထားဝယ်ကို ငယ်ငယ်တည်းက ပြောင်းခဲ့တယ်။
   She moved to Dawei when she was just a baby.

3. ထားဝယ်က ထိုင်းနိုင်ငံနဲ့ နီးတယ်။
   Dawei is close to Thailand.

4. နော်ဖော်ထူးရဲ့ သူငယ်ချင်းတွေက အလုပ်လုပ်ဖို့ နိုင်ငံခြားကို သွားတယ်။
   Naw Phaw Htoo's friends go abroad to work.

5. မြန်မာနိုင်ငံမှာ ရာသီသုံးမျိုးရှိတယ်။
   There are three seasons in Myanmar.

6. ဆောင်းရာသီက အောက်တိုဘာလကုန်မှာ စတယ်။
   The cool season starts at the end of October.

7. မြန်မာနိုင်ငံရဲ့အပူဆုံးလက ဧပြီလပါ။
The hottest month in Myanmar is April.

8. နော်ဖောထူးပြောပုံအရ ရာသီဥတုကို မပြောင်းနိုင်ဘူးဆိုရင် အကျိုးရှိရှိအသုံးချရမယ်။
According to Naw Phaw Htoo, if you can't change the weather, you just have to make the most of it.

Famous Places in Myanmar
Comprehension Questions page 38

1. ရခိုင်ပြည်နယ်က မြန်မာနိုင်ငံအနောက်ပိုင်းမှာ ရှိတယ်။
Rakhine State is in the west of Myanmar.

2. စောမြတ်သွယ်က ရန်ကုန်က ခရီးသွားကုမ္ပဏီတစ်ခုမှာ အလုပ်လုပ်နေပါတယ်။
Saw Myat Thwe works for a tour company in Yangon.

3. စောမြတ်သွယ်က သူအလုပ်စလုပ်တဲ့ ပထမအပတ်မှာ ပုဂံကို ပထမဆုံး ရောက်ဖူးတယ်။
Saw Myat Thwae visited Bagan for the first time during the first week of her job.

4. မြောက်ဦးက ရခိုင်ပြည်နယ်မှာပါ။
Mrauk U is in Rakhine State.

5. အင်းသား ငါးဖမ်းသမားတွေက လှေလှော်ဖို့ သူတို့ရဲ့ခြေထောက်တွေကို သုံးကြတယ်။
The Intha fishermen use their legs to row their boats.

6. မြန်မာနိုင်ငံမှာ အထင်ရှားဆုံးကမ်းခြေက ငပလီပါ။
The most famous beach in Myanmar is Ngapali.

7. တောင်တွေရှိတဲ့ ပြည်နယ်ငါးခုရဲ့နာမည်တွေက ချင်းပြည်နယ်၊ ရှမ်းပြည်နယ်၊ ကယားပြည်နယ်၊ ကချင်ပြည်နယ်နဲ့ ကရင်ပြည်နယ်ပါ။
The names of five states with mountains are Chin State, Shan State, Kayah State, Kachin State and Karen State.

8. လှေစီးပြီး ခရီးသွားလို့ရတဲ့ မြစ်နှစ်ခုက ဧရာဝတီမြစ်နဲ့ ချင်းတွင်းမြစ်ပါ။
The Ayeyarwady and Chindwin rivers are popular for boat trips.

9. စောမြတ်သွယ်က ရခိုင်စားသောက်ဆိုင်မှာ နေ့လယ်စာစားမယ်။
Saw Myat Thwe is going to a Rakhine-style restaurant for lunch.

The Water Festival
Comprehension Questions page 43

1. ဇင်မိုးက မြန်မာနိုင်ငံအလယ်ပိုင်း ရွှေဘိုမြို့မှာ နေပါတယ်။
Zin Moe lives in Shwebo, in central Myanmar.

2. ရွှေဘိုရဲ့ ရာသီဥတုက အရမ်းပူပြီး ခြောက်သွေ့ပါတယ်။
The weather in Shwebo is very hot and dry.

3. မြန်မာရေသဘင်ပွဲတော်ရဲ့ နာမည်က သင်္ကြန်ပါ။
   The name of the Burmese water festival is Thingyan.
4. သင်္ကြန်ကို ဧပြီလလယ်မှာ ကျင်းပပါတယ်။
   Thingyan takes place in the middle of April.
5. ရေပက်တဲ့စင်တွေကို မဏ္ဍပ်လို့ ခေါ်ပါတယ်။
   A *mandat* is a water-spraying stage.
6. သင်္ကြန်မှာစားတဲ့ မုန့်တစ်မျိုးရဲ့နာမည်က မုန့်လုံးရေပေါ်ပါ။
   The name of the special Thingyan snack is *mont lone ye baw.*
7. ပုံမှန်မဟုတ်တဲ့ မုန့်လုံးရေပေါ်ထဲမှာ ငရုတ်သီး ပါပါတယ်။
   There is chili inside the special rice ball.
8. ပွဲတော်ကျင်းပတာအပြင် ဗုဒ္ဓဘာသာတွေက သင်္ကြန်မှာ နှစ်သစ်အတွက် ကောင်းမှုကုသိုလ်တွေလည်း လုပ်ကြပါတယ်။
   Apart from celebrating, Buddhists also make merit for the New Year during Thingyan.

There's a Ghost in my Room

Comprehension Questions page 47

1. သော်ဇင်ကျော်က အလုပ်ပိတ်ရက်တွေမှာ အိမ်အလုပ်တွေ လုပ်ပါတယ်။
   Thaw Zin Kyaw does chores around the house.
2. မနေ့ညက သော်ဇင်ကျော် အိပ်ဖို့ကြိုးစားနေတုန်း တံခါးဖွင့်ပိတ်သံတွေ၊ ခြေသံတွေ ကြားရတယ်။
   Thaw Zin Kyaw heard the door opening and closing and the sounds of footsteps when he was trying to sleep last night.
3. သော်ဇင်ကျော်က ချွေးတွေပြန်လို့ နိုးလာတယ်။
   Thaw Zin Kyaw woke up because he was sweating.
4. သော်ဇင်ကျော်ရဲ့ ကုတင်အောက်မှာ မာလာလို့ခေါ်တဲ့ မိန်းကလေးတစ်ယောက် ရှိတယ်။
   A girl called Marlar was under Thaw Zin Kyaw's bed.
5. သော်ဇင်ကျော်ရဲ့အိမ်ကို မာလာရောက်တာ တစ်ပတ်လောက် ရှိပါပြီ။
   It had been about a week since Marlar arrived in Thaw Zin Kyaw's house.
6. မာလာက နေစရာ၊ စားစရာမရှိလို့ သော်ဇင်ကျော်ရဲ့အိမ်ကို လာခဲ့တယ်။
   Marlar came to Thaw Zin Kyaw's house because she didn't have either food or shelter.
7. သော်ဇင်ကျော်က ဒီအပတ် စနေ၊ တနင်္ဂနွေမှာ သူ့အိမ်မှာ ဘုန်းကြီးတွေပင့်ပြီး မာလာအတွက် အလှူလုပ်ပေးမယ်။
   Thaw Zin Kyaw will invite monks to his house and make donations for Marlar.

A Young Billionaire

Comprehension Questions page 55

1. ရာဇာငယ်ငယ်တုန်းက သူ့မိဘတွေက သူတောင်းဆိုသမျှကို အကုန်လုပ်ပေးခဲ့တယ်။
   Yarzar's parents fulfilled his every wish when he was young.

2. ရာဇာက အတန်းချိန်တွေမှာ အတန်းမတက်ဘဲ လျှောက်သွားပြီး ဆော့ကစားနေတယ်။
   ပါမောက္ခကြီးက ခဏခဏ ပြောဆိုဆုံးမပေမယ့်လည်း နားမထောင်တာကြောင့်
   ကျောင်းထုတ်လိုက်ရတယ်။
   Yarzar skipped classes and just played around. The professor disciplined him several
   times but he didn't listen, so he had to expel him from school.

3. ရာဇာက သူငယ်ချင်းတွေနဲ့အတူတူ လျှောက်သွားပြီး လောင်းကစား လုပ်တယ်။
   Yarzar hung around with his friends and gambled.

4. ရာဇာက အမြဲ မူးပြီး အိမ်ပြန်လာပြီး အိမ်မှာလည်း အော်ဟစ်ဆူညံနေလို့
   သူ့အိမ်ပတ်ဝန်းကျင်က လူတွေက သူ့ကို မကြိုက်ကြဘူး။
   The neighborhood didn't like Yarzar because he was extremely noisy every time he
   got back home drunk.

5. ရာဇာရဲ့မိဘတွေက ကုဋေတစ်ရာ့ခြောက်ဆယ် ချမ်းသာတယ်။
   Yarzar's parents were wealthy, being worth one hundred and sixty billion kyat.

6. မြေအောက်မှာ ဂုက်ထားခဲ့တဲ့ ကုဋေရှစ်ဆယ်ကို ရာဇာရဲ့ သူငယ်ချင်းက လိမ်ယူသွားခဲ့တယ်။
   Yarzar's friend tricked him and took the eighty billion kyat that was hidden
   underground.

7. ပိုက်ဆံမရှိတော့တဲ့ ရာဇာဟာ နောက်ဆုံးမှာ မိသားစုအိမ်အပါအဝင် ပိုင်ဆိုင်သမျှ
   ပစ္စည်းတွေကို ရောင်းလိုက်တယ်။
   Yarzar sold everything he possessed, including the family home, after losing all his
   money.

8. ရာဇာက တောထဲမှာ အစာငတ်ပြီး သေသွားခဲ့တယ်။
   Yarzar died of starvation in the forest.

A Jungle Tale

Comprehension Questions page 64

1. ရှဉ့်နဲ့တောက်တဲ့က မြန်မာနိုင်ငံက တောအုပ်တွေထဲမှာ နေကြတယ်။
   Squirrel and Gecko live in the jungles of Myanmar.

2. တခြားတိရစ္ဆာန်တွေက သူတို့နှစ်ကောင်ကို စကြတယ်။
   The other animals tease them.

3. ရှဉ့်က တောက်တဲ့ထက် ပိုမြန်တယ်။
   Squirrel is faster than Gecko.

4. အင်းဆက်ပိုးမွှားတွေစားတာ တောက်တဲ့ပါ။
   Gecko eats insects.

5. တောက်တဲ့ကို စားချင်တဲ့ တခြားတိရစ္ဆာန်တွေ အများကြီးရှိလို့ သူက တခြားတိရစ္ဆာန်တွေကို
   ကြောက်တယ်။
   Gecko is afraid of other animals because they want to eat her.

6. ရှဉ့်က လမ်းလျှောက်ရင်း ခပ်ဝေးဝေးက ရေတံခွန်ကို သွားချင်တယ်။
   Squirrel wants to get to a faraway waterfall on their walk.

7. ကျားက သူ့ရဲ့မနက်စာအတွက် ရှဉ့်ကို စားရမလား၊ တောက်တဲ့ကို စားရမလားဆိုတာ
   ဆုံးဖြတ်လို့မရလို့ ဝေခွဲမရဖြစ်နေတယ်။
   The tiger is confused because he can't decide whether to have Squirrel or Gecko for
   his breakfast.

8. တောက်တဲ့က သူတို့ထွက်ပြေးဖို့အတွက် ကျားကို မျက်စိမှိတ်အောင် လှည့်စားတယ်။
   Gecko tricks the tiger into closing his eyes so they can escape.

The Rabbit in the Moon

Comprehension Questions page 70

1. ယုန်မှာ သူငယ်ချင်းသုံးယောက်ရှိတယ်။
   The rabbit had three friends.

2. ယုန်က သူ့သူငယ်ချင်းတွေကို လပြည့်နေ့မှာ အလှူလုပ်ဖို့ တိုက်တွန်းတယ်။
   The rabbit encouraged her friends to make a donation on the full moon day.

3. မျောက်က လှူဖို့ အသီးစုံ ရှာထားတယ်။
   The monkey found various fruits to donate.

4. လင်းပိုင်က လှူဖို့ ငါးတွေရှာထားပြီး မြေခွေးက ကြက်ကင်တစ်ကောင်နဲ့ နို့အိုးတစ်လုံး
   ရှာထားတယ်။
   The dolphin found fish and the fox found a grilled chicken and a pot of milk to donate.

5. လပြည့်နေ့မှာ သူတို့ရှာထားတဲ့ ပစ္စည်းတွေကို အဘိုးအိုတစ်ယောက်ကို လှူကြတယ်။
   They donated the things they found to an old man on the full moon day.

6. ယုန်က အဘိုးအိုကို မီးမွှေးခိုင်းတယ်။
   The rabbit asked the old man to light a fire.

7. ယုန်က သူ့အသက်ကို လှူမယ်လို့ပြောတယ်။
   The rabbit said that she would donate her life.

8. သိကြားမင်းက ယုန်ကို ဂုဏ်ပြုတဲ့အနေနဲ့ လပေါ်မှာ ယုန်ရုပ်ပုံစံပေါ်လွင်နေအောင်
   လုပ်ပေးခဲ့လို့ လပေါ်မှာ ယုန်ရုပ်ပုံစံကို တွေ့ရတယ်။
   The rabbit figure appeared on the moon because the Sakka made it so, in honor of her.

The Golden Peacock

Comprehension Questions page 77

1. သူဌေးကြီးမှာ သမီးသုံးယောက်ရှိတယ်။
   The rich man had three daughters.

2. သူဌေးကြီးရဲ့ သမီးသုံးယောက်က ပိုက်ဆံမရှိတော့လို့ သူများအိမ်မှာ အလုပ်လုပ်ခဲ့ရတယ်။
   The rich man's three daughters had to work at other people's houses because they didn't have money anymore.

3. ရွှေဥဒေါင်းကြီးကို တွေ့တဲ့အချိန်မှာ သမီးအကြီးဆုံးက လယ်ထဲမှာကောက်ရိတ်နေတယ်။
   The eldest daughter was harvesting crops on the farm when she saw the golden peacock.

4. ရွှေဥဒေါင်းကြီးက ဘဝဟောင်းက သူတို့ရဲ့ အဖေပါ။
   The golden peacock was their father in his past life.

5. ရွှေဥဒေါင်းကြီးက သူ့အရင်ဘဝက မိန်းမနဲ့ သမီးတွေ ဆင်းဆင်းရဲရဲ နေနေရတာကို မကြည့်ရက်လို့ သူ့ရဲ့ ရွှေအတောင်တွေကိုပေးဖို့ လာခဲ့တယ်။
   The golden peacock visited his ex-wife and daughters to give them his golden feathers because he couldn't bear to see them living in poverty.

6. အစာကျွေးပြီး မွေးထားလိုက်ရင် တစ်နေ့နေ့မှာ ရွှေအတောင်တွေ ပြန်ပေါက်လာမယ်ထင်လို့ ရွှေဥဒေါင်းကြီးကို တောင်းထဲမှာ ထည့်ထားကြတယ်။
   The golden peacock was put inside the basket because they thought that if they kept feeding him, he would grow the golden feathers back one day.

7. တောင်းထဲက လွတ်ပြီးတော့ ရွှေဥဒေါင်းကြီးရဲ့ အတောင်တွေက ရွှေရောင်ပြန်ဖြစ်သွားတယ်။
   The feathers of the golden peacock returned to a golden color when he was released from the basket.

The Kind Monkey

Comprehension Questions page 83

1. လူက သူ့ရဲ့ နွားတွေ ပျောက်သွားလို့ လိုက်ရှာဖို့ တောထဲကို သွားခဲ့တယ်။
   The man went into the forest to look for his lost cows.

2. ချောက်ကြီးတစ်ခုနားမှာ တည်ပင်ကြီးတစ်ပင် ရှိတယ်။
   There was a big persimmon tree near the big cliff.

3. လူက ချောက်ထဲမှာ တည်သီးတွေစားပြီး အသက်ရှင်နေခဲ့တယ်။
   The man ate persimmons to survive at the bottom of the cliff.

4. အဲ့ဒီလူကို မျောက်က ကယ်ခဲ့တယ်။
   The monkey saved the man.

5. လူ့ရဲ့ ယုတ်မာတဲ့အကြံက မျောက်ကြီးရဲ့ခေါင်းကို ကျောက်တုံးနဲ့ထုသတ်ပြီး သွေးတွေကို သောက်ဖို့ပါ။
   The man's malevolent idea was to beat the monkey's head with a stone and drink the blood from it.

6. မျောက်က သစ်ပင်တစ်ပင်ကနေ တစ်ပင်ကူးပြီး သူ့ဒဏ်ရာကကျတဲ့သွေးစက်တွေနဲ့ လူနေတဲ့ရွာကို လမ်းပြပေးတယ်॥

The monkey guided the man with drops of blood from his injury, leaping from one tree to another.

7. ရွာကိုပြန်တဲ့ လမ်းမှာ လူက သစ်ပင်ပေါ်က ကျလာတဲ့ သွေးစက်တွေကို ပါးစပ်နဲ့ခံပြီး သောက်တယ်॥

The man opened his mouth to drink the blood flowing from the trees above.

8. လူက ရွာကို မရောက်ခင် မြေမျိုခံလိုက်ရတယ်॥

The man was swallowed up by a fissure before he reached his village.

The Bandit Who Became a Monk
Comprehension Questions page 88

1. ဇာနည်က အသက်ဆယ့်ခြောက်နှစ်ပြည့်တော့ ပါမောက္ခဆရာကြီးဆီကို သွားခဲ့တယ်॥

Zarni went to the professor when he turned sixteen.

2. ပါမောက္ခဆရာကြီးရဲ့ အမျိုးသမီးဟာ ဇာနည်နဲ့ ဖောက်ပြန်နေတယ်လို့ ကျောင်းသားတချို့က ပြောလို့ ဆရာကြီးက ဇာနည်ကို ဒုက္ခရောက်အောင် ကြံစည်ခဲ့တယ်॥

The professor planned revenge on Zarni because some students said that his wife was having an affair with Zarni.

3. ဆရာကြီးက ဇာနည်ကို လူ့လက်ညှိုးတစ်ထောင်ကိုဖြတ်ပြီး ယူလာခိုင်းခဲ့တယ်॥

The professor asked Zarni to cut a thousand people's fingers and bring them to him.

4. ဇာနည်က ဖြတ်ပြီးတဲ့လက်ညှိုးတွေကို လည်ပင်းမှာ ဆွဲကြိုးလုပ်ဆွဲထားတယ်॥

Zarni made a necklace with the fingers and wore it around his neck.

5. ဇာနည်ရဲ့ နာမည်အသစ်က အင်္ဂုလိမာလပါ॥

Zarni's new name was Ingulimala.

6. ဇာနည်က သူ့အမေကိုသတ်ပြီး နောက်ဆုံးလက်ညှိုးရဖို့ အမေရဲ့နောက်ကို ဓားနဲ့လိုက်တယ်॥

Zarni went after his mother with the knife to kill her in order to get the final finger.

7. အင်္ဂုလိမာလနဲ့ သူ့အမေကြားကို ဂေါတမဘုရားရှင် ရောက်လာတယ်॥

Gautama Buddha appeared between Ingulimala and his mother.

I Did Not Cheat on You
Comprehension Questions page 95

1. သီတာဒေဝီက အသက်နှစ်ဆယ်ပြည့်တဲ့အခါ မင်္ဂလာဆောင်ခဲ့တယ်॥

Thida Day Wei got married when she turned twenty.

2. မိတ္ထီလာဘုရင်ကြီးက မြှားပစ်ပြိုင်ပွဲတစ်ခု ကျင်းပပြီး ပြိုင်ပွဲမှာ နိုင်တဲ့လူကို သူ့သမီးအတွက် သတို့သားအဖြစ် ရွေးချယ်ခဲ့တယ်။
The King of Meikhtila hosted an archery competition and chose the winner as the groom for his daughter.

3. ဒသဂီရိက သီဟိုဠ်ကျွန်းက ဘီလူးမင်းပါ။
Dhatha Giri was the ogre king from Thiho island.

4. သီတာဒေဝီက အယုဒ္ဓယနိုင်ငံက ရာမလို့ခေါ်တဲ့ မင်းသားတစ်ယောက်နဲ့ လက်ထပ်ခဲ့တယ်။
Thida Day Wei married Rama, a prince from the land of Ayuttaya.

5. အယုဒ္ဓယမှာ နန်းတွင်းပဋိပက္ခတွေဖြစ်ပြီး ရာမရဲ့အဖေ ဘုရင်ကြီးက ရာမမင်းသားကို အခြေအနေတွေပြီမ်သွားတဲ့အထိ တောထဲမှာ သွားနေဖို့ အမိန့်ထုတ်လိုက်တာကြောင့် ရာမနဲ့ သီတာဒေဝီက နန်းတော်ထဲက ထွက်သွားခဲ့တယ်။
Rama and Thida Day Wei left the palace because there were a series of internal conflicts at their palace in Ayuttaya so Rama's father, the King, commanded them to live in the jungle until conditions stabilized.

6. ရာမမင်းသားက တောထဲမှာ သမင်ကို အမဲလိုက်ခဲ့တယ်။
Prince Rama hunted for the deer in the forest.

7. သီတာဒေဝီကို ဒသဂီရိက သီသီဟိုဠ်ကျွန်းကို ခေါ်သွားခဲ့တယ်။
Dhatha Giri took Thida Day Wei to Thiho Island.

8. ရာမမင်းသားက သီသီဟိုဠ်ကိုရောက်တဲ့အခါ ဒသဂီရိက သီတာဒေဝီကို ပြန်ပေးဖို့ ငြင်းတဲ့အတွက် ရာမနဲ့ ဒသဂီရိတို့ တိုက်ပွဲဖြစ်ကြတယ်။
When Prince Rama reached Thiho Island, Dhatha Giri refused to give Thida Day Wei back. So, Rama and Dhatha Giri fell into battle.

9. သီတာဒေဝီက ဒသဂီရိနဲ့ မဖောက်ပြန်ခဲ့ဘဲ ရာမကိုပဲ အမြဲတမ်းချစ်ခဲ့တယ်ဆိုတာကို သက်သေပြဖို့အတွက် မီးပုံထဲကို ခုန်ချခဲ့တယ်။
Thida Day Wei jumped into the bonfire to prove that she always only loved Rama and that she hadn't had an affair with Dhatha Giri.

Maung Po and the Tiger

Comprehension Questions page 100

1. မောင်ပိုက တောထဲကနေ နေ့တိုင်းဖြတ်သွားရင်း ကျားနဲ့ မိတ်ဆွေဖြစ်သွားခဲ့တယ်။
Maung Po walked through the forest every day and became friends with the tiger.

2. မောင်ပိုက ကျားကြီး ရွာထဲလိုက်လာရင် သူတို့နွားတွေကို စားမှာစိုးလို့ ရွာထဲကိုမခေါ်သွားချင်ဘူး။
Maung Po didn't want to take the tiger to his village as he was worried that the tiger would eat their cows.

3. ရွာသားတွေက ကျားကိုဖမ်းဖို့ ထောင်ချောက်တွေဆင်ကြတယ်။
The villagers set up traps to catch the tiger.

4. ကျားကို လှောင်အိမ်ထဲကနေ မောင်ပိုက လွှတ်ပေးလိုက်တယ်။

Maung Po released the tiger from the cage.

5. ကျားက အားပြတ်နေလို့ မောင်ပိုကို စားချင်တယ်။

The tiger wanted to eat Maung Po because he was weak and tired.

6. မောင်ပိုနဲ့ကျားက သူတို့ငြင်းခုံနေတာနဲ့ပတ်သက်ပြီး ယုန်ဆီက အကြံဉာဏ်တောင်းခဲ့တယ်။

Maung Po and the tiger consulted the rabbit about their argument.

7. ယုန်က အမှန်အတိုင်း ဆုံးဖြတ်နိုင်ဖို့အတွက် ကျားကို ထောင်ချောက်ထဲ ပြန်ဝင်ခိုင်းလို့ ကျားက သူ့ဟာသူ ထောင်ချောက်ထဲကို ဝင်သွားတယ်။

The tiger returned to the trap by himself, because the rabbit asked him to get back into the trap in order to decide the truth.

The Tortoise and the Hare

Comprehension Questions page 106

1. ယုန်နဲ့လိပ်က ပထမဆုံး ရေကူးပြိုင်ကြတယ်။

The hare and the tortoise competed in swimming for the first time.

2. ယုန်နဲ့လိပ်က ဒုတိယအကြိမ် ကုန်းပေါ်မှာ အပြေးပြိုင်ကြတယ်။

The hare and the tortoise raced on the ground the second time.

3. လိပ်ရဲ့ အခွံကြီးက လေးနေလို့ ကုန်းပေါ်မှာ မြန်မြန်မပြေးနိုင်ဘူး။

The tortoise could not run fast on land because his shell was so heavy.

4. ယုန်နဲ့လိပ်က တတိယအကြိမ် ရေထဲမှာရော၊ ကုန်းပေါ်မှာပါ ပြိုင်ကြတယ်။

The hare and the tortoise raced both in the water and on the ground the third time.

5. ယုန်က ချောင်းကိုအရင်ရောက်တယ်။

The rabbit reached the creek first.

6. တတိယအကြိမ်ပြိုင်ပွဲမှာ လိပ်က ယုန်ကို ပန်းတိုင်ကို အတူတူရောက်အောင် သွားကြမယ်လို့ တီးတိုးပြောခဲ့တယ်လို့ ထင်တယ်။

The tortoise maybe whispered in the hare's ear during the third race that they will go to the finishing line together.

7. ပန်းတိုင်ကို ယုန်နဲ့လိပ် အတူတူရောက်ခဲ့တယ်။

The hare and the tortoise reached the finishing line together.

8. လိပ်က ပွဲလာကြည့်တဲ့ တိရစ္ဆာန်တွေကို "ကျွန်တော်တို့ ပြိုင်ဘက်တွေဖြစ်နေမယ့်အစား တစ်ယောက်နဲ့တစ်ယောက် ကူညီလိုက်တာက ပိုအကျိုးရှိနိုင်မယ်လို့ ထင်လို့ပါ" ဆိုပြီး ပြောပြတယ်။

The tortoise told the animals who came to watch their race, "We thought that it would be more beneficial to help each other instead of being rivals."

The Pill of Immortality

Comprehension Questions page 112

1. ဂေါတမီရဲ့ မိဘတွေက စီးပွားပျက်ပြီး ရှိသမျှပစ္စည်းဥစ္စာတွေကို ရောင်းချလိုက်ရတာကြောင့် ဆင်းရဲသွားတယ်။

   Gautami's parents became poor because they went bankrupt and had to sell every possession they had.

2. သူဌေးကြီးရဲ့ ရွှေတွေက မီးသွေးတုံးတွေ ဖြစ်သွားတယ်။

   The rich man's gold turned into charcoal.

3. သူဌေးကြီးရဲ့ မိတ်ဆွေက မီးသွေးတုံးတွေ ထိုက်တန်သူနဲ့ တွေ့တဲ့အခါ ရွှေပြန်ဖြစ်အောင် လူအများ မြင်နိုင်မယ့် ဈေးထဲမှာ ရောင်းဖို့ အကြံပေးတယ်။

   The rich man's friend suggested selling the charcoal cubes in the bazaar where everyone could see them, so that they will turn back to gold when held by someone worthy.

4. သူဌေးကြီးနဲ့ ဂေါတမီက မီးသွေးဆိုင်ရှေ့မှာ တွေ့တယ်။

   The rich man and Gautami met in front of the charcoal shop.

5. ဂေါတမီရဲ့ လက်နဲ့ထိတဲ့ မီးသွေးတုံးအားလုံးဟာ ရွှေတုံးတွေပြန်ဖြစ်သွားလို့ ဂေါတမီဟာ သူဌေးကြီးရဲ့သားအကြီးဆုံးနဲ့ လက်ထပ်ရပြီး ပြန်ချမ်းသာလာတယ်။

   Every piece of charcoal touched by Gautami's hands turned back into gold, so Gautami married the rich man's eldest son and became rich again.

6. ဂေါတမီက သူ့သားအတွက် မသေဆေး တောင်းဖို့ ဂေါတမဘုရားဆီကို သွားခဲ့တယ်။

   Gautami went to Gautama Buddha to ask for the pill of immortality.

7. ဘုရားက ဂေါတမီကို လူမသေဖူးတဲ့အိမ်က မုန်ညင်းဆီ ရှာခိုင်းခဲ့တယ်။

   The Buddha asked Gautami to look for mustard oil from a house that nobody had ever died in.

8. ဂေါတမီက လူမသေဖူးတဲ့အိမ်ကို ဘယ်လိုရှာရှာ မတွေ့ခဲ့လို့ မုန်ညင်းဆီကို မယူလာခဲ့နိုင်ဘူး။

   Gautami could not find the mustard oil because she couldn't find a house nobody had ever died in, however much she tried.

Never Give Up

Comprehension Questions page 120

1. မိတ္ထီလာပြည်တွင်းစစ်မှာ အဲဒီနိုင်ငံကို အုပ်ချုပ်နေတဲ့ ဘုရင်ကြီး ကျဆုံးသွားတယ်။

   The ruling King was killed in Meikhtila's civil war.

2. မဟာဇနက္ကကို ကျောင်းမှာ တခြားကျောင်းသားတွေက "မုဆိုးမသား" လို့ခေါ်ပြီး ဝိုင်းစကြတယ်။

   The other students teased Mahar Zanettka at school by calling him "the widow's son".

3. မဟာဇနက္ကရဲ့ အမေက သူ့ကို အသက်ဆယ့်ရှစ်နှစ်မှာ သူ့အဖေအကြောင်း ပြောပြခဲ့တယ်။

   Mahar Zanettka's mother told him about his father when he was eighteen.

4. မဟာဇနက္ကရဲ့အဖေကို သူ့ရဲ့ဦးလေးက သတ်ခဲ့တယ်။

His uncle killed Mahar Zanettka's father.

5. မဟာဇနက္ကက ကုန်သည်တစ်ယောက်လို ပင်လယ်ကူးသင်္ဘောနဲ့လိုက်ပြီး မိတ္ထီလာကိုသွားဖို့
ဆုံးဖြတ်ခဲ့တယ်။

Mahar Zanettka decided to go to Meikhtila by taking an ocean liner while posing as
a trader.

6. သင်္ဘောသားတွေက ငါးမန်း၊ မိကျောင်းတွေအကိုက်ခံရပြီး သေသွားကြတယ်။

The sailors died being eaten by the sharks and crocodiles.

7. မဟာဇနက္ကက သမုဒ္ဒရာထဲမှာ ရေမကူးခင် ထောပတ်တွေအများကြီး စားပြီး
သူ့ရဲ့အဝတ်အစားတွေကိုလည်း ထောပတ်တွေ သုတ်လိမ်းတယ်။

Mahar Zanettka ate a lot of butter and also rubbed his clothes with butter before
swimming in the ocean.

8. မဟာဇနက္ကက နတ်သမီးရဲ့အကူအညီနဲ့ မိတ္ထီလာကို ရောက်သွားခဲ့တယ်။

Mahar Zanettka reached Meikhtila with the help of an angel.

9. ဘုရင်လောင်းရှာတဲ့ရထားက မောင်းတဲ့လူမပါဘဲ မှော်ပညာနဲ့ အလိုအလျောက်သွားပြီး
ဘုရင်ဖြစ်မယ့်လူရဲ့ရှေ့ကို ရောက်တဲ့အခါ ရပ်သွားတယ်လို့ လူတွေက ယုံကြည်ကြတယ်။

The "King Seeking Chariot" was a magically enchanted chariot without a driver,
which is believed to stop before a future King.

The Wise Woman

Comprehension Questions page 128

1. စစ်သားတွေက လူဆိုးတွေကို ရှာမတွေ့တာကြောင့် တောစပ်မှာလယ်ထွန်နေကြတဲ့
ယောကျာ်းသုံးယောက်ကို ဖမ်းသွားခဲ့တယ်။

The soldiers arrested the three men ploughing their fields at the edge of the forest as
they could not find the bandits.

2. မင်းကြီးက အဖမ်းခံရတဲ့သုံးယောက်ကို သေဒဏ်ပေးလိုက်တယ်။

The King sentenced the arrested men to death.

3. မင်းကြီးက အမျိုးသမီးတစ်ယောက် အော်ငိုနေတဲ့အသံကို ကြားလိုက်ရတယ်။

The king heard a woman crying.

4. အမျိုးသမီးက သူ့ရဲ့မောင်၊ အမျိုးသားနဲ့ သားတို့ကို ပြန်လွှတ်ပေးဖို့ မင်းကြီးကို
တောင်းဆိုခဲ့တယ်။

The woman requested the King to release her young brother, husband, and her son.

5. အမျိုးသမီးပြောပုံအရ အဝတ်မရှိဘဲနေရင် မလုံခြုံသလို အမျိုးသားမရှိဘဲနေရင်လည်း
မလုံခြုံပါဘူး။ ဒါကြောင့် အမျိုးသားကို အဝတ်နဲ့ နှိုင်းယှဉ်လို့ရပါတယ်။

According to the woman, a husband can be compared to clothes because if someone
was naked they wouldn't be safe, and the same as that, it's not safe without a
husband.

6. မောင်နဲ့သားက တန်ဆာနဲ့တူတယ်။
   The little brother and son are the same as jewelry.

7. အမျိုးသမီးက သုံးယောက်ထဲက သူ့ရဲ့မောင်ကို ရွေးခဲ့တယ်။ ဘာဖြစ်လို့လဲဆိုတော့ အသက်ရှင်နေသရွေ့ ယောက်ျားနဲ့သားကို အချိန်မရွေး ပြန်ယူလို့ရနိုင်ပေမယ့် မောင်ကိုတော့ သူ့မိဘတွေ သေသွားတာကြောင့် ပြန်မရနိုင်တော့့ဘူးလို့ ပြောပါတယ်။
   The woman chose her younger brother among the three because she said as long as she was living, she could have a husband and a son again, but she couldn't get her younger brother back, as her parents were dead already.

8. မင်းကြီးက အမျိုးသမီးရဲ့ ပညာရှိပုံကို သဘောကျလို့ သုံးယောက်လုံးကို လွှတ်ပေးလိုက်တယ်။
   The king released all three men as he liked the woman's wise responses.

The Unfaithful Wife

Comprehension Questions page 136

1. ဘာဖြစ်လို့လဲဆိုတော့ မင်းသားခြောက်ယောက်ကို သူတို့ရဲ့ အဖေ ဘုရင်ကြီးက ကိုယ့် ခြေထောက်ပေါ်ကိုယ်ရပ်နိုင်အောင် နန်းတော်ကနေ ထွက်သွားခိုင်းပြီး အပြင်မှာ သွားနေခိုင်းခဲ့လို့ပါ။
   Because the father of the six princes, the King, commanded them to live their lives outside of the palace, for the purpose of increasing their independence.

2. မင်းသားတွေက ကန္တာရထဲမှာ လမ်းပျောက်သွားတယ်။
   The princes got lost in the desert.

3. ကန္တာရထဲမှာ ဘာမှ စားစရာ သောက်စရာ မရှိလို့ မင်းသားခြောက်ယောက်ဟာ အသက်ရှင်ဖို့အတွက် သူတို့ရဲ့ အမျိုးသမီးတွေကို သတ်ဖို့ ဆုံးဖြတ်ခဲ့တယ်။
   The princes decided to kill their wives in order to survive as there was nothing to eat or drink in the desert.

4. ပဒုမမင်းသားနဲ့ သူ့အမျိုးသမီးက သူတို့ရတဲ့ ဝေစု ၂ ပုံထဲက ၁ ပုံပဲစားပြီး ကျန်တဲ့ ၁ ပုံကို အခြောက်လှန်းပြီး သိမ်းထားလိုက်တယ်။
   Prince Paduma and his wife only ate one of their two portions, and dried the other to save for later.

5. ပဒုမမင်းသားနဲ့ သူ့အမျိုးသမီးက ထွက်ပြေးပြီး မြစ်ကမ်းဘေးမှာ နေခဲ့တယ်။
   Prince Paduma and his wife lived on the riverbank after running away.

6. ပဒုမမင်းသားရဲ့အမျိုးသမီးက အောင်ကြီးနဲ့ ဖောက်ပြန်နေတာကြောင့် မင်းသားကို သတ်ဖို့ကြံစည်ခဲ့တယ်။
   The wife of Prince Paduma plotted to kill him because she was having an affair with Aung Gyi.

7. ပဒုမမင်းသားက သူ့ရဲ့အဖေ သေသွားပြီးတဲ့အခါ ဘုရင်ဖြစ်လာခဲ့တယ်။
   Prince Paduma became king after his father passed away.

8. ပဒုမမင်းသားက သူ့အရင်အမျိုးသမီးနဲ့ အောင်ကြီးတို့ကို ပြည်နှင်ဒဏ်ပေးလိုက်တယ်။
   Paduma ordered the immediate expulsion of Aung Gyi and his ex-wife from the city.

Two Siblings of Mount Zwegabin

Comprehension Questions page 143

1. ကရင်ဇနီးမောင်နှံမှာ သားသမီးနှစ်ယောက်ရှိတယ်။
   The Karen couple had two children.

2. ကလေးတွေရဲ့အဖေဟာ အလုပ်လုပ်ဖို့သွားရင်း တောထဲမှာ ကျားကိုက်ခံရပြီး ဒဏ်ရာတွေနဲ့
   သေသွားခဲ့တယ်။
   The father of the children was attacked by a tiger in the forest on his way to work
   and died of his wounds.

3. ပထွေးက ကလေးနှစ်ယောက်ကို ယာခင်းကို ခေါ်သွားတယ်။
   The children's stepfather took them to the farm.

4. မောင်နှမနှစ်ယောက်ဟာ တောင်အောက်ဆုံးအထိမကျဘဲ ဝါးရုံတစ်ခုပေါ်မှာ တင်သွားလို့
   မသေခဲ့ဘူး။
   The two siblings didn't fall all the way to the bottom of the mountain but were
   instead caught in a bamboo grove and did not die.

5. နော်ဖေ့ဃာယာက အားလုံးသိသွားတဲ့အခါ ကလေးနှစ်ယောက်ကို လုံခြုံအောင် အိမ်နားမှာရှိတဲ့
   ဇွဲကပင်တောင်ပေါ်က လိုဏ်ဂူတစ်ခုထဲမှာ ဖွက်ထားခဲ့တယ်။
   When she found out what had happened, Naw Phawt Yar hid her two children in a
   cave on nearby Zwegabin mountain for their safety.

6. ကလေးနှစ်ယောက်ဟာ ရသေ့ကြီးပေးတဲ့ ဆေးကိုသောက်ပြီး မီးပုံထဲကထွက်လာတဲ့အခါ
   လူငယ်လေးတွေ ဖြစ်သွားကြပြီး သုံးမကုန်နိုင်တဲ့ အစွမ်းတွေလည်း ရသွားကြတယ်။
   The children had aged to become young adults after coming out of the bonfire and
   also wielded unlimited powers!

7. စပ်စေ့ဖိုးနဲ့ နော်မူးဖန်တို့က ရထားတဲ့အစွမ်းတွေကို သုံးပြီး ဇွဲကပင်တောင်ကို လာတဲ့
   ဘုရားဖူးတွေ ကျန်းမာအောင်၊ ဝင်ငွေတိုးအောင် ကူညီစောင့်ရှောက်ပါမယ်လို့ ရသေ့ကြီးကို
   ကတိပေးလိုက်တယ်။
   Sat Sayt Phoh and Naw Moo Phan promised the hermit that they would help the
   pilgrims who came to Mount Zwegabin to be in good health and increase their
   income using the powers they had received.

8. အခု ဇွဲကပင်တောင်ကိုသွားရင် တောင်ခြေမှာ သူတို့မောင်နှမနှစ်ယောက်ရဲ့ ရုပ်တုတွေကို
   တွေ့ရပါလိမ့်မယ်။
   When you go to Mount Zwegabin these days, you can see the statues of these two
   siblings at the foot of the mountain.

The Story of Queen Panhtwar

Comprehension Questions page 153

1. ပန်ထွာဘုရင်မရဲ့ ဇာတိက မကွေးပါ။
   The hometown of Queen Panhtwar is Magway.

2. ဗိဿနိုးနန်းတော်က စည်တီးပြီး ရေတားတံခါးတွေဖွင့်ဖို့ အချက်ပြလို့ရတဲ့အတွက် ရန်သူတွေ ရေထဲမျောပါသွားပြီး ဗိဿနိုးကို မတိုက်ခိုက်နိုင်ခဲ့ဘူး။
   Enemies could not attack Beikthano because the palace would send a signal to open the water gateways by banging a big drum, and they would be flushed away.

3. သရေခေတ္တရာနိုင်ငံရဲ့ မင်းကြီးက ဒွတ္တဘောင်ပါ။
   The king of Srikhetra was Duttabaung.

4. ဒွတ္တဘောင်မင်းကြီးက ဗိဿနိုးကို ပထမအကြိမ် သွားတိုက်တုန်းက မအောင်မြင်ခဲ့ပါဘူး။
   Duttabaung did not conquer Beikthano on the first attempt.

5. ဒွတ္တဘောင်မင်းကြီးရဲ့ သူလျှိုက ဗိဿနိုးမှာ ဘုန်းကြီးယောင်ဆောင်ပြီး လူတွေရဲ့ ယုံကြည်မှုကို တဖြည်းဖြည်း ရလာခဲ့တယ်။
   Duttabaung's spy gradually earned trust from the people of Beikthano by pretending to be a monk there.

6. ဗိဿနိုးနန်းတော်ရှေ့က စည်ကို ဒွတ္တဘောင်မင်းကြီးရဲ့ သူလျှိုက ဖျက်ဆီးလိုက်လို့ အသံမထွက်တော့ဘူး။
   The drum in front of Beikthano Palace did not make a sound anymore because Duttabaung's spy destroyed it.

7. ပန်ထွာဘုရင်မက အဆိပ်ခတ်ထားတဲ့ ဖျော်ရည်ကိုသောက်ပြီး သေသွားခဲ့တယ်။
   Queen Panhtwar died after drinking poisoned juice.

Bagan Love Story

Comprehension Questions page 164

1. အနော်ရထာမင်းက သူ့ရဲ့ သူရဲကောင်းလေးယောက်ကို ပဲခူးကို လွှတ်လိုက်တယ်။
   King Anawrahta sent his four heroes to Bago.

2. ပုဂံသူရဲကောင်း ၄ ယောက်ဟာ ပဲခူးမှာ ရန်သူတွေကို အောင်အောင်မြင်မြင် တိုက်ခိုက်နိုင်ခဲ့လို့ ပဲခူးဘုရင်က အရမ်းကျေးဇူးတင်ပြီး သူ့သမီးတော် မဏိစန္ဒာကို အနော်ရထာမင်းဆီ ဆက်သခဲ့တယ်။
   The king of Bago offered his daughter Manisanda to King Anawrahta because the four Bagan heroes defeated their enemies in Bago successfully and as such he was very thankful to King Anawrahta.

3. မဏိစန္ဒာက ကျန်စစ်သားနဲ့ ချစ်ကြိုက်သွားတယ်။
   Manisanda fell in love with Kyansittha.

4. ပုဂံကို ပြန်ရောက်တော့ အနော်ရထာမင်းက ကျန်စစ်သားကို ဖမ်းဖို့ အမိန့်ပေးလိုက်တယ်။
   King Anawrahta ordered Kyansittha's arrest when he returned to Bagan.

5. ကျန်စစ်သားက ကြောင်ဖြူ‌ရွာမှာ လယ်အလုပ်လုပ်တယ်။
   Kyansittha worked as a farmer in Kyaungbyu village.

6. ပုဂံကိုမပြန်ခင် ကျန်စစ်သားက သမ္ဘူလကို သားလေးမွေးရင် သူ့ပေးထားတဲ့
   ပတ္တမြားလက်စွပ်ကိုယူပြီး ပုဂံကို လိုက်ခဲ့ပါလို့ ပြောတယ်။
   Before he left for Bagan, Kyansittha told Thanbula to bring the ruby ring he had
   given to her and come to Bagan if she gave birth to a baby boy.

7. ရာဇကုမာရ် အသက်ခုနစ်နှစ်မှာ ကျန်စစ်သားက ပုဂံမှာ မင်းဖြစ်တယ်။
   Yazakumar was seven years old when Kyansittha took over the throne in Bagan.

Ma Pheh War, Guard of the Graveyard

Comprehension Questions page 172

1. ကိုစံမွဲက ဖမ်းဝရမ်း ထုတ်ခံလိုက်ရလို့ ကိုစံမွဲနဲ့ မဖဲဝါတို့က ပြည်မြို့ကနေ ထွက်ပြေးခဲ့တယ်။
   Ko San Mhaet and Ma Pheh War ran away from Pyay because a warrant was put out
   for his arrest.

2. မောင်နှမနှစ်ယောက်ဟာ ရွာမှာ တံငါအလုပ်လုပ်ခဲ့တယ်။
   The two siblings found fishing work in the village.

3. မဖဲဝါ အင်းထဲကို သွားတဲ့နေ့မှာ မိုးတွေ သည်းသည်းမဲမဲ ရွာနေတယ်။
   It was raining heavily when Ma Pheh War went to the pond.

4. အရက်သောက်ပြီး မူးနေတဲ့ ကိုစံမွဲက မှောင်မှောင်မဲမဲ အင်းထဲမှာ ငါးဖမ်းနေတဲ့ မဖဲဝါကို
   တွေ့လိုက်တော့ သူခိုးထင်ပြီး ဓား‌နဲ့ခုတ်လိုက်လို့ မဖဲဝါက သေသွားတယ်။
   When the drunk Ko San Mhaet saw her fishing by the dark pond and thought he'd
   caught the thief, he struck out with his knife and Ma Pheh War died.

5. ကိုစံမွဲက ရွှေတိဂုံဘုရားကို မတွေ့လို့ မကန်တော့ခဲ့ဘူး။
   Ko San Mhaet didn't pay homage at the Shwedagon Pagoda because he couldn't see it.

6. မဖဲဝါက သူ့မှာ နေစရာမရှိ၊ စားစရာမရှိ၊ ဝတ်စရာမရှိဘူးလို့ ဆရာတော်ကို အိပ်မက်ထဲမှာ
   ပြောပြတယ်။
   In the dream, Ma Pheh War told the monk that she had nowhere to live, and
   nothing to eat or to wear.

7. မဖဲဝါကို လူတွေက သုသာန်စောင့်အဖြစ် အသိများတယ်။
   Today Ma Pheh War is mostly known as the Guard of the Graveyard.

Glossary

A

about အကြောင်း **a kyaungg**

accept, to လက်ခံ **let khan**

acquaintance မိတ်ဆွေ **mate sway**

acquire education and learn ပညာသင် **pyin nyar thin**

adrift, to set မျှော **mhyaww**

adore, to ချစ်မြတ်နိုး **chit myat noh**

adventurous စွန့်စားရတာကြိုက် **swont sarr ya dar kyite**

advice အကြံဉာဏ် **a kyan nyan**

affair, to have an ဖောက်ပြန် **phout pyan**

afraid ကြောက် **kyout**

age အသက် **a thet**

age group, age အရွယ် **a ywae**

agree, to သဘောတူ **tha baww tu**

air လေ **lay**

air-conditioning အဲကွန်း **eh konn**

alcohol အရက် **a yet**

alive ရှင် **shin**

all အကုန် **a k'own**

all day တစ်နေကုန် **ta nay k'own**

allow, to ခွင့်ပြု **khwint pyoot**

alone တစ်ယောက်တည်း **ta yout hteh**

a lot အများကြီး **a myarr gyee**

always အမြဲတမ်း **a myeh dann**

amazing အံ့ဩစရာကောင်း **ant aww sayar kaungg**

ancient ရှေးဟောင်း **shayy haungg**

angel နတ်သမီး **nat tha mee**

angrily ဒေါသတကြီး **daww tha da gyee**

angry စိတ်ဆိုး **sate soh**

animal တိရစ္ဆာန် **ta rate san**

announce, to ကြေညာ **kyay nyar**

anytime အချိန်မရွေး **a chain ma ywayy**

apartment တိုက်ခန်း **tite khann**

apologize, to တောင်းပန် **taungg ban**

appear, to ပေါ် **paw**

apple ပန်းသီး **pann thee**

approach, to ချဉ်းကပ် **chinn kat**

April ဧပြီလ **ay pyi la**

archery မြားပစ် **myarr pyit**

arrest, to ဖမ်း **phann**

arrested, to get အဖမ်းခံရ **a phann khan ya**

arrive, to ရောက် **yout**

ask, to မေး **mayy**

ask for, to တောင်း **taungg**

ask for help, to အကူအညီတောင်း **a ku a nyi taungg**

ask for permission, to ခွင့်တောင်း **khwint taungg**

asleep, to fall အိပ်ပျော် **ate pyaw**

assassinate, to လုပ်ကြံ **lote kyan**

as usual ထုံးစံအတိုင်း **ht'ownn zan a taii**

at once ချက်ချင်း **chet chinn**

attack, fight (v.) တိုက်ခိုက် **tite khite**

attend school, to ကျောင်းတက် **kyaungg tet**

audience ပရိသတ် **pa rate that**

authentic စစ်စစ် **sit sit**

automatic အလိုအလျောက် **a lo a lyout**

automatically အလိုလို **a lo lo**

avoid, to ရှောင် **shaung**

B

back ကျော **kyaww**

bamboo grove ဝါးရုံ **warr y'own**

bandit လူဆိုး **lu zoh**

bankrupt, to go စီးပွားပျက် **see bwarr pyet**

barbecue အကင် **a kin**

basket ခြင်း **chinn**

batch အသုတ် **a thote**

bath, to take a ရေချိုး **yay choh**

battle တိုက်ပွဲ **tite pweh**

beach ပင်လယ်ကမ်းခြေ **pin lae kann chay**

beanie ဦးထုပ် **oat htote**

beautiful လှပ **hla pa**

bed, to go to အိပ်ရာဝင် **ate yar win**

bed frame ကုတင် **ga din**

beef curry အမဲသားဟင်း **a meh tharr hinn**

before အရင်က **a yin ga**

believe, to ယုံ **y'own**

beneficial အကျိုးရှိ **a kyoh sheet**

best အကောင်းဆုံး **a kaungg s'ownn**

betray, to သစ္စာဖောက် **thit sar phout**

big ကြီးမား **kyee marr**

biggest အကြီးဆုံး **a kyee s'ownn**

billion ကုဋေ **ga day**

bird ငှက် **nghet**

birth, to give ကလေးမွေး **kha layy mwayy**

bite, to ကိုက် **kite**

block, cube အတုံး **a t'ownn**

blood သွေး **thwayy**

boat လှေ **hlay**

bonfire မီးပုံ **mee b'own**

border နယ်စပ် **nae sat**

born, to be မွေး **mwayy**

boss သူဌေး **tha htayy**

boy ကောင်လေး **kaung layy**

branch သစ်ကိုင်း **thit kaii**

break, to ကျိုးကျ **kyoh kya**

breakfast မနက်စာ **ma net sar**

breeze လေညင်း **lay nyinn**

brigand လူဆိုး **lu zoh**

bring, to ယူလာ **yu lar**

brother, little (used by female speaker) မောင် **maung**

brother, little (used by male speaker) ညီ **nyi**

brother, older အစ်ကို **a ko**

brush one's hair, to ခေါင်းဖြီး **gaungg phee**

brush one's teeth, to သွားတိုက် **thwarr tite**

Buddha, God, pagoda ဘုရား **pha yarr**

Buddhism ဗုဒ္ဓဘာသာ **bote da bar thar**

burn, to မီးလောင် **mee laung**

business စီးပွားရေးလုပ်ငန်း **see bwarr yayy lote ngann**

busy အလုပ်များ **a lote myarr**

butter ထောပတ် **htaww bat**

buy, to ဝယ် **wae**

C

calm ငြိမ် **nyain**

calm, to keep စိတ်အေးအေးထား **sate ayy ayy htarr**

capital မြို့တော် **myoht taw**

care, to ဂရုစိုက် **ga yoot site**

careful သတိထား **tha deet htarr**

carefully ဂရုတစိုက် **ga yoot ta site**

carry someone in one's arms, to ချီ **chi**

catch, to ဖမ်းမိ **phann meet**

catch, arrest (v.) ဖမ်း **phann**

catch up, to မီ **mi**

cautious သတိကြီး **tha deet kyee**

cave လိုဏ်ဂူ **lai gu**

central အလယ်ပိုင်း **a lae paii**

certain သေချာ **thay char**

change, to ပြောင်း **pyaungg**

change (something) back, to ပြန်ပြောင်း **pyan pyaungg**

charcoal မီးသွေး **mee thwayy**

cheat, to ဖောက်ပြန် **phout pyan**

children သားသမီး **tharr tha mee**

chili ငရုတ်သီး **nga yote thee**

choose, to ရွေး **ywayy**

city dweller မြို့သူမြို့သား **myoht thu myoht tharr**

civil war ပြည်တွင်းစစ် **pyi dwinn sit**

class အတန်း **a tann**

clever လိမ္မာ **lain mar**

cliff ချောက်ကမ်းပါး **jout kann barr**

climb, to တက် **tet**

close (relationship) ခင် **khin**

close, to be နီး **nee**

close one's eyes, to မျက်စိမှိတ် **myet seet mhate**

close, turn off (v.) ပိတ် **pate**

clothes အဝတ်အစား **a wit a sarr**

coal မီးသွေး **mee thwayy**

coconut အုန်းသီး **ownn thee**

cold အေး **ayy**

colleague လုပ်ဖော်ကိုင်ဖက် **lote phaw kai phat**

come back, to ပြန်လာ **pyan lar**

come close, to အနားကပ် **a narr kat**

competition ပြိုင်ပွဲ **pyai pweh**

comprehend, to သဘောပေါက် **tha baww pout**

conflict ပဋိပက္ခ **pa teet pa kha**

confused ဝေခွဲမရဖြစ် **way khweh ma ya phyit**

conjure up, to အာရုံပြု **ar y'own pyoot**

conquer, to သိမ်းပိုက် **thainn pite**

consideration အသိတရား **a theet ta yarr**

convenient အဆင်ပြေ **a sin pyay**

cook, to ဟင်းချက် **hinn chet**

cool season ဆောင်းရာသီ **saungg yar thi**

correct အမှန် **a mhan**

country နိုင်ငံ **nai ngan**

country, land တိုင်းပြည် **taii pyi**

countryside ကျေးလက် **kyayy let**

couple, married လင်မယား **lin ma yarr**

cow နွား **nwarr**

crack, to အက်ကွဲ **at kweh**

crazy person အရူး **a yoo**

creature သတ္တဝါ **tha da war**

creek ချောင်း **chaungg**

cremate, to မီးသဂြိုဟ် **mee tha gyo**

critical အရေးကြီး **a yayy kyee**

crocodile မိကျောင်း **meet gyaungg**

cross, to ဖြတ် **phyat**

cruel ရက်စက် **yet set**

cry out, to အော်ငို **aw ngo**

cuisine အစားအသောက် **a sarr a thout**

culture ယဉ်ကျေးမှု **yin kyayy mhoot**

current လက်ရှိ **let sheet**

curse (noun) ကျိန်စာ **kyain zar**

cut, to ဖြတ် **phyat**

cut off, to ခုတ် **khote**

D

dam gate ရေတားတံခါး **yay tarr da garr**

dance, to က **ka**

danger အန္တရာယ် **an da yae**

dark မှောင်မှောင်မဲမဲ **mhaung mhaung meh meh**

daughter သမီး **tha mee**

dead body အလောင်း **a laungg**

death သေခြင်း **thay jinn**

death sentence သေဒဏ် **thay dan**

decide, to ဆုံးဖြတ် **s'ownn phyat**

deer သမင် **tha min**

defeated (in war) ကျဆုံး **kya s'ownn**

delicious အရသာရှိ **a ya thar sheet**

demon နတ်ဆိုး **nat soh**

deny, to ငြင်း **nyinn**

desert ကန္တာရ **gan dar ya**

deserve, to ထိုက်တန် **htite tan**

destroy, to ဖျက်ဆီး **phyet see**

die, to သေ **thay**

difference ကွဲပြားခြားနားမှု **kweh pyarr charr narr mhoot**

dig, to တူး **too**

dinner ညစာ **nya sar**

disappear, to ပျောက်ကွယ် **pyout kwae**

discipline, rules စည်းကမ်း **see kann**

discuss, to တိုင်ပင် **tai bin**

disease ရောဂါ **yaww gar**

disguise, to ရုပ်ဖျက် **yote phyet**

dolphin လင်းပိုင် **linn pa**

donation အလှူအတန်း **a hlu a tann**

donation ceremony အလှူ **a hlu**

door တံခါး **da garr**

draft beer စည်ဘီယာ **si bi yar**

drag, to ဆွဲ **sweh**

draw, lucky ကံစမ်းမဲ **kan sann meh**

dream (noun) အိပ်မက် **eain met**

dress (noun) ဝတ်စုံ **wit s'own**

driest အခြောက်သွေ့ဆုံး **a chout thwayt s'ownn**

drink, to သောက် **thout**

drum (ancient) စည် **si**

drunk, to get မူး **moo**

dusty ဖုန်ထူ **ph'own htu**

dry ခြောက်သွေ့ **chout thwayt**

dry (food), to အခြောက်လှန်း **a chout hlann**

E

early စောစော **saww saww**

earn money, to ပိုက်ဆံစု **pet san soot**

eat, to စား **sarr**

edge အစွန်း **a sonn**

educated ပညာတတ် **pyin nyar tat**

effort ကြိုးစားအားထုတ်မှု **kyoh zarr arr htote mhoot**

eldest အကြီးဆုံး **a kyee z'ownn**

embarrassed ရှက် **shet**

embassy သံရုံး **than y'ownn**

emotionally vulnerable စိတ်ထိခိုက် **sate hteet khite**

encourage, to တိုက်တွန်း **tite tonn**

enemy ရန်သူ **yan thu**

energetic အားပြည့် **arr pyayt**

enlightened အမြင်မှန်ရ **a myin mhan ya**

enormous အကြီးကြီး **a kyee kyee**

enough လောက် **lout**

enter, to ဝင် **win**

establish, to တည်ထောင် **ti htaung**

ethnic groups တိုင်းရင်းသား **taii yinn tharr**

evening ညနေ **nya nay**

every အားလုံး **arr l'ownn**

every day နေ့တိုင်း **nayt taii**

everywhere နေရာပေါင်းစုံ **nay yar baungg z'own**

exercise, to လေ့ကျင့်ခန်းလုပ် **layt kyint khann lote**

exhausted ပင်ပန်း **pin bann**

expectation, with great အားကိုးတကြီး **arr koh da gyee**

expel, to ပြည်နှင်ဒဏ်ပေး **pyi nhin dan payy**

expel from school, to ကျောင်းထုတ် **kyaungg htote**

expense ထွက်ငွေ **htwet ngway**

experience, to ကြုံ **ky'own**

explain, to ရှင်းပြ **shinn pya**

explore, to လေ့လာစူးစမ်း **layt lar soo sann**

extinguished မီးငြိမ်း **mee nyainn**

eye မျက်စိ **myet seet**

F

face, to ရင်ဆိုင် **yin sai**

fair and square ညီတူညီမျှ **nyi tu nyi mhya**

fairly တရားမျှတစွာ **ta yarr mhya ta zwar**

fall, to လိမ့်ကျ **laint kya**

fall asleep, to အိပ်ပျော် **ate pyaw**

fall down, to လဲကျ **leh kya**

fall in love, to ချစ်ကြိုက် **chit kyite**

family မိသားစု **meet tharr soot**

famous ထင်ရှား **htin sharr**

fancy, to သဘောကျ **tha baww kya**

far ဝေး **wayy**

farm (noun) ယာခင်း **yar ginn**

farmer လယ်သမား **lae tha marr**

farming လယ်အလုပ် **lae a lote**

far place အဝေး **a wayy**

farthest အဝေးဆုံး **a wayy z'ownn**

fast မြန် **myan**

fast, to ဥပုသ်စောင့် **oot bote saungt**

father အဖေ **a phay**

fault အပြစ် **a pyit**

favorite အကြိုက်ဆုံး **a kyite sone**

fearless မကြောက်မရွံ့ **ma kyout ma yont**

feather အတောင် **a taung**

February ဖေဖော်ဝါရီလ **phay phaw war ri la**

feed, to အစာကျွေး **a sar kywayy**

feel, to ခံစား **khan zarr**

feel sorry for, pity သနား **tha narr**

festival ပွဲတော် **pweh daw**

fight, to ရန်ဖြစ် **yan phyit**

fight in a war, to စစ်တိုက် **sit tite**

find, to ရှာတွေ့ **shar twayt**

find out, to သိသွား **theet thwarr**

finish, to ပြီး **pee**

fire hose မီးသတ်ပိုက် **mee that pite**

first ပထမ **pa hta ma**

fish ငါး **ngarr**

fisherman ငါးဖမ်းသမား **ngarr phann tha marr**

fishing ငါးဖမ်း **ngarr phann**

fishing (occupation) တံငါအလုပ် **ta ngar a lote**

flatter, to မြှောက်ပင့် **mhyout pint**

flee, to ထွက်ပြေး **htwet pyayy**

flood, to ရေကြီး **yay kyee**

floor ကြမ်းပြင် **kyann byin**

flower ပန်း **pann**

fly around, to ပျံဝဲ **pyan weh**

food အစားအစာ **a sarr a sar**

foolishly မိုက်ရှူးရဲဆန်ဆန် **mite yoo yeh san san**

foot of a mountain တောင်ခြေ **taung jay**

foreigner နိုင်ငံခြားသား **nai ngan charr tharr**

forest တော **taww**

forever တစ်သက်လုံး **ta thet l'ownn**

forget, to မေ့ **mayt**

forgive, to ခွင့်လွှတ် **khwint hlwut**

forward, in front ရှေ့ **shayt**

fox မြေခွေး **myay khwayy**

free time အားလပ်ချိန် **arr lat chain**

frequently ခဏခဏ **kha na kha na**

fresh လတ်ဆတ် **lat sat**

friend သူငယ်ချင်း **tha ngae chinn**

friendly ဖော်ရွေ **phaw yway**

frightened ကြောက် **kyout**

fruit အသီး **a thee**

frustrated စိတ်ပျက် **sate pyet**

full ပြည့် **pyayt**

full moon day လပြည့်နေ့ **la pyayt nayt**

furious စိတ်ဆိုးဒေါသထွက် **sate soh daww tha htwet**

furry အမွေးပွ **a mhwayy pwa**

G

gambling လောင်းကစား **laungg ga zarr**

garden ဥယျာဉ် **oo yin**

gecko တောက်တဲ့ **tout taet**

generous ရက်ရော **yet yaww**

get drunk, to မူး **moo**

get up, to အိပ်ရာထ **ate yar hta**

ghost သရဲ **tha yeh**

girl မိန်းကလေး **main kha layy**

give birth, to ကလေးမွေး **kha layy mwayy**

give an order, to အမိန့်ပေး **a maint payy**

give up, to လျှော့ **shawt**

glad ဝမ်းသာ **wann thar**

glutinous ကောက်ညှင်း **kout nyinn**

goal, finishing line ပန်းတိုင် **pann dai**

go around without a purpose လျှောက်သွား **shout thwarr**

go to bed, to အိပ်ရာဝင် **ate yar win**

God ဘုရား **pha yarr**

gold ရွှေ **shway**

golden ရွှေရောင် **shway yaung**

good deeds ကောင်းမှုကုသိုလ် **kaungg mhoot koot tho**

government staff, someone who serves the king မင်းမှုထမ်း **minn mhoot htann**

graceful တင့်တယ် **tint tae**

gradually တဖြည်းဖြည်း **ta phyayy phyayy**

graveyard သုသာန် **thote than**

grilled chicken ကြက်ကင် **kyet kin**

groceries ဟင်းချက်စရာ **hinn chet sa yar**

groom သတို့သား **tha doht tharr**

ground မြေကြီး **myay gyee**

guest ဧည့်သည် **aet thae**

guide, to လမ်းပြ **lann pya**

H

half တစ်ဝက် **ta wet**

hand လက် **let**

hang out, to ပေါင်း **paungg**

happily ပျော်ပျော်ရွှင်ရွှင် **pyaw pyaw shwin shwin**

happy ပျော် **pyaw**

hardworking အလုပ်ကြိုးစား **a lote kyoh zarr**

hare, rabbit ယုန် **y'own**

harvest, to ကောက်ရိတ် **kout yate**

hatred and jealousy မနာလိုမုန်းထားမှု **ma nar lo m'ownn htarr mhoot**

head ခေါင်း **gaungg**

head of the city / mayor (old-fashioned) မြို့စား **myoht zarr**

health ကျန်းမာရေး **kyann mar yayy**

healthy ကျန်းမာ **kyann mar**

hear, to ကြား **kyarr**

heavy လေး **layy**

help, to ကူညီ **ku nyi**

hermit ရသေ့ **ya thayt**

hero သူ့ရဲ့ကောင်း **thu yeh gaungg**

hide, to ဖွက် **phwet**

hide oneself, to ပုန်း **p'ownn**

high မြင့် **myint**

hill တောင်ကုန်း **taung g'ownn**

hire, to ငှား **ngharr**

hit, to ထု **htoot**

hobby ဝါသနာ **war tha nar**

hold firmly, to ဆုပ်ကိုင် **sote kai**

hole အပေါက် **a pout**

homage, to pay ကန်တော့ **ga dawt**

home အိမ် **eain**

hometown ဇာတိ **zar teet**

honor, to ဂုဏ်ပြု **g'own pyoot**

hope (noun) မျှော်လင့်ချက် **myaw lint chet**

hope, to မျှော်လင့် **mhyaw lint**

host ဖိတ် **phate**

host, to ကျင်းပ **kyinn pa**

hot ပူ **pu**

hot season နွေရာသီ **nway yar thi**

hottest အပူဆုံး **a pu s'ownn**

household item အိမ်သုံးပစ္စည်း **eain th'ownn pyit see**

housework အိမ်အလုပ် **eain a lote**

how old? အသက်ဘယ်လောက်လဲ။ **a thet bae lout leh?**

hug, to ဖက် **phet**

human လူ **lu**

hungry ဗိုက်ဆာ **bite sar**

hunt, to အမဲလိုက် **a meh lite**

husband, man အမျိုးသား **a myoh tharr**

hut တဲအိမ် **teh eain**

I

idea အကြံ **a kyan**

ill နေမကောင်းဖြစ် **nay ma kaungg phyit**

immediately ချက်ချင်း **chet chinn**

important အရေးပါ **a yayy par**

income ဝင်ငွေ **win ngway**

increase, to တိုး **toh**

index finger လက်ညှိုး **let nyoh**

indulge, spoil အလိုလိုက် **a lot lite**

injury ဒဏ်ရာ **dan yar**

insect အင်းဆက်ပိုးမွှား **inn set poh mhwarr**

inside အထဲ **a hteh**

intelligence ဉာဏ်ပညာ **nyan pyin nyar**

intelligent ထက်မြက် **htet myat**

interested စိတ်ဝင်စား **sate win zarr**

interview, to အင်တာဗျူးလုပ် **interview lote**

introduce, to မိတ်ဆက် **mate set**

invade, to ကျူးကျော် **kyoo kyaw**

invest, to ရင်းနှီး **yinn nhee**

invitation letter ဖိတ်စာ **phate sar**

island ကျွန်း **kyonn**

J

jacket အနွေးထည် **a nwayy htae**

January ဇန်နဝါရီလ **zan na war ri la**

jealous မနာလိုဖြစ် **ma nar lo phyit**

jewelry တန်ဆာ **da zar**

job အလုပ် **a lote**

job position ရာထူး **yar htoo**

joke (noun) နောက်ပြောင် **nout pyaung**

journey လမ်းခရီး **lann kha yee**

joyfully ဝမ်းသာအားရ **wann thar arr ya**

juice ဖျော်ရည် **phyaw yay**

jump, to ခုန် **kh'own**

jump down, to ခုန်ချ **kh'own cha**

jungle တောအုပ် **taww oat**

K

keep, to သိမ်း **thainn**

keep calm, to စိတ်အေးအေးထား **sate ayy ayy htarr**

kill, to သတ် **that**

killed, to be ကျဆုံး **kya s'ownn**

kind, nice သဘောကောင်း **tha baww kaungg**

kindhearted စိတ်သဘောထားကောင်း **sate tha baww htarr**

kindle a fire, to မီးမွှေး **mee mhwayy**

king မင်းကြီး **minn gyee**

kiss, to နမ်း **nann**

knife ဓား **darr**

know, to သိ **theet**

Korea, Korean ကိုရီးယား **ko ree yarr**

L

laboriously ပင်ပင်ပန်းပန်း **pin pin bann bann**

lady အမျိုးသမီး **a myoh tha mee**

lake ကန် **kan**

lake ရေကန် **yay kan**

land, country တိုင်းပြည် **taii pyi**

land, ground ကုန်း **g'ownn**

lap ပေါင် **paung**

last night မနေ့ညက **ma nayt nya ga**

later နောက်မှ **nout mha**

laugh, to ရယ်မော **yee maww**

lead, to ဦးဆောင် **oo saung**

leader ခေါင်းဆောင် **gaungg zaung**

lean, to မှီ **mhi**

learn and acquire education ပညာသင် **pyin nyar thin**

leave, to ထွက်သွား **htwet thwarr**

leg ခြေထောက် **chay dout**

life ဘဝ **ba wa**

lighthouse မီးပြတိုက် **mee pya tite**

like, to ကြိုက် **kyite**

lion ခြင်္သေ့ **chin thayt**

little brother (used by female speaker) မောင် **maung**

little brother (used by male speaker) ညီ **nyi**

live, to နေ **nay**

lively စည်ကား **si karr**

living စားဝတ်နေရေး **sarr wit nay yayy**

look after, to စောင့်ရှောက် **saungt shout**

look after someone, to ပြုစုစောင့်ရှောက် **pyoot zoot saungt shout**

look at, to ကြည့် **kyeet**

look for, to ရှာ **shar**

look younger, to နု **noot**

lose a game, to ရှုံး **sh'ownn**

lose someone, to ဆုံးရှုံး **s'ownn sh'ownn**

lose something, to ပျောက် **pyout**

lost, to get လမ်းပျောက်သွား **lann pyout thwarr**

loud ကျယ်လောင် **kyae laung**

loudly ကျယ်ကျယ်လောင်လောင် **kyae kyae laung laung**

love အချစ် **a chit**

love, to ချစ် **chit**

lover ချစ်သူ **chit thu**

lucky ကံကောင်း **kan kaungg**

lucky draw ကံစမ်းမဲ **kan sann meh**

lunch နေ့လယ်စာ **nayt lae sar**

M

magical မှော် **mhaw**

magnificent (for pagodas only) သပ္ပါယ် **that pae**

maintain, to ထိန်းသိမ်း **htainn thainn**

make a wish, to ဆုတောင်း **soot taungg**

malevolent ယုတ်မာ **yote mar**

man ယောက်ျား **yout kyarr**

man, husband အမျိုးသား **a myoh tharr**

mango သရက်သီး **tha yet thee**

market ဈေး **zayy**

married အိမ်ထောင်ရှိ **eain htaung sheet**

married couple လင်မယား **lin ma yarr**

married, to get အိမ်ထောင်ပြု **eain htaung pyoot**

marry, to လက်ထပ် **let htat**

mast ရွက်တိုင် **ywet tai**

May မေလ **may la**

mayor (old-fashioned) မြို့စား **myoht zarr**

meaning အဓိပ္ပါယ် **a date pae**

meat အသား **a tharr**

medicine, pill ဆေး **sayy**

meet, to တွေ့ **twayt**

merchant ကုန်သည် **k'own thae**

merit ကောင်းမှုကုသိုလ် **kaungg mhoot koot tho**

middle အလယ် **a lae**

milk နို့ **noht**

misdeed အကုသိုလ် **a koot tho**

miss, to လွမ်း **lwann**

mistake အမှား **a mharr**

moment, short ခဏလေး **kha na layy**

monarch ဘုရင် **ba yin**

monastery ဘုန်းကြီးကျောင်း **ph'ownn gyee kyaungg**

money ပိုက်ဆံ **pet san**

monk ဘုန်းကြီး **ph'ownn gyee**

monkey မျောက် **myout**

monsoon season မုတ်သုံရာသီ **mote th'own yar thi**

month လ **la**

moon လ **la**

morning မနက် **ma net**

morning, in the မနက်ဘက် **ma net bet**

mother အမေ **a may**

mother-in-law ယောက္ခမ **yout kha ma**

mountain တောင် **taung**

mountainside တောင်ကမ်းပါး **taung kann barr**

mountain top တောင်ထိပ် **taung htate**

mournfully ဝမ်းနည်းပက်လက် **wann neh pet let**

mouth ပါးစပ် **ba zat**

move (house), to ပြောင်း **pyaungg**

movie ရုပ်ရှင် **yote shin**

music ဂီတသံစဉ် **gi ta than zin**

mustard oil မုန်ညင်းဆီ **m'own nyinn zi**

N

name နာမည် **nan mae**

nearby အနီးအနားမှာ **a nee a narr mhar**

neck လည်ပင်း **lae binn**

necklace ဆွဲကြိုး **sweh gyoh**

negotiate, to ညှိ **nhyeet**

neighbor အိမ်နီးချင်း **eain nee chinn**

neighborhood ပတ်ဝန်းကျင် **pat wonn kyin**

never ဘယ်တော့မှ **bae dawt mha**

new အသစ် **a thit**

news သတင်း **tha dinn**

New Year နှစ်သစ် **nhit thit**

next week နောက်အပတ် **nout a pat**

nice, kind သဘောကောင်း **tha baww kaungg**

nod, to ခေါင်းညိတ် **gaungg nyaint**

noise ဆူညံသံ **su nyan than**

noisy ဆူညံ **su nyan**

noodles ခေါက်ဆွဲ **khout sweh**

normal ပုံမှန် **p'own mhan**

northern မြောက်ပိုင်း **myout paii**

notice, to သတိထားမိ **tha deet htarr meet**

novitiate (into the monkhood), to ရှင်ပြု **shin pyoot**

novitiation ceremony ရှင်ပြုပွဲ **shin pyoot pweh**

O

observe the Sabbath, to fast ဥပုသ်စောင့် **oot bote saungt**

obsess, to စွဲမက် **sweh met**

obvious သိသာ **theet thar**

ocean liner ပင်လယ်ကူးသင်္ဘော **pin lae koo thinn baww**

October အောက်တိုဘာလ **out to bar la**

offer to a king, to ဆက်သ **set tha**

often မကြာခဏ **ma kyar kha na**

ogre ဘီလူး **ba loo**

old ဟောင်း **haungg**

older brother အစ်ကို **a ko**

one thousand တစ်ထောင် **ta htaung**

on time အချိန်မီ **a chain mi**

openly ပွင့်ပွင့်လင်းလင်း **pwint pwint linn linn**

open, to turn on ဖွင့် **phwint**

opposite ဆန့်ကျင်ဘက် **sant kyin bet**

order အမိန့် **a maint**

order, to give an အမိန့်ပေး **a maint payy**

ordinary ရိုးရိုး **yoh yoh**

other side တစ်ဘက်ကမ်း **ta bet kann**

oven မီးဖို **mee pho**

outside အပြင် **a pyin**

own, to ပိုင်ဆိုင် **pai sai**

owner ပိုင်ရှင် **pai shin**

P

paddy field လယ် **lae**

pagoda ဘုရား **pha yarr**

pain နာကျင်မှု **nar kyin mhoot**

painful နာ **nar**

palace နန်းတော် **nann daw**

palace, in the နန်းတွင်း **nann dwinn**

palm sugar ထန်းလျက် **hta nyet**

parent မိဘ **meet ba**

parents မိဘတွေ **meet ba dway**

participate, to ပါဝင် **par win**

pass away, to ဆုံး **s'ownn**

pass by, to ဖြတ်သွား **phyat thwarr**

patiently စိတ်ရှည်ရှည် **sate shay shay**

pay homage, to ကန်တော့ **ga dawt**

peacefully ငြိမ်းငြိမ်းချမ်းချမ်း **nyainn nyainn chann chann**

people (residents of the city) လူတွေ **lu dway**

perseverance ဇွဲလုံ့လ **zweh l'ownt la**

persimmon တည်သီး **tae thee**

persimmon tree တည်ပင် **tae bin**

persuade, to ဖျောင်းဖျ **phyaungg phya**

philosophy ခံယူချက် **khan yu chet**

pick fruits or flowers, to ခူး **khoo**

pilgrim ဘုရားဖူး **pha yarr phoo**

pill, medicine ဆေး **sayy**

pine, to ဝမ်းနည်းပူဆွေး **wann neh pu swayy**

pity, feel sorry for သနား **tha narr**

place နေရာ **nay yar**

plan, to စီစဉ် **si zin**

play, to ဆော့ကစား **sawt ga zarr**

play an instrument, to တီး **tee**

pleasant သာယာ **thar yar**

plot, to ကြံစည် **kyan si**

plough, to လယ်ထွန် **lae hton**

point (with a finger), to လက်ညှိုးထိုး **let nhyoh htoh**

poison, to အဆိပ်ခတ် **a sate khat**

pond, lake အင်းအိုင် **inn ai**

poor ဆင်းရဲ **sinn yeh**

poor people ဆင်းရဲသား **sinn yeh tharr**

popular လူကြိုက်များ **lu kyite myarr**

populated sparsely လူနေနည်း **lu nay neh**

pot အိုး **oh**

pounded ထောင်း **htaungg**

power (usually magical) အစွမ်း **a swann**

praise, to ချီးကျူး **chee kyoo**

praise a good deed, to သာဓုခေါ် **thar doot khaw**

predict someone's future, to ဟော **haww**

prefer, to ပိုကြိုက် **po kyite**

pregnant ကိုယ်ဝန်ရှိ **ko win sheet**

prepare, to ပြင်ဆင် **pyin sin**

pretty လှ **hla**

prey သားကောင် **tharr kaung**

prince မင်းသား **minn tharr**

princess မင်းသမီး **minn tha mee**

problem ပြဿနာ **pya tha nar**

professor ပါမောက္ခ **par mout kha**

promise, to ကတိပေး **ga deet payy**

property ပစ္စည်းဥစ္စာ **pyit see oat sar**

protect, to ကာကွယ် **kar kwae**

public rest house ဇရပ် **za yat**

pull oneself together, to အားတင်း **arr tinn**

punish, to အပြစ်ပေး **a pyit payy**

push, to တွန်း **tonn**

push down, to တွန်းချ **tonn cha**

put, to ထည့် **htaet**

Q

queen ဘုရင်မ **ba yin ma**

queen consort မိဖုရား **meet ba yarr**

questions and answers အမေးအဖြေ **a mayy a phyay**

quickly မြန်မြန် **myan myan**

quite တော်တော် **taw taw**

R

rabbit ယုန် **y'own**

race, competition ပြိုင်ပွဲ **pyai pweh**

race, to ပြိုင် **pyai**

rain (noun) မိုး **moh**

rain, to မိုးရွာ **moh ywar**

rain heavily, to မိုးသည်းသည်းမဲမဲရွာ **moh theh theh meh meh ywar**

rainy season မိုးရာသီ **moh yar thi**

rancorous မကြည်ဖြူ **ma kyi phyu**

reach, arrive ရောက် **yout**

read, to ဖတ် **phat**

realize, to သဘောပေါက် **tha baww pout**

reason အကြောင်းရင်း **a kyaungg yinn**

rebel, to ပုန်ကန် **p'own kan**

recall, to သတိရ **tha deet ya**

recently အခုတလော **a khoot ta laww**

recruit, to ခန့် **khant**

reduce, to လျှော့ **shawt**

refuse, to ငြင်း **nyinn**

regard, to သတ်မှတ် **that mhat**

region တိုင်းဒေသကြီး **taii day tha gyee**

regret, to နောင်တရ **naung ta ya**

reign (noun) လက်ထက် **let htet**

related ဆိုင် **sai**

release, to လွှတ် **hlwut**

relief သက်သာရာရ **thet thar yar ya**

relieved စိတ်သက်သာရာရ **sate thet thar yar ya**

remember, to သတိရ **tha deet ya**

renowned လူသိများ **lu theet myarr**

report, to တင်ပြ **tin pya**

request, to တောင်းဆို **taungg so**

rescue, to ကယ်တင် **kae tin**

respect, to လေးစား **layy zarr**

rest, to နား **narr**

rest, to take a အနားယူ **a narr yu**

restaurant စားသောက်ဆိုင် **sarr thout sai**

return, to ပြန် **pyan**

revenge, to take ကလဲ့စားချေ **ga laet zarr chay**

rice ဆန် **san**

rich ချမ်းသာကြွယ်ဝ **chann thar kywae wa**

rich man သူဌေး **tha htayy**

rich people သူဌေးသူကြွယ် **tha htayy tha kywae**

ring (noun) လက်စွပ် **let swut**

river မြစ် **myit**

riverbank မြစ်ကမ်း **myit kann**

roar, to ဟိန်းဟောက် **hein hout**

rob, to လု **loot**

robber ဓားပြ **da mya**

rock ကျောက်တုံး **kyout t'ownn**

rope ကြိုး **kyoh**

rose နှင်းဆီပန်း **hninn si pann**

route လမ်းကြောင်း **lann gyaungg**

row, to လှော် **hlaw**

royal တော်ဝင် **taw win**

ruby ပတ္တမြား **ba da myarr**

rule, to အုပ်ချုပ် **oat chote**

rules, discipline စည်းကမ်း **see kann**

rumor ကောလာဟလ **kaww la ha la**

run, to ပြေး **pyayy**

run away, to ထွက်ပြေး **htwet pyayy**

run out of, to ကုန် **k'own**

run out of, to ကုန်သွား **k'own thwarr**

S

Sabbath, to observe ဥပုသ်စောင့် **oot bote saungt**

sad ဝမ်းနည်း **wann neh**

safe လုံခြုံ **l'own ch'own**

sailor သင်္ဘောသား **thinn baww tharr**

salad အသုပ် **a thote**

satisfied ကျေနပ် **kyay nat**

Saturday and Sunday; weekend စနေ၊ တနင်္ဂနွေ **sa nay, ta ninn ga nway**

sauce အချဉ် **a chin**

say, tell ပြော **pyaww**

scared ကြောက် **kyout**

scary ကြောက်စရာကောင်း **kyout sa yar kaungg**

scatter, to ပြန့်ကျဲ **pyant kyeh**

school ကျောင်း **kyaungg**

scold, to ဆူ **su**

scoundrel လူယုတ်မာ **lu yote mar**

search for, to လိုက်ရှာ **lite shar**

season ရာသီ **yar thi**

secretly တိတ်တဆိတ် **tate ta sate**

secure လုံခြုံ **l'own ch'own**

see, to တွေ့ **twayt**

sell, to ရောင်း **yaungg**

senator အမတ် **a mat**

send, to ပို့ **poht**

send (a person), to လွှတ် **hlwut**

sermonize, to တရားဟော **ta yarr haww**

servant အခြေအရံ **a chway a yan**

set adrift, to မျှော **mhyaww**

several times အကြိမ်ကြိမ် **a kyein kyein**

severely အပြင်းအထန် **a pyinn a htan**

shape ပုံစံ **p'own zan**

share (noun) ဝေစု **way zoot**

share, to မျှဝေ **mhya way**

shark ငါးမန်း **nga mann**

shell အခွံ **a khon**

ship သင်္ဘော **thinn baww**

shocked လန့် **lant**

shop (noun) ဆိုင် **sai**

short moment ခဏလေး **kha na layy**

shoulder ပခုံး **pa kh'ownn**

shout loudly, to အော်ဟစ် **aw hit**

show, to ပြ **pya**

shower, to take a ရေချိုး **yay choh**

sibling မောင်နှမ **maung nha ma**

sick နေမကောင်းဖြစ် **nay ma kaungg phyit**

side, other တစ်ဘက်ကမ်း **ta bet kann**

sigh, to သက်ပြင်းချ **thet pyinn cha**

sights မြင်တွေ့ရတာတွေ **myin twayt ya dar dway**

signal, to အချက်ပြ **a chet pya**

sink, to နစ် **nit**

sit, to ထိုင် **htai**

situation အခြေအနေ **a chay a nay**

sixteen ဆယ့်ခြောက် **saet chout**

size အရွယ်အစား **a ywae a sarr**

skill အရည်အချင်း **a yay a chinn**

skillful ကျွမ်းကျင် **kywann kyin**

sleep, to အိပ် **ate**

slow နှေး **nhayy**

slow down အရှိန်လျှော့ **a shain shawt**

slowly ဖြည်းဖြည်း **phyayy phyayy**

smart တော် **taw**

smell အနံ့တွေ **a nant dway**

snack မုန့် **m'ownt**

snake မြွေ **mway**

sniff, to နမ်း **nann**

sober up, to အမူးပြေ **a moo pyay**

soldier စစ်သား **sit tharr**

soldier စစ်သည် **sit thi**

some တချို့ **ta choht**

someone တစ်ယောက်ယောက် **ta yout yout**

sometimes တစ်ခါတစ်လေ **ta khar ta lay**

son သား **tharr**

son of a rich man သူ့ဌေးသား **tha htayy tharr**

soon မကြာခင် **ma kyar khin**

sound, voice အသံ **a than**

soup အရည် **a yay**

sour ချဉ် **chin**

south တောင် **taung**

southern coast တောင်ဘက်ကမ်းရိုးတန်း **taung bet kann yoh tann**

sparsely populated လူနေနည်း **lu nay neh**

speak, tell ပြောပြ **pyaww pya**

spear လှံ **hleh**

special အထူး **a htoo**

special religious day နေ့ထူးနေ့မြတ် **nayt htoo nayt myat**

spend, to သုံး **th'ownn**

spicy စပ် **sat**

spoiled ပျက်စီး **pyet see**

spread news, to သတင်းလွှင့် **tha dinn hlwint**

spy သူလျှို **tha sho**

square (an open area) ရင်ပြင် **yin byin**

squirrel ရှဉ့် **shint**

stage စင် **sin**

stallholder ဈေးသည် **zayy thae**

stand, to ရပ် **yat**

start, to စ **sa**

starve, to အစာငတ် **a sar ngat**

state ပြည်နယ် **pyi nae**

statue ရုပ်တု **yote htoot**

steal, to ခိုး **khoh**

steamy ပူရှိန်းရှိန်းဖြစ် **pu shein shein phyit**

steep မတ်စောက် **met sout**

stepfather ပထွေး **pa htwayy**

step on, to နင်း **ninn**

sticky ဆန်စီး **san see**

stone ကျောက်တုံး **kyout t'ownn**

stop, to ရပ် **yat**

strange ထူးဆန်း **htoo sann**

strangely ထူးထူးဆန်းဆန်း **htoo htoo sann sann**

stranger သူစိမ်း **tha sainn**

strawberry စတော်ဘယ်ရီသီး **sa taw bae ri thee**

stream ချောင်း **chaungg**

student ကျောင်းသား **kyaungg tharr**

successfully အောင်အောင်မြင်မြင် **aung aung myin myin**

suddenly ရုတ်တရက် **yote ta yet**

suggest, to အကြံပေး **a kyan payy**

summer နွေရာသီ **nway yar thi**

surprised အံ့သြ **ant aww**

surprised and scared အံ့သြတုန်လှုပ် **ant aww t'own hlote**

surprisingly တအံ့တသြ **ta ant ta aww**

survive, to အသက်ရှင် **a thet shin**

suspect, to မသင်္ကာ **ma thin gar**

swallowed up by a fissure မြေမျို **myay myo**

swear, to ဆဲဆို **seh so**

sweat, to ချွေးပြန် **chwayy pyan**

sweet ချို **cho**

swim, to ရေကူး **yay koo**

sympathize, to သနား **tha narr**

T

take, to ယူ **yu**

take (someone or something), to ခေါ်သွား **khaw thwarr**

take a bath, to ရေချိုး **yay choh**

take off (clothes, rings), to ချွတ် **chut**

take responsibility, to တာဝန်ယူ **tar win yu**

take a shower, to ရေချိုး **yay choh**

talk, to စကားပြော **za garr pyaww**

teach, to စာသင် **sar thin**

tea leaf salad လက်ဖက်သုပ် **laphet thote**

tease, to စ **sa**

tea shop လက်ဖက်ရည်ဆိုင် **lephat yay sai**

teenager ဆယ်ကျော်သက် **sae kyaw thet**

television တီဗီ **ti bi**

tell, say ပြော **pyaww**

tell, speak ပြောပြ **pyaww pya**

temple ဘုရားစေတီ **pha yarr zay di**

tent တဲ **teh**

terrified ကြောက်ရွံ့ **kyout yont**

test, to စမ်းသပ် **sann that**

Thailand ထိုင်းနိုင်ငံ **htaii nai ngan**

that's why ဒါကြောင့် **dar gyaungt**

thief သူခိုး **tha khoh**

thin ပိန် **pain**

thing ပစ္စည်း **pyit see**

think, to စဉ်းစား **sinn zarr**

thirsty ရေဆာ **yay sar**

this week ဒီအပတ် **di a pet**

throne ထီးနန်း **htee nann**

tie, to ချည် **chi**

tiger ကျား **kyarr**

tightly တင်းတင်း **tinn tinn**

time အချိန် **a chain**

tired မော **maww**

together အတူတူ **a tu tu**

tomorrow မနက်ဖြန် **ma net phyan**

top of the mountain တောင်ထိပ် **taung htate**

tortoise လိပ် **late**

torture (noun) နှိပ်စက်မှု **nhate set mhoot**

touch, to ထိ **hteet**

tour company ခရီးသွားကုမ္ပဏီ **kha yee thwarr k'own pa ni**

tourist ခရီးသွား **kha yee thwarr**

tower မျှော်စင် **myaw zin**

town, city မြို့ **myoht**

township မြို့နယ် **myoht nae**

trade, to ကုန်ကူး **k'own koo**

traditional ရိုးရာ **yoh yar**

traffic jam ကားကြပ် **karr kyat**

train (noun) ရထား **ya htarr**

trap ထောင်ချောက် **htaung jout**

traveling ခရီးသွား **kha yee thwarr**

tree သစ်ပင် **thit pin**

true မှန်ကန် **mhan kan**

trust (noun) ယုံကြည်မှု **y'own kyi mhoot**

truth အမှန်တရား **a mhan ta yarr**

try, to ကြိုးစား **kyoh sarr**

turn (noun) အလှည့် **a hlaet**

turn off, to close ပိတ် **pate**

U

uncle ဦးလေး **oo layy**

underground မြေအောက် **myay out**

understand, to နားလည် **narr lae**

unexpectedly မမျှော်လင့်ဘဲ **ma myaw lint beh**

unify, to စုစည်း **soot zee**

unique ထူးခြား **htoo charr**

unlucky ကံဆိုး **kan soh**

use, to အသုံးပြု **a th'ownn pyoot**

usual, as ထုံးစံအတိုင်း **ht'ownn zan a taii**

V

vegetables ဟင်းသီးဟင်းရွက် **hinn thee hinn ywet**

very အရမ်း **a yann**

village ရွာ **ywar**

villager ရွာသူရွာသား **ywar thu ywar tharr**

visit, to come လာလည် **lar lae**

visit, to go သွားလည် **thwarr lae**

voice, sound အသံ **a than**

vow, to ကျိန် **kyain**

vulnerable emotionally စိတ်ထိခိုက် **sate hteet khite**

W

wait, to စောင့် **saungt**

wake up, to အိပ်ရာနိုး **ate yar noh**

wake up, to အိပ်ရာထ **ate yar hta**

wake up, to နိုး **noh**

walk, to လမ်းလျှောက် **lann shout**

wall နံရံ **nan yan**

wander, to လျှောက်သွား **shout thwarr**

want, to လိုချင် **lo chin**

war စစ်ပွဲ **sit pweh**

warn, to သတိပေး **tha deet payy**

warrant ဖမ်းဝရမ်း **phann wa yann**

wash, to ဆေး **sayy**

wash one's face, to မျက်နှာသစ် **myet nhar thit**

waste money, to သုံးဖြုန်း **th'ownn phy'ownn**

watch out, to စောင့်ကြည့် **saungt kyeet**

water ရေ **yay**

waterfall ရေတံခွန် **yay da gon**

water pot သောက်ရေအိုး **thout yay oh**

way, method နည်းလမ်း **nee lann**

weak အားနည်း **arr neh**

wealthily ချမ်းချမ်းသာသာ **chann chann thar |thar**

wealthy ချမ်းသာ **chann thar**

wear, to ဝတ် **wit**

weather ရာသီဥတု **yar thi oot toot**

wedding မင်္ဂလာဆောင် **min ga lar zaung**

week အပတ် **a pat**

week, this ဒီအပတ် **di a pet**

weekend; Saturday and Sunday စနေ၊ တနင်္ဂနွေ **sa nay, ta ninn ga nway**

weird ထူးဆန်း **htoo sann**

well-known လူသိများ **lu theet myarr**

west အနောက် **a nout**

wet စိုစွတ် **so swut**

whisper, to တီးတိုးပြော **tee toh pyaww**

whole day တစ်နေကုန် **ta nay k'own**

wide ကျယ်ပြန့် **kyae pyant**

widow မုဆိုးမ **mote soh ma**

widower မုဆိုးဖို **mote soh pho**

wife, woman မိန်းမ **mainn ma**

wife of an official or a respected person ကတော် **ga daw**

win, to နိုင် **nai**

wisdom ဉာဏ်ပညာ **nyan pyin nyar**

wise person ပညာရှိ **pyin nyar sheet**

wish, to make a ဆုတောင်း **soot taungg**

woman, wife မိန်းမ **mainn ma**

work, to အလုပ်လုပ် **a lote lote**

worker အလုပ်သမား **a lote tha marr**

world ကမ္ဘာ **ga bar**

worried စိတ်ပူ **sate pu**

wound (noun) ဒဏ်ရာ **dan yar**

wrong မှား **mharr**

Y

young adult လူငယ် **lu ngae**

youngest အငယ်ဆုံး **a ngae z'ownn**

young person လူငယ် **lu ngae**

Illustration Credits

Cover: Watercolour painting by an unknown Burmese artist depicting 19th century Burmese life. Source: The Bodleian Library, University of Oxford. Wikimedia Commons.

All interior illustrations from Shutterstock.

Pages 1, 122: y.s.graphicart

Page 12, 13: SAHAS2015

Page 16, 17: AF Digital Art Studio

Page 20: tynyuk

Page 24: tnonra081

Page 28: miniwide

Page 29: ALEXEY GRIGOREV

Pages 34, 138, 166: Terd486

Pages 40, 41, 156: Kyaw Pyae Lwin

Page 44: Pretty Vectors

Page 45: owncham

Page 50: Lucky clover

Page 51: VAZZEN

Page 58–59: SaveJungle

Page 66: Mongkol Rujitham

Page 72: sunlight77

Page 78: openeyed

Page 84: rudall30

Page 90: Vectomart

Page 96: Silver Kitten

Page 102: mila kad

Page 108: Darwin Vectorian

Page 116: dmitroscope

Page 132: Fona

Page 146: ActiveLines

"Books to Span the East and West"

Tuttle Publishing was founded in 1832 in the small New England town of Rutland, Vermont [USA]. Our core values remain as strong today as they were then—to publish best-in-class books which bring people together one page at a time. In 1948, we established a publishing outpost in Japan—and Tuttle is now a leader in publishing English-language books about the arts, languages and cultures of Asia. The world has become a much smaller place today and Asia's economic and cultural influence has grown. Yet the need for meaningful dialogue and information about this diverse region has never been greater. Over the past seven decades, Tuttle has published thousands of books on subjects ranging from martial arts and paper crafts to language learning and literature—and our talented authors, illustrators, designers and photographers have won many prestigious awards. We welcome you to explore the wealth of information available on Asia at **www.tuttlepublishing.com**.